Klaus Eweleit Fahrrad von A bis Z

Klaus Eweleit

FAHRRAD
von A bis Z

Pietsch Verlag Stuttgart

Einbandgestaltung: Johann Walentek. Idee: Gustav Seifert
Umschlagfotos: Philippi Fotografie (rechts oben).
SACHS Zweiradtechnik (links unten).

Weitere Bildquellen:
Ralf Bohle GmbH S. 122
Continental AG S. 39, 64, 188
Klaus Eweleit S. 10, 11, 16, 26, 27, 35, 37, 41, 51, 52, 59, 82, 84, 93, 95, 108, 109, 112, 114, 116 o, 116 u, 118, 127, 139, 142, 145, 151, 202, 215, 248, 254 o, 254 u, 256, 261
Helmig S. 68, 97 u, 110, 173
Hercules S. 89, 226
Koch-Kleeberg S. 236
Magura S. 97 o
Polar Electro GmbH S. 90
RC Olympia Dortmund S. 156
SACHS Zweiradtechnik S. 7, 9, 15, 30, 31, 33, 50, 54, 67, 73, 78, 134, 153, 175, 176, 177, 179, 185, 187, 197, 219, 221, 232, 240, 251, 257, 258
SIGMA Sport S. 38, 61
Smith & Co. GmbH S. 228
Städtische Sammlungen Schweinfurt S. 21, 70
Technobull S. 111, 141
UVEX S. 62

ISBN 3–613-50232–1

1. Auflage 1995

Satz: primustype R. Hurler GmbH, 73274 Notzingen.
Reproduktionen: DIE REPRO, 71732 Tamm.
Druck: Maurer Druck, 73312 Geislingen.
Bindung: E. Riethmüller, 70176 Stuttgart.
Printed in Germany.

Vorwort

Im Rahmen meiner Tätigkeit als Produktmanager für Straßenrennsport-Komponenten bei einem großen deutschen Fahrradteilehersteller fiel mir in Gesprächen mit meinen Kunden auf, daß vieles aus der Fahrradwelt nicht bekannt war. Ein entsprechendes Nachschlagewerk gab es nicht. Mir kam die Idee, all die relevanten Begriffe einmal aufzuschreiben und für den Bike-Interessierten leicht verständlich zu erklären, die mir im Laufe meiner langjährigen und vielfältigen Tätigkeit mit dem Fahrrad begegnet waren. Dennoch wäre dieses Buch beinahe nicht entstanden. Einige Jahre lag es unvollendet im Schreibtisch und wäre nach zwei Umzügen beinahe »entsorgt« worden, wenn nicht meine Frau Angelika zufällig darauf gestoßen wäre. Sie drängte mich, die begonnene Arbeit fortzusetzen und half mir, wo immer sie konnte. Ihr gilt mein besonderer Dank. Ein herzliches Dankeschön auch an Anita Rolf, die den Kontakt zum Pietsch Verlag herstellte und mir mit ihrem Fachwissen großzügig half. Ich danke auch all denen, die mich mit Informationen, Ratschlägen und Bildmaterial unterstützt haben und dadurch einen Beitrag zur Fertigstellung des Lexikons leisteten.

Das Spektrum des Fahrrades umfaßt eine Fülle wissenswerter und interessanter Dinge aus Geschichte, Sport und Technik. Dabei bietet vieles Stoff für ein eigenes Buch, und es ist mir nicht leicht gefallen, es nur mit kurzen Sätzen, die häufig dem Begriff oder der Person nur ungenügend gerecht werden, darzustellen. Teilbereiche, wie z. B. das Kunstradfahren, sind sicher zu kurz gekommen, kurzfristige Regeländerungen konnten nicht berücksichtigt werden. Ich habe mich bemüht, den Text so zu wählen, daß er auch für Nichtfachleute leicht verständlich ist. Spezialisten werden dennoch vielen wissenswerten und interessanten Informationen begegnen und vor allem die alphabetische Ordnung begrüßen.

All die Leser, die bei der Lektüre des Lexikons Lücken entdecken, bitte ich, mir ihre Informationen, Anregungen und natürlich auch ihre Kritik mitzuteilen, damit ich es bei der nächsten Auflage besser machen kann.

Viel Freude bei der Lektüre des Lexikons »Fahrrad von A bis Z« wünscht Ihnen

Klaus Eweleit

Redaktionsschluß: 1. Juli 1995

A

Abbott, Dr. Allen; USA. Beschäftigte sich mit aerodynamisch verkleideten Fahrrädern. Er erreichte 1976 in Kalifornien mit einem stromlinienverkleideten Fahrrad über eine 200 m lange Meßstrecke eine Geschwindigkeit von 78 km/h.

Abfahrtsrennen; Rennen von einem Berg ins Tal. *Downhill*, eine Spezialdisziplin der *Mountain-Bike-Rennen*.

abfallendes Oberrohr; Bezeichnung für eine Geometrie-Besonderheit des Fahrradrahmens. a) Ein nach vorn a. O. trifft man an bei speziellen *Zeit-*

Abfahrtsrennen

fahrrahmen, die dadurch eine günstigere Aerodynamik gewinnen sollen. b) Ein nach hinten a. O. findet man häufig bei Mountain-Bike-Rahmen. Hier erreicht man einen hohen *Steuerkopf* bei niedriger Rahmenhöhe.

Abkehrschein; Freigabebescheinigung eines Radsportvereins für einen Radsportler, der den Verein wechseln möchte. Auf dem A. wird bescheinigt, daß der abgebende Verein keine Forderungen mehr an den Sportler hat. Ohne einen A. darf ein Radrennfahrer nach einem Vereinswechsel nicht an Rennen teilnehmen.

ABLA; Abk.: Amateur Bicycle League of America. US-Amerikanischer Radsportverband.

Ablösung; a) Vorgang im Verlauf des *Zweier-Mannschaftsrennens* auf der Bahn: Der Fahrer, der sich im Wettbewerb befindet, fährt zu seinem Partner und schickt diesen ins Rennen, indem er ihn anschiebt oder per *Schleudergriff* zu hohem Tempo verhilft, wodurch sich gleichzeitig seine Fahrt verlangsamt und er nun seinerseits auf die A. durch seinen Mannschaftpartner wartet. b) Beim Straßenrennen: Wechseln der Führung während eines Radrennens. Der führende Fahrer schert zur Seite aus und läßt sich in den *Windschatten* zurückfallen, wodurch der bisherige Zweite in die Führungsposition kommt und die Arbeit gegen den Fahrtwind verrichtet. Der abgelöste Fahrer kann sich erholen, bis er wieder mit der Führung an der Reihe ist. Das A. dient dazu, Kraft zu sparen und das Tempo permanent hoch zu halten.

Absperrung; Sicherung einer Rennstrecke. Z. B. durch A.-Gitter, A.-Banden und Trassierband. Vor allem der Zielbereich eines Radrennens muß abgesperrt sein. Dort, wo die packenden Sprints um Plätze und Punkte stattfinden, halten sich auch die meisten Zuschauer auf, deren häufig überschäumende Begeisterung vor der Rennstrecke gebremst werden muß. Schon häufig hat unüberlegtes Überqueren der Straße direkt vor den in rasender Fahrt befindlichen Rennfahrern zu schweren Stürzen, ja sogar schon zum Tode von Fahrern und Zuschauern geführt. Eine A. soll helfen, solche Unfälle zu vermeiden.

Abstandhalter; schwenkbarer Ausleger aus Kunststoff. Das Ende ist als Kelle ausgebildet, auf deren Vorder- und Rückseite Katzenaugen angebracht sind. Der A. wird an der linken Seite, zur Fahrbahn hin, am Gepäckträger montiert. In ausgeklapptem Zustand hat er eine Auslage von ca. 40 cm. Damit sollen vorbeifahrende Fahrzeuge daran gehindert werden, den Radfahrer in zu dichtem Abstand zu passieren. A. dienen der Sicherheit des Radfahrers im Straßenverkehr und sind deshalb ein sinnvolles Zubehör. Bei Kinderrädern sollten sie unbedingt montiert sein.

Abziehen; a) Demontieren eines Zahnkranzes oder einer Kurbel mit einem Spezialwerkzeug, einem *Abzieher, Kurbelabzieher, Zahnkranzabzieher.* b) Jargon aus dem Radrennen: Der unerlaubte Griff in das Trikot des Vordermannes, um sich einen Vorteil zu verschaffen. Dabei wird der Vordermann abgebremst und der Fahrer, der sich a. beschleunigt seine Fahrt. A. ist natürlich nicht erlaubt, es ist ein Regelverstoß und unfair.

Abzieher; nützliches und meistens auch dringend erforderliches Spezialwerkzeug zur Demontage der Tretkurbeln (Kurbelabzieher) oder des Zahnkranzes (Zahnkranzabzieher).

Acathène; Kardanantrieb der Fa. Marie & Co., Frankreich, 1895. Er wurde z. B. in Fahrrädern der Marke Metropole eingebaut.

Accumulator; Abk.: Accu. Wiederaufladbare Batterie. Wird für Beleuchtungsanlagen und Fahrradcomputer verwendet. Aus Gründen des Umweltschutzes werden normale Batterien immer mehr durch A. ersetzt. Aus dem gleichen Grund sollten sie auch unbedingt im Sondermüll entsorgt werden.

Achsabstand; der Abstand von der Mitte der Vorder- zur Mitte der Hinterradachse eines Fahrrades. Der A. beeinflußt wesentlich das Fahrverhalten. Bei einem kurzen A. hat man weniger Fahrkomfort, dafür eine bessere Wendigkeit, deshalb findet man ihn in erster Linie auch bei den Rennrädern. Ein langer A. erhöht den Fahrkomfort beträchtlich, allerdings auf Kosten der Wendigkeit. Tourenräder sind häufig mit langem A. gebaut. *Radstand, Achsstand.*

Achse; zunächst einmal ist eine A. eine gedachte Gerade, um die sich ein Körper dreht. Beim Fahrrad gibt es mehrere Achsen: *Tretlagerachse, Vorder-/Hinterradachse, Pedalachse,* A. des Schnellspanners (*Schnellspannachse*).

Achsschalteinrichtung

Achslänge; physikalische Ausdehnung einer Achse in die Länge. a) *Tretlagerachse*: Je nach Breite des Tretlagergehäuses variiert auch die A. Außerdem kommt es darauf an, ob ein oder mehrere Kettenblätter montiert werden: kurze Achse bei einem, längere bei mehreren Kettenblättern. b) Nabenachse: Bei Hinterradnaben gibt es je nach Nabentyp sehr viele unterschiedliche A. Am einfachsten zu verstehen sind die verschiedenen A. bei Naben mit Mehrfach-Zahnkränzen: Je größer die Anzahl der Ritzel, desto länger die Achse. Ebenso gibt es unterschiedliche A. zwischen *Schraubachsen*, die wegen des Gewindeüberstandes länger sind und *Schnellspannachsen*, die keinen Überstand besitzen.

Achsschalteinrichtung; Box, in der eine Mechanik zur Veränderung der Übersetzung im Innern einer Getriebenabe untergebracht ist. Sie ist durch ein Kabel oder einen Bowdenzug mit dem Schalter am Lenker verbunden und wird auf die Achse der

Steuerkopfschild eines Adler-Rades

Nabe gesteckt und dort befestigt. Wird bei der *Pentasport-* und bei der *Super Sieben-*Nabe verwendet.

Achsstand; Abstand zwischen Hinter- und Vorderradachse eines Fahrrades. *Radstand, Achsabstand.*

Acht; in der Umgangssprache die Unwucht eines Laufrades (Vorder-/Hinterrad). Häufig führen Bodenunebenheiten oder Stürze dazu, daß sich die Laufräder verziehen und »eiern«, daß sie nicht mehr rund laufen. Um den Schaden zu beheben, kann man entweder das betroffene Laufrad durch Verändern der Speichenspannung zentrieren, oder aber, wenn der Schlag zu groß ist, eine neue Felge einspeichen. Ein komplettes neues Laufrad wird man nur bei billigen Fahrrädern, bei denen die Montage einer Felge den Wert eines Laufrades übertrifft, montieren.

Achtundzwanzig-Loch-Nabe; Nabe mit Bohrungen zur Aufnahme von 28 Speichen, wird zusammen mit einer A.-L.-Felge montiert. Bei Zeitfahren werden wegen des geringeren Luftwiderstandes und Gewichtes häufig Laufräder mit reduzierter Speichenzahl eingesetzt. Ein Standard-Laufrad hat 36 Speichen. Wegen des geringen Gewichts von Kindern und des kleinen Durchmessers der Laufräder in Kinderfahrrädern werden solche Naben aus Kostengründen auch bei Kinderrädern montiert.

ADFC, (Abk.); *Allgemeiner Deutscher Fahrrad Club.*

Adjustable, (engl.); nannte man 1894 ein »Sicherheitsrad« mit Hinterradlenkung und Vorderradantrieb über Kette und Pedale von J. *Hawkins* (GB). Mit der Sicherheit war es wegen der Hinterradlenkung nicht weit her.

Adler-Rad; Militärklapprad von 1896, Deutschland. Es wurde bis in den 2. Weltkrieg hinein nahezu unverändert durch die Express Fahrradwerke in Neumarkt in der Oberpfalz produziert.

Adler von Toledo; nannte man den spanischen Radrennfahrer Federico *Bahamontes*, der als einer der Bergkönige in die Geschichte der Tour de France einging.

Adlerwerke AG; 1881 begann diese Firma in Frankfurt, als erste mit der industriellen Fertigung von Hochrädern in Deutschland.

Adorni, Vittorio; *14. 11. 1937. Radrennfahrer, Italien. Straßen-Weltmeister der Berufsfahrer 1968, Vize-Weltmeister 1964. Sieger des Giro d'Italia 1965, Zweiter 1963 und 1968.

Aero-Felge; *Felge* mit aerodynamischem Profil. Im Zuge der Weiterentwicklung von Rennrädern zu Hochleistungssportgeräten und unter den Einflüssen neuer Sportarten, wie z. B. Triathlon, ist die Hinwendung zur Verbesserung der Aerodynamik auch bei Felgen zu beobachten. Die Entwicklung hat mit der Herstellung von *Scheibenrädern* und *Tri-Spokes* einen vorläufigen Höhepunkt erreicht.

Aerts, Jean; *08. 09. 1907, † 15. 06. 1992. Radrennfahrer, Belgien. Straßen-Weltmeister der Amateure 1927 auf dem Nürburgring (D) und bei den Berufsfahrern 1935 in Floreffe (B).

Aheadset, (engl.); *Steuersatz*, der auf einem gewindelosen Gabelschaft durch Klemmung mit einem speziellen Vorbau befestigt wird. Der Hauptvorteil liegt wohl in der einfachen und kostengünstigen Montage. Nachteilig ist, daß eine Höhenverstellung des Lenkers nicht mehr möglich ist.

Aimar, Lucien; *28. 04. 1941. Radrennfahrer, Frankreich. Sieger der Tour de France 1966 vor Janssen (NL) und Poulidor (F). Französischer Straßenmeister 1968.

Albert, Paul; *16. 05. 1876, † 1903 durch einen Autounfall. Radrennfahrer, Deutschland. Sprint-Weltmeister der Amateure 1898 in Wien (A). Deutscher Sprintermeister 1899.

Auf der Alleinverfolgung

All-Terrain-Bike, (engl.); Abk.: ATB. Ein Fahrrad für jedes Gelände. Mittlerweile Bezeichnung für einen spez. Fahrradtyp mit Mountain-Bike-Technik und 28″-Rädern. Wenn es mit kompletter Straßenausstattung versehen ist, dann ist es ein hervorragendes Gebrauchsfahrrad für nahezu alle Gelegenheiten.

Alleinverfolgung; der Versuch eines einzelnen Radrennfahrers die Spitzengruppe oder den Spitzenreiter einzuholen.

Allen, Bryan; Radrennfahrer, USA. Am 23. 08. 1977 gelang es ihm, auf dem Shafter-Airport in Kalifornien mit einem Muskelkraft getriebenen Flugapparat den mit 50 000 Pfund Sterling dotierten *Kremer-Preis* zu gewinnen. Er flog eine Acht in 3,3 m Höhe um zwei 800 m voneinander entfernte Pfosten. Das von dem amerikanischen Flugzeugbauer und Aerodynamiker Dr. Paul MacCready konstruierte Flugzeug trug den Namen Cossimer Condor.

Allen, Marc; *12. 01. 1958. Triathlet, USA. Viermaliger Weltmeister, 1982–1985 und Weltmeister über die Kurzdistanz 1989. Viermal Sieger des Ironman-Triathlons auf Hawaii 1989–1992.

Allgemeiner Deutscher Fahrrad Club e. V.; Abk.: ADFC. Bundesweit organisierter Verein zur Interessenvertretung der Alltags- und Freizeitradfahrer. Sitz der Bundesgeschäftsstelle ist Bremen. Er ist für seine Mitglieder Verkehrsclub und Verbraucherschutzorganisation und setzt sich für die Umsetzung ihrer Belange in der Verkehrspolitik ein. Seine Zielsetzung ist eine menschenwürdigere Umwelt mit lebendigen Städten, intakter Natur und fahrradfreundlichem Umfeld.

Altig, Rudi; *18. 03. 1937. Radrennfahrer, Deutschland. Straßen-Weltmeister der Berufsfahrer 1966 auf dem Nürburgring (D) vor Anquetil (F) und Poulidor (F), Vize-Weltmeister 1965. Verfolgungs-Weltmeister der Amateure 1959 in Amsterdam (NL), der Berufsfahrer 1960 in Leipzig (DDR) und 1961 in Zürich (CH). Er startete viermal bei der Tour de France, errang dabei insgesamt 8 Etappensiege und trug 18 Tage lang das ›Gelbe Trikot‹ des Spitzenreiters. 1962 brachte er das ›Grüne Trikot‹ nach Paris und wurde Punktbester der Gesamtwertung. Insgesamt errang er 13 Deutsche Meisterschaften auf Bahn und Straße. Von 1971 bis 1975 war er Bundestrainer der Deutschen Straßennationalmannschaft.

Alu-Achse; der Versuch, das Gewicht eines Fahrrades zu reduzieren, macht auch vor Tretlager-/Radlagerachsen nicht halt. Deshalb gibt es diese auch aus Aluminium. Da Achsen aber oft sehr große Kräfte aufnehmen müssen, ist ihre Stabilität häufig nicht ausreichend für jeden Einsatz. Wenn die Sicherheit eines Rades im Vordergrund steht, dann sollte man das Gewicht sinnvollerweise an anderen Teilen sparen.

Alu-Felge; *Felge* aus Aluminium. A. sind leicht und aufgrund ihres Profiles sehr stabil. A. werden heute in allen besseren Fahrrädern montiert. Mit A. wird in eindrucksvoller Weise demonstriert, wie Gewichtsreduzierung und Erhöhung der Stabilität bei richtigem Einsatz des Materials erreicht werden können.

Alu-Lager; ungenaue Bezeichnung für a) den *Kurbelsatz* aus Aluminium, oder b) das *Innenlager*, wenn dessen Schalen und die Achse aus Aluminium hergestellt sind (die Laufflächen sind dann aus Stahl und werden ein- bzw. aufgepreßt) oder für c) das komplette *Tretlager*, wobei meistens nur der Kurbelsatz mit den Kettenblätter aus Aluminium gemeint ist.

Alu-Lenker; leichter Lenker aus Aluminiumrohr. Es gibt sie in unterschiedlichen Qualitäten und Preisen. Beim Kauf sollte nicht gespart werden. Bedenken Sie, daß Sie sich mit Ihrem ganzen Gewicht darauf abstützen und häufig mit großer Kraft daran ziehen. Ein Bruch des Lenkers führt meistens zum Sturz und damit zu schweren Verletzungen.

Alu-Rad; Bezeichnung für ein Fahrrad, dessen Teile weitgehend aus Aluminium hergestellt sind. Häufig verbirgt sich hinter dieser Bezeichnung aber auch eine Mogelpackung, wenn z. B. ein Stahlrahmen montiert ist.

Alu-Rahmen; Fahrradrahmen aus Aluminium. Vorteilhaft ist das niedrige Gewicht und häufig auch ein komfortables Fahrverhalten. Nachteilig sind die hohen Produktionskosten. A. setzen sich immer mehr durch, seit die Nachteile mangelnder Stabilität durch größere Rohrquerschnitte (*Oversize*) ausgeglichen wurden. Der erste A. wurde bereits 1890 von Rupalley in Paris (F) gebaut.

Alu-Sattel; der Begriff ist verwirrend. Gemeint ist ein Sattel, bei dem die Satteldecke auf einem Gestell aus Aluminium befestigt ist. Dadurch ist er leichter als einer mit einem herkömmlichen Stahlgestell, allerdings besitzt er nicht dessen Stabilität. Das Alu-Gestell bricht leichter. Fahrer mit einem höheren Gewicht sollten darauf verzichten und lieber einen Sattel mit Stahlgestell verwenden.

Alu-Tretlager; *Alu-Lager.*

Alu-Vorbau; Lenkerhalterung aus Aluminium. Von Vorteil ist das niedrige Gewicht. A. werden je nach Qualität nach verschiedenen Verfahren gegossen oder im Gesenk geschmiedet.

Amateur; Radrennfahrer, der seinen Sport ohne finanzielle Interessen ausübt.

Américaine; *Zweier-Mannschaftrennen* auf der Bahn. Es wurde erstmals im New Yorker Madison Square Garden veranstaltet, heute ist es als Bestandteil der Sechs-Tage-Rennen nicht mehr wegzudenken.

Amphibien-Dreirad; mit Bootskörpern versehenes schwimmfähiges Dreirad. Um 1885 wurden verschiedene Modelle gebaut.

Ampler, Uwe; *11. 08. 1964. Radrennfahrer, Deutschland. Junioren-Weltmeister im Mannschafts-Zeitfahren 1981 und 1982. DDR-Straßenmeister 1984 und 1987. Straßen-Weltmeister der Amateure 1986. Sieger der Olympischen Spiele im Mannschafts-Zeitfahren 1988.

Anbauplatte; Hilfsvorrichtung an einem Fahrradrahmen zur Befestigung von Anbauteilen, z. B. dem Gepäckträger.

Anden, William van; USA. Erhielt am 23. 03. 1869 ein Patent (US-Patent Nr. 88238) auf eine Freilaufnabe. Sie wurde in die damals angetriebenen Vorderräder von Michauxlinen eingebaut.

Andersen, Henry Brask; Radrennfahrer, Dänemark. Sprint-Weltmeister der Amateure 1921 in Kopenhagen (DK).

Andersen, K. E.; Radrennfahrer, Dänemark. Verfolgungs-Weltmeister der Amateure 1949.

Anfahrstreifen; unterer, umlaufender, ca. 50 cm breiter blauer Streifen einer Radrennbahn. *Côte d'Azur.*

Anlötteil; Metallteil zum Befestigen an Fahrradrahmen. Es wird am Rahmen angelötet und dient zur Aufnahme von Fahrradteilen, die daran festgeschraubt werden oder zur Verlegung von Brems- und Schaltzügen.

Anquetil, Jacques; *08. 01. 1934, † 18. 11. 1987. Radrennfahrer, Frankreich. Vize-Weltmeister der Berufsfahrer 1966 auf dem Nürburgring (D) hinter Rudi *Altig*. Fünfmaliger Sieger der Tour de France, 1957 und 1961–1964, Dritter 1959. Zweimal Inhaber des Stundenweltrekordes 1956 mit 46,159 km und 1967 mit 47,493 km.

Anschlagschraube; Stellschraube im *Ausfallende*. Sie dient zur Ausrichtung des Hinterrades im Rahmen.

Antreiber; Teil des mechanischen Tachometers. Er wird auf der Achse des Vorderrades befestigt und durch die Tachowelle mit dem Tachometer, der dadurch angetrieben wird, verbunden.

Antriebsstrang; der komplette *Antrieb*, zusammen mit allen Teilen der Schaltung, wie Schaltwerk, Umwerfer und Schalthebel.

Antritt; plötzlicher, zur Beschleunigung dienender Krafteinsatz mit Wirkung auf den Antrieb des Fahrrades. Die Attacken während eines Rennens werden mit einem Antritt eröffnet.

Äolus; Name eines Kugellagers für Fahrräder, das ab 1880 von der Fa. William Bown, Birmingham (GB) produziert wurde.

Archambaud, Maurice; *30. 08. 1906, † 03. 12. 1955. Radrennfahrer, Frankreich. Inhaber des Stundenweltrekords 1937 mit 45,767 km. Er verbesserte die Marke seines Vorgängers Slaats (NL) aus dem gleichen Jahr um 282 m. Sieger vieler großer klassischer Straßenrennen.

Archer, James; Großbritannien. Erhielt 1902 zusammen mit Henry *Sturmey* ein Patent auf eine Dreigangnabe, die sie ab 1903 produzierten. Beide gründeten die heute noch existierende Firma Sturmey Archer, die sich schnell zum größten Nabenproduzenten der Welt entwickelte.

Arend, Willi; *02. 05. 1876, † 25. 03. 1964. Radrennfahrer, Deutschland. Sprint-Weltmeister der Berufsfahrer 1897. Mehrfacher Europa- und Deutscher Meister.

Argentin, Moreno; *17. 12. 1960. Radrennfahrer, Italien. Straßen-Weltmeister der Berufsfahrer 1986, Vize-Weltmeister 1987, Dritter 1985. Italienischer Straßenmeister 1983 und 1989.

Ariel-Rad; Fahrrad des Konstrukteurs James Starley, 1870, England. Das A.

war die technische Revolution nach den *Michauxlinen*. Es hatte schon Vollgummireifen und auf Zug belastete Haarnadelspeichen aus Stahldraht, sog. Hairpinwires.

Ärmelnummer; Nummer, die der Radrennfahrer auf dem Ärmel des Trikots befestigt. Ä. müssen nur bei der Deutschen Querfeldeinmeisterschaften, der Weltmeisterschaft und in Rennen, für die der Ausrichter die Ä. zur Verfügung stellt, getragen werden.

Armleuchte; batteriebetriebene Lampe, die am Arm des Radfahrers befestigt wird. Strahlt nach vorn weiß, nach hinten rot.

Armlinge; Ärmelverlängerung. Sie werden über die Arme bis zu den kurzen Ärmeln des Trikots gezogen. Speziell bei den sehr frühen Startzeiten der langen Straßenrennen ist es morgens oft noch sehr kalt und in der Schlußphase häufig sehr warm, so daß beim Start die A. angezogen und dann mit zunehmender Wärme während der Fahrt abgelegt werden.

Armstron, Lance; *1972. Radrennfahrer, USA. Straßen-Weltmeister der Berufsfahrer 1993 in Oslo (N).

Arnold, Adolf; USA. Gründete 1885 zusammen mit Ignaz *Schwinn* in Chicago die ›Arnold, Schwinn & Co.‹ Fahrradfabrik.

Arnould, Dominique; *19. 11. 1966. Radrennfahrer, Frankreich. Querfeldein-Weltmeister der Berufsfahrer 1993.

Ärmelnummer

Arnz, Hermann; Erfinder, Remscheid-Reinshagen (D). Ließ sich 1889 ein Einrad mit Zahnstangenantrieb patentieren. Das Rad hatte keinen Sattel, der Fahrer fuhr stehend, während er sich an der Haltestange festhielt. Sicher eine der unzähligen Kuriositäten in der Geschichte des Fahrrades.

Artamonow-Rad; bereits 1801 soll in Moskau der Schmied Artamonow mit einem Tretkurbelrad gefahren sein. Damit wäre das A. das erste Fahrrad der Welt. Allerdings läßt sich das Datum nicht exakt belegen und muß stark bezweifelt werden. Das A. erinnert sehr an ein 1868 in Rußland gebautes Michaux-Rad.

Aschenbahnrennen; waren bis in die fünfziger Jahre in Deutschland sehr beliebt. Dabei wurden Rennen der Bahndisziplinen auf den Laufbahnen rund um Sportplätze ausgetragen. In den Zeiten der DDR endeten viele Etappen der Friedensfahrt auf den Aschenbahnen von Stadien.

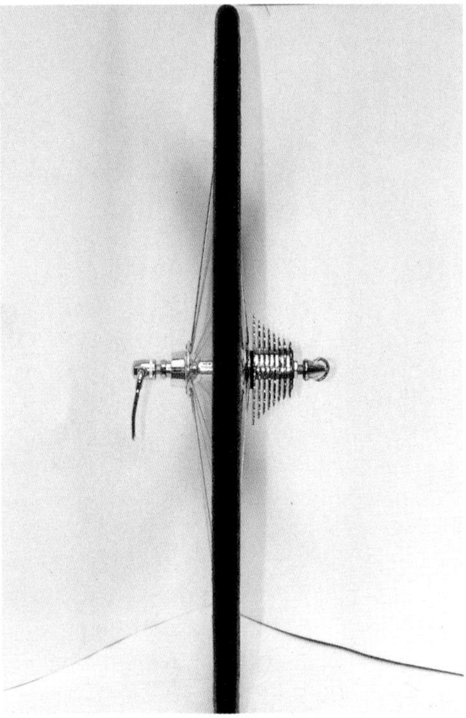

Asymmetrie der Speichen

Asymmetrie der Speichen; die unterschiedliche Winkelstellung der Speichen vom rechten und linken Nabenflansch des Hinterrades zur Felge. Bei Hinterrädern mit Mehrfach-Zahnkränzen ist diese Ausrichtung der Speichen erforderlich, um die Felge des Laufrades im Rahmen mittig plazieren zu können.

ATB; Abk.: all terrain bike (engl.). Heute gebräuchliche Bezeichnung für einen speziellen Fahrradtyp. Als Kennzeichen bieten sich folgende Ausstattungsmerkmale an: 28-Zoll Räder, Cantilever-Bremsen, und 21- oder 24-Gang-Schaltung.

Aubry, Henry; Radrennfahrer, Frankreich. Straßen-Weltmeister der Amateure 1946 in Zürich (CH).

Audemars, Edmund; *03. 12. 1882, † 10. 08. 1970. Radrennfahrer, Schweiz. Steher-Weltmeister der Amateure 1903. Er war leidenschaftlicher Pilot und Kunstflieger, der sieben Abstürze überlebte.

Ausfallende; Teil des Fahrradrahmens. Der Name kommt daher, daß ein Laufrad, nachdem man es gelöst hat, aus dem A. herausfällt. a) Vorderes, rechtes und linkes, A. schließt jeweils die Gabelscheiden nach unten ab. Dort wird das Vorderrad an seiner Achse im Fahrrad befestigt. b) Hinteres, rechtes und linkes A. verbindet jeweils Sitz- mit Ketten- bzw. Unterstrebe. Dort wird das Hinterrad mit seiner Achse befestigt. A. werden aus Stahlblech gestanzt, gesenkgeschmiedet oder im Feingußverfahren hergestellt.

Ausscheidungsfahren; Radrenndisziplin. Nach einem gemeinsamen Start muß in vorbestimmten Intervallen der jeweils letzte Fahrer ausscheiden. Sieger ist, wer am Schluß als letzter die Ziellinie überquert. Eigentlich Bahnrennen, wird aber auch auf Rundkursen auf der Straße ausgetragen.

Ausschreibung; Bekanntmachung eines Radrennens im offiziellen Organ des Dachverbandes (Bund Deutscher Radfahrer). In der A. ist das Rennen mit Datum, Strecke, zugelassenen Alters- und Leistungsklassen unter Angabe der Startzulassungsvoraussetzungen beschrieben. Jeder Sportler hat die Möglichkeit sich diese Information zu verschaffen und, wenn die angegebenen Voraussetzungen auf ihn zutreffen, seine Teilnahme durch Meldung zu erklären.

Außenhülle; auch Bowdenzughülle. Flexibles Rohr aus: a) spiralförmig gewickeltem Stahldraht mit Kunststoffüberzug, für die Führung von Bremszügen und die von Schaltzügen für nicht indexierte Schaltungen. b) verdrehtem Stahldraht mit Kunststoffüberzug für die Führung von Schaltzügen indexierter Schaltungen, deren genau definierte Schaltschritte eine sehr exakte Führung verlangen.

Australisches Verfolgungsrennen; Radrenndisziplin der Bahnrennen. Es starten mehrere Fahrer mit einem Abstand von 20 m zueinander. Jeder eingeholte Fahrer scheidet sofort aus. Sieger ist, wer den letzten Gegner eingeholt hat oder wer zuerst die ausgeschriebene Distanz zurückgelegt hat.

Automatic-Nabe; Hinterradnabe mit einem eingebauten Getriebe, das bei einer bestimmten Geschwindigkeit in eine andere Übersetzung umschaltet.

B

Baadersches Laufrad; *Draisine* mit Tretkurbelantrieb, die heute im Deutschen Museum in München steht. Sie gehörte einmal dem Oberbergrat Professor Baader. Der Münchner Karl Kech ließ 1862, 27 Jahre nach dem Tode Baaders, die Tretkurbeln montieren.

Baars, Henk; Radrennfahrer, Niederlande. Querfeldeinweltmeister der Berufsfahrer 1990.

Baert, Dirk; Radrennfahrer, Belgien. Verfolgungs-Weltmeister der Berufsfahrer 1971.

Bahamontes, Federico; *09. 07. 1928. Radrennfahrer, Spanien. Sieger der Tour de France 1959, Vierter 1956, Zweiter 1963 und Dritter 1964. Er war einer der Bergkönige und ging als ›Adler von Toledo‹ in die Geschichte der Tour de France ein.

Bahn; *Radrennbahn.*

Bahndisziplin; Bezeichnung für die speziellen Arten der Bahnrennen: *Sprint, Einer-Verfolgung, Zeitfahren, Punktefahren, Ausscheidungsfahren, Tandem-, Vorgabe-, Steher-, Dernyrennen, Omnium,* Vierer-Mannschaftsverfolgung (*Vierer-Mannschaftsrennen*), *Zweier-Mannschaftsrennen.*

Bahnländerkampf; Bahnrennen über mehrere Disziplinen mit Gesamtwertung unter Beteiligung von mindestens zwei Nationalmannschaften verschiedener Länder.

Bahnrad; spezielles Wettkampfrad für Rennen auf Radrennbahnen. Es hat keine Bremsen und keine Schaltung. Der Antrieb erfolgt auf ein starres Ritzel, so daß der Fahrer immer treten muß, Freilauf ist nicht möglich. Die Laufräder dürfen nicht mit Schnellspannern, sondern müssen mit Radmuttern befestigt sein.

Bahnrennen; Radrennen, die auf einer Radrennbahn ausgetragen werden. Man unterscheidet *Sommer-, Winter-* und *Aschenbahnrennen.* Die Art der Rennen wird in Einer-, Mannschafts- und Omniumwettbewerbe unterschieden. Zu den Einer-Wettbewerben gehören: *Sprint, Verfolgungsrennen, Zeitfahren, Vorgaberennen, Punkte-, Ausscheidungsfahren, Keirin, Tandem-, Derny-* und *Steherrennen.* Mannschaftswettbewerbe sind Vierer-Mannschaftsverfolgung (*Vierer-Mannschaftsrennen*) und *Zweier-Mannschaftsrennen.* Omniumwettbewerbe sind Rennen über mehrere Disziplinen mit Einer- und mit Mannschaftswertung.

Bahn-Weltmeisterschaft; Wettbewerb zur Ermittlung der Besten in den Disziplinen des Bahnradsports. Die Sieger der einzelnen Wettbewerbe tragen den Titel *Weltmeister* mit dem Zusatz der Disziplin (z. B.

Weltmeister im Verfolgungsfahren, oder auch Verfolgungsweltmeister) und erhalten das *Weltmeistertrikot*. Als erste, damals noch inoffizielle, B. wurde 1883 in England die ›Meisterschaft der 50 Städte‹ ausgetragen. Erst ab 1893 fanden dann in Chicago (USA) offizielle Weltmeisterschaften auf der Bahn statt.

Bailey, William; Radrennfahrer, Großbritannien. Viermal Sprint-Weltmeister der Amateure, 1909–1911 und 1913.

Baldini, Ercole; *26. 01. 1933. Radrennfahrer, Italien. Straßen-Weltmeister der Berufsfahrer 1958 in Reims (F) vor Bobet (F) und Darrigade (F). Olympiasieger im Straßenrennen 1956. Sieger des Giro d'Italia 1958. Italienischer Straßenmeister 1957 und 1958. Inhaber des Stundenweltrekords 1956 mit 46,394 km. Er verbesserte die Marke seines Vorgängers Jacques Anquetil (F) aus dem gleichen Jahr um 235 m.

Ballantyne, Sara; Radrennfahrerin, USA. Dreimalige Mountain Bike Weltmeisterin im Cross Country 1987–1989. Zweimal Siegerin des Mountain Bike Weltcups, 1990 und 1991.

Ballhupe; Signalgerät. Mit einer Membran versehenes Horn, dessen dünnes Ende in einen Gummiball mündet. Drückt man auf diesen, dann wird die Luft daraus auf die Membran gepreßt und erzeugt einen Ton, der durch das Horn verstärkt wird. *Hupe.*

Ballon-Reifen; großvolumige Fahrradbereifung mit einem Querschnitt von 1,75 Zoll. B. werden bei Tourenrädern, Mountain Bikes und Cruisern verwendet.

Balloon-Tire-Cycle, (engl.); 1933 stellte die Fa. Schwinn ihr Fahrrad ›Phantom‹, einen *Cruiser*, vor. Es hatte erstmals die bis dahin in den USA unbekannten Ballonreifen, wie sie in Europa damals schon verwendet wurden. Das B. sollte später der Vorläufer des Mountain Bikes werden.

Bambusrad; um die Jahrhundertwende wurden in Amerika besonders leichte Fahrräder, mit einem Rahmen aus ineinander gestecktem Bambusrohr, hergestellt. In London-Wolverhampton (GB) produzierte die Fa. Bambus Cycle & Co., in Österreich die Fa. Grundner & Lemisch, Ferlach/Kärnten Bambusräder.

Bananensattel; Sattel, der auf einem speziellen Kinderradtyp der 60er Jahre, dem *High-Riser* montiert war. Der Name kommt von seiner Form.

Bandantrieb; 1869 wurde in Deutschland ein Einrad konstruiert, dessen riesiges Speichenrad durch ein straff gespanntes umlaufendes Band über Tretkurbeln angetrieben wurde.

Bande; umlaufende, senkrechte äußere Begrenzungswand einer Radrennbahn.

Bantam-Rad; Armeefahrrad, 1892. Besonderheit: Tretkurbelantrieb mit Übersetzungsgetriebe in der Vorderachse.

Baracci-Trophäe; berühmtes Paar-Zeitfahren, das in den Jahren von 1949 bis 1990 in Italien ausgetragen wurde. Es trug den Namen seines Stifters, dem italienischen Industriellen Angelo Baracchi. Ursprünglich führte die Strekke über 68 km von Bergamo nach Mailand. Sie wurde häufiger verlegt, zuletzt fuhr man über 97 km von Borgo Valsugano nach Trient. Rekordhalter ist mit fünf Siegen Francesco *Moser*. Rudy *Altig* gelang 1962 zusammen mit Jacques *Anquetil* der Sieg.

Bar Ends, (engl.); kleine Griffstücke, die zusätzlich an einen Lenker montiert werden können. Dadurch erhält man mehrere Griffpositionen. Sie werden auch Lenkerhörnchen genannt.

Bardonneau, Maurice; Radrennfahrer, Frankreich. Steher-Weltmeister der Amateure 1906 in Genf (CH).

Bärentatzenpedal; von beiden Seiten betretbares Pedal mit groben Zähnen an den Trittkanten. Einsatz bei BMX-Rädern und frühen Mountain Bikes.

Bartali, Gino; *18. 07. 1914. Radrennfahrer, Italien. Zweimal Sieger der Tour de France, 1938 und 1948, Zweiter 1949, Vierter 1951 und 1952. Dreimal Sieger des Giro d'Italia, 1936, 1937 und 1946, viermal Zweiter. Fünfmal Italienischer Straßenmeister. Er war ein hervorragender Bergfahrer, der die Bergwertungen der Tour de France, des Giro d'Italia und der Tour de Swiss insgesamt elfmal gewann. In Italien trug er wegen seines tiefen Glaubens und seiner asketischen Lebensweise den Beinamen der Mönch.

Bartlett, William Erkskine; Erfinder des *Wulstreifens*. 1890, England.

Basso, Marino; *01. 06. 1945. Radrennfahrer, Italien. Straßen-Weltmeister der Berufsfahrer 1972 in Gap (F) vor Bitossi (I) und Guimard (F).

Bastien, Louis; Radrennfahrer, Frankreich. Steher-Weltmeister der Amateure 1900 in Paris (F).

Bateman, A. E.; baute ein, 1880 von Sir Thomas Parkyns konstruiertes, ›Dampf-Veloziped‹. Es war mit einer dampfbetriebenen doppelt wirkenden Zweizylindermaschine ausgestattet. Eine Serienproduktion wurde durch die damals in England geltenden ›Locomotive Acts‹ untersagt.

Batteriebeleuchtung; Lichtanlage, die ihren Strom aus einer Batterie schöpft. Die ersten B. wurden schon um 1895 gebaut, litten aber unter den Kinderkrankheiten der damals noch völlig unzureichenden Batterien. Erst 1991 wurden B. in Deutschland vom Gesetzgeber zugelassen.

Bauer, Georg Frederick; Erfinder, Deutschland. Er erhielt 1802 ein Patent auf eine Radaufhängung mit Lederriemen oder Schnüren. Bis dahin gab es nur Holzspeichen. Seine Erfindung geriet nach Einführung der Drahtspeichen in Vergessenheit. Interessant ist, daß heute wieder mit einer ähnlichen Technik, allerdings mit Karbonfäden, experimentiert wird.

Bauer, Johann Carl Sigismund; Mechaniker in Nürnberg. Baute 1817 den ›Jungnickelschen Schreitkufenantrieb‹ für Draisinen. *Schreitkufenantrieb.*

BDR, (Abk.); Bund Deutscher Radfahrer. Dachverband der radsporttreibenden Vereine Deutschlands. Mitglied der *UCI* und des *NOK*. Gegründet 1884 in Leipzig als ›Deutscher Radfahrerbund‹ und 1919 nach der Vereinigung mit der ›Allgemeinen Radfahrer Union‹ in ›Bund Deutscher Radfahrer‹ umbenannt. Seit 1991 ist auch der ehemalige ›Radsportverband der DDR‹ in den BDR aufgegangen. Adresse: Otto-Fleck-Schneise 4, 60528 Frankfurt/Main.

Beach-Cruiser, (engl.); Strandfahrrad. Einer der Vorläufer des Mountain Bikes mit Ballon-Reifen und Cruiser-Rahmen. *Cruiser.*

Beaune-Dijon; erste registrierte Rekordfahrt für Draisinen über 38 km von B. nach D. 1828, Frankreich.

Beheyt, Benoni; *27. 09. 1940. Radrennfahrer, Belgien. Straßen-Weltmeister der Berufsfahrer 1963 in Ronse (B) vor Van Looy (B) und de Haan (NL). Sieger der Belgien-Rundfahrt 1964.

Behindertenradsport; für einige Behinderungen ist das Fahrrad zur Schulung motorischer Fähigkeiten ein nützliches Gerät, das häufig mit Stützrädern verwendet wird. Körperversehrte mit den verschiedensten Verletzungen starten bei den Paralympics in vielen Disziplinen. Blinde Sportler fahren zusammen mit einem Sehenden Tandem und nehmen damit auch an Wettkämfen teil.

Beleuchtung um 1860

Beinlinge; Verlängerung der Hosenbeine. Sie werden einzeln, rechts und links, über die Beine bis zum Ansatz der Rennhose gezogen. Speziell bei den sehr frühen Startzeiten der Straßenrennen ist es morgens oft noch sehr kalt und in der Schlußphase häufig sehr warm, so daß beim Start die B. übergezogen und dann mit zunehmender Wärme während der Fahrt abgelegt werden.

Beissbarth, Wolfgang; Radrennfahrer, Deutschland. Deutscher Dreiradmeister 1884.

Beleuchtungsanlage; a) Sicherheitseinrichtung des Fahrrades. Besteht aus Frontscheinwerfer, Rücklicht mit Katzenauge und Dynamo. Wird durch

Katzenaugen an Pedalen (*Pedalreflektor*), in den Laufrädern (*Speichenreflektor*) und am Gepäckträger (*Rückstrahler*), vervollständigt. Anstatt des Dynamos können auch Batterien als Kraftquelle genutzt werden. Die B. ist in der *StVZO* vorgeschrieben und definiert. b) Die B. einer Radrennbahn muß mit einer Notstromversorgung ausgerüstet sein, damit bei Abendveranstaltungen die Sicherheit der Rennfahrer auch bei einem Stromausfall gewährleistet ist.

Bendix-Nabe; von dem Amerikaner A. P. Morrow, unter dem Namen New Departure, 1899 entwickelte Rücktrittnabe.

Benfenati, Arnaldo; Radrennfahrer, Italien. Verfolgungs-Weltmeister der Amateure 1947.

Benyon, James; Radrennfahrer, Großbritannien. Sprint-Weltmeister der Amateure 1905 in Antwerpen (B).

Benzinfahren; Rennfahrerjargon: Regelwidriges Fahren im Windschatten eines Kraftfahrzeuges.

Berceau-Rahmen; *Mixte-Rahmen.*

Bereifung; Teil des Laufrades. Besteht aus Reifen und Schlauch. Bei Rennrädern wird der *Schlauchreifen* verwendet.

Bergfloh; wegen ihres geringen Gewichtes und der meist damit verbundenen geringen Körpergröße, erhielten die Bergspezialisten unter den Rennfahrern diesen Kosenamen. Der Kölner Karl-Heinz *Kunde* war einer von Ihnen.

Berglund, Marianne; Radrennfahrerin, Schweden. Straßen-Weltmeisterin 1983 in Altenrhein (CH).

Bergmeisterschaft; Rennen zur Ermittlung des Besten in der Spezialdisziplin des Bergrennens. Sieger ist der, der die vorgeschriebene Strecke in der kürzesten Zeit zurücklegt. B. gibt es mit Massenstart und als Einzelzeitfahren (*Bergzeitfahren*). Der Sieger erhält den Titel Bergmeister.

Bergtrikot; Trikot des Führenden in der Bergwertung eines Etappenrennens.

Bergwertung; Sonderwertung während eines Eintages- oder eines Etappenrennens zur Ermittlung des besten Bergfahrers.

Bergzeitfahren; Straßenwettbewerb gegen die Uhr mit Einzelstart auf überwiegend stark ansteigender Strecke. Die Streckenlänge beträgt zwischen 5 und 20 km. Bei Deutschen Meisterschaften ist eine Streckenlänge von 7 bis 10 km vorgeschrieben, dabei muß die Höhendifferenz mindestenz 500 m betragen. Sieger ist, wer die Strecke in der kürzesten Zeit bewältigt.

Bernardi, Enrico; Erfinder, Italien. Ließ sich 1893 einen motorischen Fahrradantrieb patentieren. Es handelte sich um ein kleines motorgetriebenes Einrad, das starr hinter ein normales Fahrrad gekoppelt werden konnte und es dann mit seinem Motorantrieb schob. Es wurde auch ›Radschieber‹ genannt.

Berthet; Radrennfahrer, Frankreich. Dreimal Inhaber des Stundenweltrekords: 1907 mit 41,520 km, 1913 mit 42,741 km und ebenfalls 1913 mit 43,775 km.

Bertolazzo, Pierino; Radrennfahrer, Italien. Straßen-Weltmeister der Amateure 1929 in Zürich (CH).

Berufsfahrer; auch Radprofi. Radrennfahrer, der mit der Ausübung seines Sports seinen Lebensunterhalt verdient.

Berzin, Jewgeni; Radrennfahrer, Sowjetunion. Verfolgungs-Weltmeister der Amateure 1990.

Besenwagen; auch Schlußwagen. Begleitfahrzeug bei Straßenrennen. Letztes Fahrzeug der Begleitkolonne. Der B. dient zur Aufnahme von Rennfahrern, die das Rennen aufgegeben haben oder auf Anweisung des Wettfahrausschusses aufgeben mußten. Der B. muß sich während des ganzen Rennens hinter dem letzten Fahrer aufhalten. Er ist durch ein Schild oder einen Besen gekennzeichnet, damit wird der Polizei und den anderen eingesetzten Kontroll- und Ordnungsorganen der Schluß des Rennens angezeigt.

Bevilaqua, Antonio; *22. 10. 1918, † 29. 03. 1972. Radrennfahrer, Italien. Zweimal Weltmeister in der Einer-Verfolgung der Berufsfahrer, 1950 und 1951, Zweiter 1947 und 1952, Dritter 1948 und 1953. Dritter der Straßen-Weltmeisterschaft 1951.

Bianchetto, Sergio; Radrennfahrer, Italien. Zweimal Sprint-Weltmeister der Amateure, 1961 und 1962.

Bicycle-Motor-Cross; Abk.: *BMX.*

Bidon (frz.); Trinkflasche des Radrennfahrers. Sie wird im Flaschenhalter am Fahrrad mitgeführt.

Bike (engl.); *Fahrrad.*

Bike-Boom, (engl.); Fahrradhochkonjunktur. Eine Zeit, in der besonders viele Fahrräder gekauft werden.

Bickerton; englisches Klapprad.

Billigrad; minderwertiges Fahrrad. Leider ist die Meinung, daß ein Fahrrad billig sein muß, immer noch weit verbreitet. Es wird oft nicht daran gedacht, daß von der Qualität unter Umständen das Leben des Radfahrers abhängig ist. Lenker-, Rahmen- und Brüche der Sattelstütze sind oft die Folge und verursachen schlimme Verletzungen. Häufig ist ein günstig erstandenes, gebrauchtes Fahrrad besser, als ein billiges neues.

Binda, Alfredo; *11. 08. 1902, † 19. 07. 1986. Radrennfahrer, Italien. Dreimal Straßen-Weltmeister der Berufsfahrer. 1927 gewann er die erste Straßen-Weltmeisterschaft für Berufsfahrer auf dem Nürburgring (D) vor seinen Landsleuten Constante Girardengo und Domenico Piemontesi. 1930 siegte er in Lüttich (B) vor Learco Guerra (I) und Georges Ronsse (B) und 1932 in Rom (I) vor Remo Bertoni (I) und Nicolas Frantz (L). Fünfmal Sieger des Giro d'Italia,

1925, 1927–1929 und 1933. Viermal Italienischer Straßenmeister, 1926–1929.

Birne; Kzf. für Glühlampe der Fahrradbeleuchtung.

Birnennippel; Teil des Bremszuges. Am oberen Ende des Zuges angelötetes oder festgequetschtes rundes Metallstück in Form einer Birne, an dem der Zug in den Bremsgriff eingehängt wird.

Bishop, Steele; *29. 04. 1953. Radrennfahrer, Australien. Verfolgungs-Weltmeister der Berufsfahrer 1983.

Blanchonnet, Armand; Radrennfahrer, Frankreich. Olympiasieger im Straßenrennen 1924.

Blattfederspeiche; in der Frühzeit der Fahrräder versuchte man den Fahrkomfort der harten Laufräder zu verbessern. Einer dieser Versuche führte 1869 zur elastischen B., die um ein kleineres Rad in einem größeren gruppiert waren. Erfunden von einem Herrn Truffault (F).

Blaue Linie; *Steherlinie* einer Radrennbahn.

Blauer Streifen; unterster, ca. 50 cm breiter, umlaufender Streifen einer Radrennbahn, der Anfahrstreifen, er ist blau. Auch *Côte d'Azur.*

Blekemolen, Cornelius; Radrennfahrer, Niederlande. Steher-Weltmeister der Amateure 1914, Dritter 1913.

Blitzventil; gebräuchliche Bezeichnung für jede Art von Fahrradventil, das leichtes Befüllen der Reifen mit Luft ermöglicht.

Blochwitz, Steffen; *08. 09. 1967. Radrennfahrer, Deutschland. Weltmeister in der Mannschafts-Verfolgung der Junioren 1985, Vize-Weltmeister der Junioren 1986 und 1987. Weltmeister in der Mannschafts-Verfolgung der Amateure 1989, Silbermedaillengewinner bei den Olympischen Spielen 1988.

Blockkette; erste Zahnkette, 1829 von André Galle (F) erfunden (*Gallesche Kette*). Vorläufer der Rollenkette. Bei der B. sind die Außenlaschen rechts und links durch einen Niet mit einem starren Stahlblock, in den kein Zahn eingreifen kann verbunden. Dadurch benötigt man einen großen Zahnabstand und es sind entsprechend wenig Zähne im Eingriff. B. haben hohe Reibungsverluste. Sie waren vereinzelt noch bis ca. 1965 bei Bahnrädern anzutreffen, heute werden sie nicht mehr verwendet.

Blockpedal; Pedale mit zwei von beiden Seiten zu betretenden (Zwei-Blockpedal), oder drei in einem Dreieck angeordneten, von drei Seiten zu betretenden (Drei-Blockpedal) Gummiblöcken als Trittfläche. B. hatten zunächst Gleitlager, nach 1890 zumeist Kugellager.

Blondin; Hochseilakrobat, Frankreich. überquerte 1869 die Niagarafälle per Fahrrad auf einem Drahtseil.

BMX, (Abz.); Bicycle Motor Cross. Diese Sportart kam um 1975 aus den USA nach Europa. Die dort verwendeten kleinen Räder mit nur 20 Zoll großen, grobstolligen Reifen, ohne Beleuchtung und Schutzbleche, mit hochgezogenem Lenker begeisterten vor allem die Kinder. Innerhalb kurzer Zeit entwickelte sich ein Boom. Es wurden große Mengen dieser Räder in kurzer Zeit verkauft und in vielen Orten entstanden BMX-Bahnen (Rennbahnen mit Bodenwellen, Schanzen und Steilkurven). Allerdings hielt diese Euphorie nicht lange an. Schon um 1985 war es mit dem Boom vorbei. Geblieben ist die Sportart, die von einer kleinen Gruppe von Enthusiasten immer noch mit Begeisterung betrieben wird und in der sogar Weltmeisterschaften ausgetragen werden.

BMX-Rad; spezielles Wettkampfrad für BMX-Rennen. Besondere Merkmale sind die 20 Zoll Laufräder mit den grobstolligen Reifen, der hochgezogene Lenker und ein sehr kleiner Trapez-Rahmen.

Boardman, Christopher; Radrennfahrer, Großbritannien. Olympiasieger in der Einer-Verfolgung 1992. Verfolgungs-Weltmeister der Berufsfahrer 1994. Inhaber des Stundenweltrekords 1994 mit 52,270 km 1994. Er verbesserte die Marke seines Vorgängers Obree (GB) von 1993 um 674 m.

Bobet, Louison; *12. 03. 1925, † 13. 03. 1983. Radrennfahrer, Frankreich. Straßen-Weltmeister der Berufsfahrer 1954 in Solingen (D) vor Schür (CH) und Gaul (L). Vize-Weltmeister 1957 und 1958. Dreimal Sieger der Tour de France, 1953–1955, Vierter 1948 und Dritter 1950.

Boden, Falk; *20. 01. 1960. Radrennfahrer, Deutschland. Junioren-Weltmeister in der Mannschafts-Verfolgung 1977 und 1978, Weltmeister der Amateure 1979, 1981 und 1989, Zweiter 1990, Silbermedaillengewinner in der selben Disziplin der Olympischen Spiele 1980. DDR-Straßenmeister 1982. Sieger der Friedensfahrt 1983. Deutscher Meister der Berufsfahrer 1991.

Bodmer, Harry; *09. 01. 1966. Kunstradfahrer, Deutschland. Viermal Weltmeister, 1988,1989, 1991 und 1992, Zweiter 1990. Dreimal Deutscher Meister 1985, 1987 und 1990, Zweiter 1991 und 1992.

Bol d'Or; Pokal für eine 24-Stunden Meisterschaft im Steherrennen. Er wurde 1894 vom Direktor der französischen Zeitung Paris-Pédale gestiftet und in Paris (F) ausgetragen. Sieger war Constant Huret (F). Das Rennen wurde 1950 zum letzten Male veranstaltet, es siegte Fiorenzo Magni (I).

Bonazzi, Giovanna; Radrennfahrerin, Italien. Weltmeisterin im Down Hill 1993 in Métabief (F), Dritte 1994 in Vail (USA).

Boncioni, Renato; Radrennfahrer, Italien. Straßen-Weltmeister der Amateure 1962 in Salo (I).

Bondue, Alain; Radrennfahrer, Frankreich. Zweimal Verfolgungs-Weltmeister der Berufsfahrer, 1981 und 1982.

Downhill-Weltmeisterin Giovanna Bonazzi

Boneshaker (engl.); ›Knochenschüttler‹. Spöttische Bezeichnung der Amerikaner für die eisenbereiften Michaux-Räder.

Bongers, Gerard; Radrennfahrer, Niederlande. Verfolgungs-Weltmeister der Amateure 1967.

Bontrager, Keith; Designer, Kalifornien (USA). Arbeitete zunächst in der Motorradbranche, um dann in die Mountain Bike Szene zu wechseln. Prägte dort entscheidend die Entwicklung von *Switch-Blade-Gabeln.*

Boom, Albertus; Radrennfahrer, Niederlande. Steher-Weltmeister der Amateure 1969 in Brünn (CSSR).

Bordeaux-Paris; erstes Langstrecken-Straßenrennen in der Geschichte des Radsports. Die erste Austragung fand am 23. 05. 1891 statt und führte über eine Distanz von 572 km. In der Zeit von 26 h 34 Min. 57 Sek. siegte Mills (GB) vor seinem Landsmann Holbein, der eine Stunde nach ihm am Ziel eintraf und zwei weiteren Briten. Durch Änderungen der Streckenführung in den verschiedenen Jahren betrug die Distanz zwischen 551–620 km. 1981 gewann Herman van Springel (B) mit der sagenhaften Durchschnittsgeschwindigkeit von 47,186 km/h. Er benötigte für die 584,5 km eine Zeit von 13:35:18. Eine Besonderheit war und ist es noch heute, daß ein Teil der Strecke hinter Schrittmachern zurückgelegt wird.

Bordwerkzeug; Werkzeug, das am Fahrrad mitgeführt wird, um kleine Reparaturen unterwegs selbst durchführen zu können. Sinnvoll sind: Mehrlochschlüssel, Schraubenzieher, Montierhebel. Bei größeren Touren sollte man sich das B. sorgfältig zusammenstellen und um einige Ersatzteile ergänzen, damit man für alle Fälle ausgerüstet ist.

Borgert; Erfinder, Holland. Entwickelte 1970 einen Reibradantrieb, bei dem ein von einem Kurbellagergetriebe angetriebenes Gummirad direkt auf den Reifen des Hinterrades wirkte.

Borghetti, Luigi; Radrennfahrer, Italien. Sprint-Weltmeister der Amateure 1968 in Montevideo/Uruguay.

Borstlap, A. A.; Niederlande. Gründete 1927 in den Niederlanden das erste radfahrende Militärmusikkorps der Welt.

Bost, Josiane; Radrennfahrerin, Frankreich. Straßen-Weltmeisterin 1977 in San Cristobal/Venezuela.

Botherel, Jacques; Radrennfahrer, Frankreich. Straßen-Weltmeister der Amateure 1965 in Lasarte/Spanien. Später Autorennfahrer.

Bottecchia, Ottavio; *01. 08. 1894, † 15. 06. 1927. Radrennfahrer, Italien. Zweimal Sieger der Tour de France 1924 (er trug als einziger Fahrer in der Geschichte der Tour das Gelbe Trikot vom ersten bis zum letzten Tag) und 1925, Zweiter 1923 hinter Pelissier (F).

Boudart, Marcel; Erfinder, Frankreich. Konstruierte 1896 ein Fahrradgetriebe, bei dem ein durch Tretkurbeln angetriebenes Zahnrad ein zweites, welches auf eine Kette zum Hinterrad wirkte, direkt antrieb.

Bouhours, Emile; Radrennfahrer, Frankreich. Sprinter. Errang als erster die ›Armbinde‹ der Buffalo-Rennbahn/Paris. Ein Preis, der dem Inhaber pro Tag 20 Franc einbrachte. Dafür mußte er jede Herausforderung zu einem Rennen annehmen und die Binde im Falle der Niederlage dem Sieger aushändigen.

Bourillon, Paul; *14. 01. 1877, † 1942. Radrennfahrer, Frankreich. Sprint-Weltmeister der Berufsfahrer 1896.

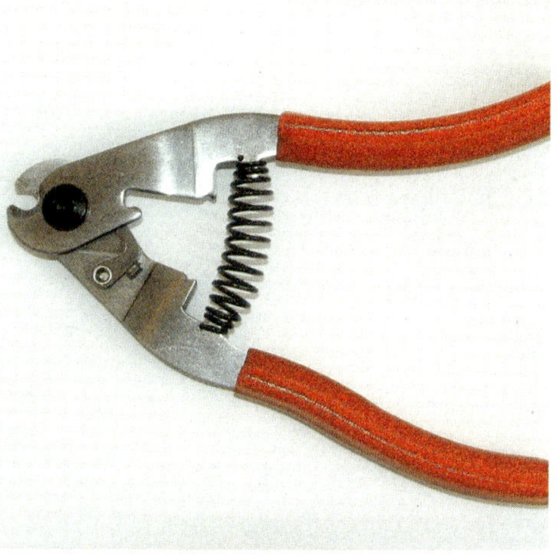

Bowdenzugzange

Bowden, T. H.; *1880, † 1960. Großbritannien. Erfinder des nach ihm benannten *Bowdenzuges.*

Bowdenzug; Drahtkabel aus Litze zur Übertragung von Zugkräften. Benannt nach dem britischen Erfinder Bowden. *Bremszug, Schaltzug.*

Bowdenzug-Gegenhalter; Bowdenzüge müssen manchmal umgelenkt werden. Das geschieht über Rollen oder durch ihre Verlegung in

Bowdenzughüllen. Da diese letzteren oftmals nur eine Kurve überbrükken helfen, müssen sie in Lagern abgestützt werden, damit die Kraftübertragung des Bowdenzuges gewährleistet bleibt, diese nennt man B. Sie werden entweder durch eine Schelle am Rahmen befestigt oder direkt angelötet.

Bowdenzughülle; *Außenhülle.*

Bowdenzughülse; aus Blech tiefgezogenes Endstück mit einer Bohrung, durch die der Zug geführt wird. Es wird über das Ende eines Bowdenzuges gesteckt, um zu verhindern, daß dieser sich durch die Zugkraft aufdreht und um ihn sauber in den B.-Gegenhalter zu führen.

Bowdenzugzange; Spezialwerkzeug zum Schneiden von Bowdenzügen. Verhindert das Aufspleißen des Zuges.

Bown, William; England. 1880 Produzent von *Äolus*-Kugellagern für Fahrräder.

Bracke, Ferdinand; *25. 05. 1939. Radrennfahrer, Belgien. Zweimal Weltmeister in der Einer-Verfolgung der Berufsfahrer, 1964 und 1969, Vize-Weltmeister 1965, 1966, 1972 und 1974. Dritter der Tour de France 1968. Inhaber des Stundenweltrekords 1967 mit 48,093 km. Er verbesserte die Marke seines Vorgängers Jacques *Anquetil* (F) aus dem gleichen Jahr um 600 m.

Braun, Gregor; *31. 12. 1955. Radrennfahrer, Deutschland. Mannschafts-Verfolgungs-Weltmeister 1975 in Rocour (B) mit Lutz, Vonhoff, Schuhmacher. Olympiasieger in der 4000-m-Einer-Verfolgung und in der Vierer-Mannschafts-Verfolgung 1976. Verfolgungs-Weltmeister der Berufsfahrer 1977 in San Cristóbal/Venezuela. Deutscher Straßenmeister 1978, 1980. Sieger des ›Henninger-Turm-Rennens‹ 1978 und der ›Deutschland-Rundfahrt‹ 1981. Er gewann 11 Sechstagerennen und stellte im Rahmen eines Angriffes auf den Stundenweltrekord 1985 einen Weltrekord über 5000 m mit einer Zeit von 5 Min. 44 Sek. auf. Leider ist es ihm nicht gelungen, den Stundenweltrekord zu erobern.

Bray, James; Weverlay, USA. Meldete 1869 ein Schlittenvelo mit einem gezahnten Vorderrad zum Patent an.

Breeze, Joe; Rahmenbauer, Mill Valley Kalifornien (USA). Baute 1977 den ersten Mountain Bike Rahmen in der Geschichte. Es war der erste einer Serie von zehn. Die damit ausgerüsteten Fahrräder nannte man nach seinem Erbauer *Breezer*. Das erste davon steht heute im Oakland-Museum in Kalifornien (USA).

Breezer; erstes von einer Serie von 10 Rädern mit einem 1977 von Joe Breeze gebauten Rahmen. Es hatte Cantilerversockel, zwei zusätzliche Streben vom Steuerkopf zu den hinteren Ausfallenden und zwei zur Verstärkung der Gabel. Sein Gewicht betrug stattliche 17 kg, es kostete 1500 US $. Der B. ist das erste Mountain Bike der Geschichte. Heute steht es im Oakland-Museum in Kalifornien

(USA). Das Zweite der Serie gehörte Charles *Kelly*. Es steht heute ebenfalls in einem Museum, in der Mountain Bike Hall of Fame in Crested Butte in Colorado (USA).

Breitenmoser, Rudolf; *06. 07. 1917. Radballspieler, Schweiz. Sechsmal Weltmeister, 1950–1954 und 1956.

Bremsarm; der Bremskörper von Seitenzug-/Mittelzugbremse besteht aus zwei B. und deren Befestigung. Sie sind je nach dem Bauprinzip auf dem Zentral- oder auf Trägerbolzen befestigt und drehen sich auf Zug um diese gegen die Felge.

Bremsattrappe; eine der Kuriositäten aus dem letzten Viertel des 19. Jahrhunderts. Damals wurden Bremsen vielerorts von den Polizeibehörden vorgeschrieben. Sie galten allerdings als unsportlich, weshalb viele Fahrer B. an ihr Rad montierten.

Bremse; Vorrichtung zur Verzögerung der Geschwindigkeit. Bei Fahrrädern mechanisch oder hydraulisch betrieben. Die Bremswirkung wird durch Reibung erzielt. Es gibt viele verschiedene Typen: *Seitenzug-, Mittelzug-, Scheiben-, Cantilever-, Klotz-, Rücktritt-*, Trommelbremse (*Trommelbremsnabe*).

Bremsentspanner; Vorrichtung am Bremskörper oder -griff, die es erlaubt, die Spannung des Bremszuges ein wenig zu lockern und damit den Bremsklotz in eine größere Entfernung zur Felgenflanke zu stellen. Dadurch wird der Ein- und Ausbau des Laufrades erleichtert und die Weiterfahrt mit einer Unwucht nach einem Defekt ermöglicht. Allerdings ist der Weg für den Bremsgriff dann um die entsprechende Strecke länger.

Bremsfeder; Teil der Bremse. Feder, die nach dem Bremsvorgang für die Rückstellung der Bremsarme in die Ausgangsposition sorgt.

Bremsgriff; Handhebel zur Kraftübertragung auf die Bremse. Der B. ist am Lenker befestigt und durch einen in einer Hülle geführten Bowdenzug mit dem Bremskörper verbunden. Bei Hydraulikbremsen besteht die Verbindung aus einem Bremsschlauch, der mit Bremsflüssigkeit gefüllt ist. Bei Gestängebremsen sind B. und Bremse durch Stangen miteinander verbunden.

Bremsgriffgummi; Teil des Bremsgriffes. Überzug aus Gummi oder Kunststoff für den Teil des Rennbremsgriffes, auf den sich die Hand abstützt.

Bremshandschuh; Handschuh mit verstärkter Innenhandfläche. B. wurden zu Zeiten der Hochräder von den Fahrern getragen. Sie preßten zum Bremsen die Handfläche auf den Reifen. Heute werden sie noch von den Bahn-Rennfahrern benutzt, denn Bahnrennräder sind nicht mit Bremsen ausgerüstet. Aus dem B. hat sich der *Rennhandschuh* entwickelt.

Bremshebel; *Bremsgriff.*

Bremshebelbandage; Schelle, mit der der Bremsgriff am Lenker befestigt ist.

Bremsschalthebel

Bremshebelüberzug; *Bremsgriffgummi.*

Bremskabel; *Bowdenzug* zur Übertragung der Kraft vom Bremsgriff zur Bremse.

Bremskabelhülle; kunstoffumantelte Spirale aus Stahldraht, in der der Bremszug geführt wird.

Bremsklotz; Teil der Bremse, der gegen die Felge oder den Reifen gepreßt wird und dort beim Bremsen die Reibung erzeugt, die die Geschwindigkeit verzögert. B. stecken in den Bremsschuhen, oder sind direkt an den Bremsarmen des Bremskörpers montiert. Sie sind aus verschiedensten Materialien hergestellt: Vom einfachen Gummi, über Kork, bis hin zu komplizierten Mischungen aus Kunststoffen, sogar mit Metallspänen und anderen Materialien. Es gibt B. mit Lederauflagen für Stahlfelgen und in Spezialmischungen für Aluminiumfelgen, sogar in verschiedenen Farben.

Bremskörper; Teil der Bremse. Wird am Hinterbau des Fahrradrahmens und an der Gabel montiert. Besteht aus den Bremsarmen, an denen die Bremsschuhe mit den Bremsklötzen befestigt sind und ist durch das Bremsseil mit dem Bremsgriff verbunden. Durch Betätigen des Bremsgriffes wird der Bremsarm des B. gegen die Felge bewegt, so daß die Bremsklötze an der Felgenflanke anliegen. Mit verstärktem Druck wird die Reibung erhöht und der Bremseffekt tritt ein. Die Fahrt des Rades wird verzögert.

Bremsmantel; Teil der Rücktrittbremse. Geschlitzter Stahlring, der in der Nabe montiert ist und beim Bremsvorgang aufgespreizt und mit hohem Druck auf die Innenwand der Nabe gepreßt wird. Dadurch entsteht Reibung, die die Verzögerung bewirkt.

Bremsnabe; Teil des Laufrades. Hinterrad- oder Vorderradnabe mit eingebauter Trommelbremse, oder Hinterradnabe mit Rücktrittbremse. Aber auch Nabe für die Montage von Bremsscheiben für die Scheibenbremse.

Bremsschalthebel; kombinierter Handhebel zur Betätigung von Bremse und Schaltung. B. werden bei modernen Rennrädern verwendet. Sie erhöhen die Sicherheit, da der Lenker während des Schaltens nicht mehr losgelassen werden muß und sie sind sehr komfortabel, weil damit auch unter schwierigsten Bedingungen am Berg oder auf schlechten Untergründen problemlos sicher und schnell geschaltet werden kann.

Bremsschlauch; Teil der Hydraulikbremse. In ihm befindet sich die Bremsflüssigkeit, durch die die Kraft auf die Bremsklötze übertragen wird.

Bremsschnur; Schnur, die an der Bremse befestigt wurde und zum Lenker führte. Zog der Fahrer an ihr, dann betätigte er damit die Bremse. Erst später erfand man Bremsgestänge und Bowdenzug.

Bremsschuh; Teil der Bremse. Im B. steckt der Bremsklotz. Der B. ist unten am Bremsarm des Bremskörpers so montiert, daß der Bremsklotz beim Bremsen auf die Felgenflanke gepreßt wird.

Bremsseil; *Bowdenzug*, mit dem die Kraft vom Bremsgriff auf den Bremskörper übertragen wird.

Bremssockel; Adapter zur Montage von Cantileverbremsen an Rahmen und Gabel. Wird in den entsprechenden Positionen angelötet.

Bremssystem; Bezeichnung für die zusammenwirkenden Teile eines speziellen Bremsentyps: z. B. Bremshebel, Bremsseil und Bremskörper der Felgenbremse.

Bremszange; auch *Bremskörper* einer Seitenzug- und Mittelzugbremse.

Bremszug; auch Bremsseil. Bowdenzug zur Kraftübertragung zwischen Bremsgriff und Bremskörper.

Bremszylinder; Teil der Hydraulikbremse. Er überträgt den Druck, der durch das Betätigen des Bremshebels

Bremssockel

durch die Bremsflüssigkeit ausgeübt wird auf die Bremszange, wodurch der Bremsbelag an die Felgenflanke (bei der Felgenb.) oder an die Bremsscheibe (bei der Scheibenbremse) gepreßt wird.

Breuer, Jean; Radrennfahrer, Deutschland. Steher-Weltmeister der Amateure 1974, Vize-Weltmeister 1972.

Brille; Teil des Zubehörs. Schon in den frühen Jahren des Radsports wurden von den Rennfahrern Brillen benutzt. Vor allem bei den langen Rennen, die viele Stunden über staubige Landstraßen führten, waren sie als Augenschutz gegen den Schmutz nötig. Sie halfen, Entzündungen zu vermeiden und trugen so zum Erfolg bei. Nachdem ab 1945 die Landstraßen Europas erheblich verbessert wurden, verloren B. an Bedeutung. Vereinzelt wurden Sonnenbrillen benutzt, aber bei den Profis sah man sie selten. Erst mit der Weiterentwicklung der B. für den Freizeitbereich, vor allem für den Wintersport, und einem großen Engagement der produzierenden Firmen, die um 1975 im Radsport als Sponsor aufzutreten begannen, kamen B. wieder in Gebrauch. Heute gehören sie zur Standardausrüstung eines jeden sportlichen Radfahrers. Es gibt unendlich viele Modelle in Preislagen von ca. 20 bis 400 DM. Vom einfachen Modell, bis zur modular aufgebauten High Tech B., universell anpassbar, mit auswechselbaren Gläsern und Wechselbügeln in verschiedenem Design.

Bronzemedaille; Auszeichnung für einen Sportler, der den dritten Platz in einem Wettbewerb errungen hat. Bekannt sind die B., die bei den Olympischen Spielen zu erringen sind.

Brugna, W.; Radrennfahrer, Italien. Steher-Weltmeister der Berufsfahrer 1990.

BSA-Waffenrad; ein faltbares Militärrad der britischen Luftlandetruppen. Es war mit einem Gitterrahmen und Rückentragemöglichkeit ausgestattet. Während der Invasion der alliierten Truppen 1944 landeten tausende britischer Soldaten mit diesen Rädern an Fallschirmen im Raum Arnheim.

Bubirad; einfaches hölzernes Kinderrad, das in Deutschland von ca. 1920 bis 1930 angeboten wurde.

Bucher, Walter; *08. 06. 1926. Radrennfahrer, Schweiz. Steher-Weltmeister der Berufsfahrer 1958, Vize-Weltmeister 1955, 1957 und 1959, Dritter 1956. Gewann insgesamt 11 Sechstagerennen.

Buchholz, Karl; *07. 06. 1932. Radballspieler, Deutschland. Zusammen mit seinem Bruder Oskar Fünfmal Weltmeister, 1959, 1961–1964.

Buchholz, Oskar; *26. 10. 1940. Radballspieler, Deutschland. Zusammen mit seinem Bruder Karl Fünfmal Weltmeister, 1959, 1961–1964.

Buchwalder, Edgar; Radrennfahrer, Schweiz. Straßen-Weltmeister der Amateure 1936 in Bern (CH).

Budzinsky, Fredy; *18. 06. 1879, † 06. 01. 1970. Radrennfahrer, Deutschland. Später Journalist und Chefredakteur der Zeitung Radwelt. Erfinder der Punktwertung bei den Sechstagerennen. In Amerika schon nach dem Ersten Weltkrieg eingeführt, konnte sich dieser Modus in Deutschland erst ab 1924 durchsetzen. Heute ist er bei den Rennen nicht mehr wegzudenken.

Bügel; gebräuchliche Bezeichnung für den *Lenker*, auch Lenkerbügel.

Bügelschloß; Stahlschloß, mit dessen u-ähnlichem Bügel ein Fahrrad an einen Pfosten angeschlossen werden kann. Auch Stahlbügelschloß.

Bugno, Gianni; *14. 02. 1964. Radrennfahrer, Italien. Zweimal Straßen-Weltmeister der Berufsfahrer 1991 und 1992. Sieger des Giro d'Italia 1990, Zweiter der Tour de France 1991, Dritter 1992. Italienischer Straßenmeister 1991.

Bull Bar, (engl.); Mountain Bike Lenker, der an den Enden nach vorn gebogen ist, so daß mehrere Griffpositionen möglich sind. Die Montage zusätzlicher Griffstücke erübrigt sich.

Bulla, Max; Radrennfahrer, Österreich. Sieger der ersten Austragung der Tour de Swiss, 1933.

Buna; synthetisch hergestellter Kautschuk. Synthesekautschuk. Gummiersatz.

Bund Deutscher Radfahrer e. V.; Abk.: BDR. Dachorganisation der Radsportvereine Deutschlands. Mitglied im Deutschen Sportbund und im Nationalen Olympischen Komitee. Sitz in Frankfurt. Anschrift: Otto-Fleck-Schneise 4, 60528 Frankfurt.

Bundesliga; Rennserie mit durchlaufender Wertung für die Deutschen Straßenamateure. Sie wurde das erste Mal 1990 ausgefahren und ist neben den Deutschen Meisterschaften das wichtigste Ereignis im Deutschen Amateur-Straßenrennsport.

Bundestrainer; vom ›Bund Deutscher Radfahrer‹ angestellter Trainer, dessen Aufgabe es ist, die Sportler der Nationalmannschaft auf Wettkämpfe vorzubereiten und zu betreuen. Der B. hat einen großen Einfluß auf die Berufung von Sportlern in die Nationalmannschaft und auf deren Einsatz. Es gibt B. für die Bereiche Straße, Bahn, Cross, Mountain Bike, und Damen.

Bunny Hop, (engl.); Sprung mit einem Fahrrad, bei dem sich beide Räder in der Luft befinden. Damit lassen sich gut Hindernisse überwinden, ohne absteigen zu müssen.

Bunny Hop

Bunzlauer-Rad; Bezeichnung für ein Exponat des städtischen Museum von Bunzlau in Niederschlesien. Es handelt sich um eine leichte, elegant gebaute und leicht lenkbare Laufmaschine. In den Rahmen ist die Zahl 1791 eingeschnitzt. Das Museum legt sie als Baujahrsangabe aus. Allerdings fehlen authentische Angaben, weshalb diese Annahme sicher in Frage gestellt werden darf.

Burton, Beryl; *12. 05. 1937. Radrennfahrerin, Großbritannien. Zweimal Straßen-Weltmeisterin 1960 und 1967, Zweite 1961. Fünfmal Weltmeisterin in der Einer-Verfolgung, 1959, 1960, 1962, 1963 und 1966. Dreizehnmal Britische Meisterin in dieser Disziplin.

Büsser, Andreas; Radrennfahrer, Schweiz. Querfeldein-Weltmeister der Amateure 1990.

Büssing, Heinrich; Industrieller, Deutschland. Unter seiner Leitung entstand die erste industrielle Fertigung von Fahrrädern in Deutschland in Braunschweig, 1869. Später wurden unter der Marke B. LKW's gebaut.

Buysse, Lucien; Radrennfahrer, Belgien. Sieger der Tour de France 1926, Dritter 1924, Zweiter 1925.

C

Calcorota; ein Fahrrad, welches nach seinem Erfinder, einem Stuttgarter Turnlehrer, auch Trefz-Rad genannt wurde. Es hatte einen Tretkurbelantrieb, bei dem über Kurbeln und Gestänge das Hinterrad angetrieben wurde. 1869.

Campione del Mondo (ital.); *Weltmeister.*

Camrda, Karel; Radrennfahrer, Tschechoslowakei. Querfeldein-Weltmeister der Amateure 1988.

Canins, Maria; *04. 06. 1949. Ski-Langläuferin und Radrennfahrerin, Italien. Zweimal Siegerin der Tour de France Féminin 1985 und 1986, Zweite 1987 und 1989. Vize-Weltmeisterin im Straßenrennen 1982 und 1985, Dritte 1983 und 1989.

Cannibale (frz.); Radrennfahrer, der möglichst jedes Rennen gewinnen will. Eddy Merckx wurde als C. bezeichnet.

Cantilever-Bremse; Bremse im Mittelzugsystem, deren rechter und linker Bremsschenkel jeweils direkt wie ein Kipphebel auf einem Anlötsockel der rechten und linken Gabelscheiden (vordere C.) oder rechts und links an

Cantilever-Bremse

den Sattelstreben (hintere C.) beweglich mit einer Schraube montiert wird.

Carpenter, Connie; Radrennfahrerin, USA. Olympiasiegerin im Straßenrennen 1984.

Carroll, James; New Haven, Conecticut (USA). Produzierte zusammen mit Pierre *Lallement* (F) 1894 die ersten Draisinen in Amerika. Ebenfalls zusammen mit L. erhielt er 1896 das erste amerikanische Fahrradpatent auf lenkbare Draisinen, erteilt unter der Nummer 59915 am 20. 11. 1866.

Casartelli, Fabio; Radrennfahrer, Italien. Olympiasieger im Straßenrennen 1992. † 1995.

Cavigneaux, Savoyard; Radrennfahrer, Frankreich. Sieger des ersten Radrennens auf Fahrrädern mit mechanischem Antrieb, dem ›Grand Prix de la Ville d'Amiens‹, 1865. Es war das erste Rennen für Michauxlinen.

Caylay, George; experimentierte 1808 mit an Schnüren aufgehängten Felgen als Alternative zu Holzspeichen. Bereits 1802 erhielt der Deutsche G. F. Bauer ein Patent auf ein solches System. Interessant ist, daß man sich heute wieder mit dieser Idee beschäftigt. Allerdings experimentiert man heute mit Karbon-Fäden.

Cèlèrifére, (frz); lenkloses Laufrad. 1791 von Graf de Sivrac (F) populär gemacht. Lange Zeit galt er als der Erfinder dieses Vorläufers des Fahrrades, aber das stimmt sicher nicht. Schon Mitte des 18. Jh. waren solche Laufräder im Nürnberger Raum und in Schlesien bekannt.

Central-Otto; 1881 entwickelte der Engländer Edouard Carl Friedrich Otto aus dem *Doppel-Otto* das C. Ein Kettenantrieb wirkte zentral auf die Achse, des Doppelrades, daher der Name C.

Chainsuck, (engl.); Verklemmen der Kette zwischen Kettenblatt und Kettenstrebe. Es gibt mehrere mögliche Ursachen dafür, eine mögliche ist das Zusammenwirken verschlissener Kettenblätter mit einer ausgefahrenen Kette.

Challenge Desgrange-Colombo; Jahreswertung der Berufsfahrer, die von 1948 bis 1958 unter dem Namen des Vaters der Tour de France, Henry Desgrange, durchgeführt wurde. Ab 1959 erhielt sie den Namen Super-Prestige-Pernod.

Champion, (engl.); a) Meister. b) Name eines amerikanischen Freilaufs von ca. 1885. Es handelte sich um einen formschlüssigen Typ.

Charles Kelly; einer der Urväter der Mountain-Bike-Bewegung. Er bat 1977 Joe *Breeze*, ihm einen Clunker-Rahmen, so nannten die Freaks damals ihre zu den abenteuerlichen Abfahrten benutzten umgebauten *Cruiser*, zu bauen. Das Ergebnis war ein neuer Rahmentyp, der zum Mountain Bike wurde.

Chase, Arthur Adalbert; Radrennfahrer, Großbritannien. Steher-Weltmeister der Berufsfahrer 1896 in Kopenhagen (DK).

Chereau; Erfinder, Frankreich. Entwickelte 1895 einen kettenlosen Fahrradantrieb, bei dem die Kraftübertragung durch Zahnräder erfolgte.

Cherry, Albert John; Radrennfahrer, Großbritannien. Steher-Weltmeister der Amateure 1898 in Wien (A).

Cheylesmore, (engl.); Name eines kraftschlüssig arbeitenden Freilaufs von ca. 1880.

Chioccioli, Franco; *1960. Radrennfahrer, Italien. Sieger des Giro d'Italia 1991.

Christophe, Eugène; *22. 01. 1885, † 01. 02. 1970. Radrennfahrer, Frankreich. Er war der erste Fahrer in der Geschichte der Tour de France, der das Gelbe Trikot des Spitzenreiters trug, das 1919 eingeführt wurde. Zweiter der Tour 1912, Dritter 1919. Siebenmaliger Französischer Meister im Querfeldeinrennen, 1909–1914 und 1921. Er gewann neben vielen anderen großen klassischen Radrennen das Rennen Mailand-San Remo von 1910, bei dem von 71 gestarteten Fahrern nur 4 das Ziel erreichten.

Ciancola, Luciano; Radrennfahrer, Italien. Straßen-Weltmeister der Amateure 1952 in Luxemburg.

City-Bike (engl.); Stadtrad. Ein Fahrradtyp, der mit komfortablen Reifen, 26-Zoll- oder 28-Zoll-Rädern, einem stabilen Gepäckträger, Cantilever-Bremsen und einer bedienungs-

Freilauf eines Hochrads

freundlichen Gangschaltung, meistens einer Nabenschaltung, ausgestattet ist. Unerläßlich sind Schutzbleche und ein Kettenkasten.

Civry, Frederic; Radrennfahrer, Frankreich. Sieger in der ›Weltmeisterschaft der 50 Städte‹ von 1883 in England. Offizielle Weltmeisterschaften nach heutigem Muster gab es erst ab 1921 für Amateure und 1927 für Berufsfahrer.

Clark, Danny; *30. 08. 1951. Radrennfahrer, Australien. Zweimal Weltmeister im Keirin, 1980 und 1981. Zweimal Steher-Weltmeister, 1988 und 1991. Sechsmal Europameister im Omnium, dreimal im Zweier-Mannschaftsfahren. Er startete bei über

200 Sechstagerennen und siegte dabei 69 mal. damit liegt er an 3. Stelle der ewigen Bestenliste und ist einer der Sechstagekaiser.

Clarkson, W. A. jr.; New York (USA). Meldete am 26. 06. 1819 ein Patent auf ein Velociped an. Es könnte sich um einen Lizensnehmer von Drais gehandelt haben. Die Unterlagen darüber sind leider 1836 bei einem Brand des Washingtoner Patentamtes vernichtet worden.

Classiques, (frz.); *Klassiker.*

Claußmeyer, Ernst; *26. 05. 1947. Radrennfahrer, Deutschland. Weltmeister in der Mannschafts-Verfolgung 1970 in Leicester (GB), zweimal Deutscher Meister. Dreimal Deutscher Meister im Zweier-Mannschaftsfahren. Er arbeitet eng mit Hans *Junkermann* und Gregor *Braun* zusammen, die beide Trainer in seiner Sportgruppe ›Olympia Dortmund‹, die zu den erfolgreichsten Mannschaften der Radbundesliga gehört, sind. C. hat sich sehr um den Deutschen Radsport verdient gemacht und ist einer seiner größten Förderer.

Clement, Adolphe; Fahrradfabrikant, Frankreich. Baute unter anderem ab 1892 Dreiräder. *Sociable*. Heute sind *Schlauchreifen* dieser Marke bekannt.

Clincher-Reifen; Vorläufer des Drahtreifens. Die C. wurden auch Wulstreifen genannt, weil sie durch einen Gummiwulst auf der Felge gehalten wurden. 1890 von William Erkskine Bartlett (GB) erfunden.

Clippless-Pedal; Pedal ohne Fußhaken und Riemen. Der Schuh wird mit an der Sohle befestigten Klammern fest in das Pedal eingerastet und kann durch seitliches Verdrehen wieder gelöst werden. *Sicherheitspedal.*

Colombo, Jürgen; *02. 09. 1949. Radrennfahrer, Deutschland. Olympiasieger in der Mannschafts-Verfolgung 1972 in München.

Columbia; Amerikanische Hochradmarke. C-Hochräder wurden ab 1889 nach Europa importiert. Ein C. kostete nur halb so viel wie ein vergleichbares englisches Hochrad und war deshalb für europäische Modelle eine große Konkurrenz.

Compensationsreifen; 1891. Zwischen Felge und Laufstreifen war eine Zwischenlage aus sich verjüngenden Gummipuffern angebracht, die die Stöße kompensieren sollte.

Compertz-Rad; Draisine mit einem Handhebel-Zahnradmechanismus.

Fahrradcomputer

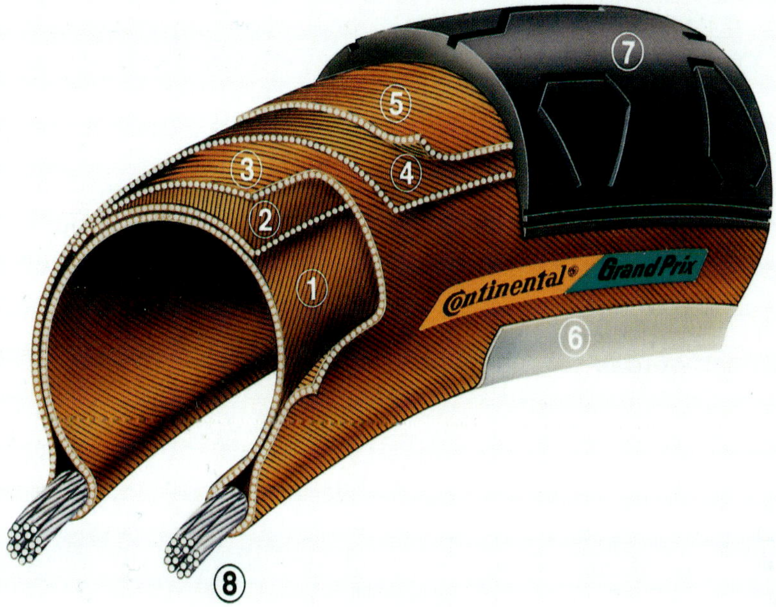

Aufbau des Continental-Grand-Prix-Reifens:
1) 1. Gewebelage, 2) 1. Breakerlage, 3) 2. Gewebelage, 4) 3. Gewebelage, 5) 2. Breakerlage, 6) Wulstschutzband, 7) Lauffläche, 8) Kevlarkern für Faltreifen

Patentiert durch Lewis Compertz, (GB), 1822.

Computer; *Fahrradcomputer*. C. zeigen die Geschwindigkeit, die gefahrene Zeit und noch viele mehr oder weniger interessante Werte an. Es gibt sie in vielen Preislagen, vom einfachsten bis zum hochkomplizierten Modell mit Höhenmeteranzeige und Herzfrequenzmesser.

Continental; mit 50 000 Mitarbeitern viertgrößter Reifenkonzern der Welt. 1871 in Hannover (D) als ›Contionental-Coutchouc- und Gutta-Percha Compagnie‹ gegründet. Einziger deutscher Fahrradreifenhersteller von ehemals ca. 50 verschiedenen Marken. Als erste deutsche Firma fertigt C. 1892 Fahrrad-Luftreifen, sog. Pneumatics. Das heutige Programm umfaßt ca. 400 verschiedene Fahrradreifen der Marke Continental und 250 der Marke Semperit. Produktionsstandort ist Korbach (D) in Hessen. Insbesondere durch neue Technologien (z. B. Schlauchreifen aus Nylon, Poliamid-Gürtelkonstruktionen, Snake Bite Schutz) setzte sich C. seit Mitte der 80er Jahre mit Produkten wie dem legendären ›Grand Prix‹ für Rennräder oder dem ›Top Touring‹ für Tourenräder auch gegen Billiganbieter aus Fernost durch.

Contre la montre, (frz.); Zeitfahren. Rennen gegen die Uhr. Sieger ist der Fahrer, der die Strecke in der kürzesten Zeit zurücklegt. Bei diesen Rennen zählt nur die Leistung, es gibt keine Möglichkeit zu taktischen Geplänkeln, deshalb werden sie auch ›Rennen der Wahrheit‹ genannt.

Convertible-Tricycle, (engl.); Name für Dreiräder, an denen mit wenigen Handgriffen ein viertes Rad montiert werden konnte. ca. 1885. *Coventry-Rotary-Dreirad.*

Cooman; Ingenieur, Brüssel (B). Erfand 1883 ein Wasserrad. Zwischen zwei hohlen Treibrädern saß der Fahrer, der das Gefährt über einen Tretkurbelantrieb vorwärts bewegte. Die Lenkung erfolgte über ein ebenfalls hohles hinteres Stützrad.

Copeland, Lucius D.; Philadelphia (USA). Rüstete 1884/85 ein Star-Hochrad mit Dampfmaschinenantrieb aus.

Coppi, Fausto; *15. 09. 1919, † 02. 01. 1960. Radrennfahrer, Italien. Straßen-Weltmeister der Berufsfahrer 1953 in Lugano (CH) vor Derijcke (B) und Okkers (B), Dritter 1949. Zweimal Weltmeister in der Einer-Verfolgung, 1947 und 1949. Zweimal Sieger der Tour de France, 1949 und 1952. Fünfmal Sieger des Giro d'Italia. Viermal Italienischer Straßenmeister, 1942, 1947, 1949, 1955. Inhaber des Stundenweltrekords 1942 mit 45,798 km. Er verbesserte die Marke seines Vorgängers Archambaud (F) von 1937 um 31 m. Zusammen mit Eddy Merckx (B) ist er einer der erfolgreichsten Radrennfahrer aller Zeiten.

Cordang, Mathieu; Radrennfahrer, Niederlande. Steher-Weltmeister der Amateure 1895 in Köln.

Cornet, Henri; *04. 08. 1884, † 18. 03. 1941. Radrennfahrer, Frankreich. Sieger der zweiten Austragung der Tour de France 1904, nach dem vier vor ihm plazierte Fahrer wegen Regelverstößen disqualifiziert wurden. Er ist bis heute der jüngste Tour-Sieger, da er damals erst 20 Jahre alt war.

Corti, Claudio; Radrennfahrer, Italien. Straßen-Weltmeister der Amateure 1977 in San Cristobal/Venezuela.

Cossimer Condor; durch Muskelkraft getriebenes Flugzeug mit 29 m Spannweite. Konstrukteur war der amerikanische Flugingenieur und Aerodynamiker Dr. Paul MacCready. Am 23. August 1977 gelang es dem amerikanischen Radrennfahrer Bryan Allen mit dem nur 35 kg schweren Apparat auf dem Shafter-Airport in Kalifornien eine Acht um zwei 800 m von einander entfernte Pfosten in einer Höhe von 3,3 m zu fliegen. Damit wurden die Bedingungen des englischen *Kremer-Preises*, der 1959 ausgesetzt wurde, erfüllt und 50 000 britische Pfund Sterling gewonnen. Die Luftschraube machte 110 Umdrehungen in der Minute. Damit wurde eine Durchschnittsgeschwindigkeit von 15,5 km erzielt. Die für den Geradeausflug benötigte Leistung betrug 0,24288 kW, für den Kurvenflug mußten 0,30912 kW aufgebracht werden.

Côte d'Azur; a) Franz. Landschaft am Mittelmeer, Departement. b) der blaue *Anfahrstreifen* einer Radrennbahn. Er wird auch ›Teppich‹ genannt.

Course de la Paix, (frz.); *Friedensfahrt.*

Coventry-Lever-Dreirad; 1876 baute die Coventry Tricycle Co., Ariel Works dieses asymmetrische Dreirad. Die Besonderheit bestand in einem großen Rad auf der linken Seite und zwei kleinen Rädern rechts hintereinander. Der Fahrer saß in der Mitte und bediente einen Fußhebelantrieb.

Coventry-Rotary-Dreirad; 1883. ähnlich, wie das *Coventry-Lever-Dreirad*, nur mit Kettenantrieb versehen.

Coventry Rotary Sociable, (engl.); Name eines Dreirades, das mit wenigen Handgriffen in ein Vierrad verwandelt werden konnte. ca. 1885, England.

Coventry Rudge, (engl.); englisches Dreirad. Nachfolgetyp des *Coventry-Lever-Dreirades* ca. 1883.

Criquilion, Jean Claude; *11. 01. 1957. Radrennfahrer, Belgien. Straßen-Weltmeister der Berufsfahrer 1984. Eine Wiederholung seines Erfolges wurde 1985 durch einen spektakulären Sturz im Endspurt verhindert.

Cross country, (engl.); Disziplin der Mountain Bike Rennen. C. werden mit Massenstart meistens als Rundstreckenrennen im Gelände ausgetragen, allerdings gibt es sie auch als Etappenrennen über mehrere Tage. Sieger ist, wer die Ziellinie als Erster überquert.

Crossrad; auch Crossrennrad oder Querfeldeinrennrad. Spezialrennrad für Querfeldeinrennen. Ein C. hat ein etwas höher liegendes Tretlager, spez. Reifen und eine spezielle Übersetzung. Seine Schaltung kann durch

Cross-Rennen

Lenkerendschalthebel oder durch *Schaltbremshebel* vom Lenker aus bedient werden.

Cross-Rennen; Querfeldeinrennen. Radrennen im Gelände. Kurioserweise eine der Straßendisziplinen. Es wird ein Rennrad mit spezieller Übersetzung und Bereifung verwendet. C. finden mit Massenstart auf einer Rundstrecke statt, die mehrmals umfahren werden muß. Sieger ist, wer als erster die Ziellinie überquert.

Cruiser, (engl.); amerikanischer Fahrradtyp der 30er Jahre des 20. Jh. Als Streamline Aerocycle 1934 von der Fa. Schwinn vorgestellt wurde dieses bequeme Fahrrad, bei dem erstmals in den USA Ballon-Reifen montiert waren, mit seinen Folge-Versionen bald zum beliebtesten Rad der USA. Erst ab ca. 1960 ließ das Interesse nach und die C. gerieten fast in Vergessenheit. Auf den Fahrradmessen in Europa fand man ab 1994 diesen Fahrradtyp wieder, nun mit modernster Technik und oft mit hochwertigen Rahmen ausgestattet.

Cyclo Cross, (frz.); *Querfeldeinrennen.*

D

Dalzel, Gavin; baute um 1845 ein Niederrad mit einem etwas größeren Hinterrad, das durch verstellbare Trethebel direkt angetrieben wurde.

Damenrad; Fahrrad, dessen Oberrohr stark abgesenkt ist. Damen, die mit einem Rock bekleidet sind, können bequem aufsteigen und sicher fahren. Allerdings ist solch ein Fahrrad durch diese Rahmenkonstruktion nicht so stabil wie ein Herrenrad, dessen Oberrohr waagerecht verläuft. Der Vorläufer des ersten D. war ein speziell vom Engländer Denis Johnson 1819 konstruiertes *Hobby-Horse* mit weit herunter gezogenem Holzrahmen. 1872 wurde das Ariel-Hochrad (*Ariel-Rad*) als Lady-Bicycle angeboten. Es war asymmetrisch gebaut, damit die Frau im Damenreitsitz fahren konnte. 1884 kam man dann mit dem *Damen-Safety* von J. McCammon, dem heutigen D. schon recht nahe. Das Svea-Damenrad (*Swea-Rad*) des Schweden H. P. Palmcrantz von 1893 hatte zwar einen Winkelhebelantrieb, der Rahmen aber entsprach nun der Form der heute noch gebräuchlichen Tourenräder.

Damenradrennen; am 1. November 1868 fand erstmals ein D. im Park von Bordelais in Bordeaux (F) statt. Heute sind D. ein fester Bestandteil des Radsports. Es werden Weltmeisterschaften in mehreren Disziplinen ausgetragen.

Damenrahmen; Fahrradrahmen mit stark abgesenktem Oberrohr für die Montage von Damenrädern. Seine Konstruktion erlaubt es, mit einem Rock bekleidet bequem aufzusteigen und sicher zu fahren.

Damen-Safety; von J. McCammon 1884 konstruiertes und von Rudge & Co. (GB), gebautes Damenrad.

Damensattel; Sattel, der der Anatomie einer Frau gerecht wird, meistens etwas breiter zur Stützung der Beckenknochen und etwas kürzer als ein Herrensattel. Es gibt sie in vielen verschiedenen Ausführungen, von bequem bis sportlich.

Dampfrad; die Idee, die menschliche Antriebskraft durch eine Maschine zu ersetzen beschäftigte die Erfinder schon früh. Bereits 1869 baute Sylvester H. Roper aus Roxbury, Massachusetts (USA), eine Dampfmaschine, die über Kurbeln das Hinterrad antrieb, in ein *Hanlon-Rad* ein. Es war der Vorgänger der heutigen Motorräder. Das Rad steht heute in der Sammlung des Smithsonian Institutes in Washington (USA).

Dandy-Horses, (engl.); in England Bezeichnung für *Draisinen*. Sie wurden auch Hobby-Horse genannt.

Dänisches Punktefahren; Bahnrennen, bei der die zu erringende Punktezahl in jeder folgenden Wertung erhöht wird.

Darragon, Louis; *06. 02. 1883, † 28. 04. 1918. Radrennfahrer, Frankreich. Zweimal Steher-Weltmeister der Berufsfahrer, 1906 und 1907.

Darrigade, André; *24. 04. 1929. Radrennfahrer, Frankreich. Straßen-Weltmeister der Berufsfahrer 1959 in Zandvoort (NL) vor Gismondi (I) und For, (B), Zweiter 1960, Dritter 1957 und 1958.

Dauerfahrer; nannte man früher die Radrennfahrer, die *Steher-Rennen* bestritten.

Daumenschalthebel; am Lenker montierter Schalthebel, der mit dem Daumen bedient werden kann, ohne daß die Hand dazu vom Lenker genommen werden muß. Dadurch ist ein sicheres Bedienen der Schaltung gewährleistet, ohne die Fahrsicherheit zu gefährden.

Davis, M.; erhielt 1853 ein französisches Patent auf das erste Einrad der Geschichte. Er nannte es ›Le Pédocaädre‹.

Dayen, Octave; Radrennfahrer, Frankreich. Straßen-Weltmeister der Amateure 1926. Diese Weltmeisterschaft wurde als Fernfahrt auf der Strecke Mailand-Turin (I) ausgetragen.

DD-Speiche; Doppeldickend-Speiche. Eine Speiche, die an ihren Enden verstärkt ist. Sie wird wegen ihres geringeren Gewichts und des günstigeren Windwiderstandes hauptsächlich bei Rennrädern verwendet.

De Bie, Danny; *23. 01. 1960. Radrennfahrer, Belgien. Querfeldein-Weltmeister der Berufsfahrer 1989, Vize-Weltmeister 1987.

De Bruin, Petra; Radrennfahrerin, Niederlande. Straßen-Weltmeisterin 1979.

Decimeter-Preis; ein Preis in Höhe von 500 Goldfranken, für denjenigen, dem es gelang, zwei 1 m voneinander entfernte Marken in einer Höhe von 10 cm zu ›überfliegen‹. Am 19. November 1912 erfüllte der deutsche Radrennfahrer Sigmar Rettich die Bedingungen und holte sich den Preis.

Declercq, René; Radrennfahrer, Belgien. Querfeldein-Weltmeister der Amateure 1969.

De Deckere, Norbert; Radrennfahrer, Belgien. Querfeldein-Weltmeister der Amateure 1972.

Defektsucher; Gerät zum Aufspüren undichter Stellen in Reifen. In einer kleinen Schachtel, deren Boden mit einem Sieb versehen ist, befindet sich Watte (heute Styropor). Wenn man nun diese Schachtel über den Reifen führt, dann wird durch einen austretenden Luftstrom der Inhalt bewegt und die undichte Stelle ist geortet.

Defraye, Odile; *14. 07. 1888, † 21. 08. 1965. Radrennfahrer, Belgien. Sieger der Tour de France 1912 vor Christophe (F) und Garrigou (F).

Delarue; Bootsbauer und Mechaniker, Paris (F). Baute um 1869 aus zwei

Bootskörpern und einem Tretantrieb ein Wasserrad.

Delattre, Marcel; Radrennfahrer, Frankreich. Verfolgungs-Weltmeister der Amateure 1960.

Delgado Robledo, Pedro; *15. 04. 1960. Radrennfahrer, Spanien. Sieger der Tour de France 1988, Zweiter 1987, Dritter 1989.

De Loof, Romain; Radrennfahrer, Belgien. Steher-Weltmeister der Amateure 1962 und 1963, der Berufsfahrer 1966, Vize-Weltmeister 1965 und 1967.

De Nijs, J.; Radrennfahrer, Niederlande. Steher-Weltmeister der Amateure 1984.

De Paepe, Paul; Radrennfahrer, Belgien. Steher-Weltmeister der Berufsfahrer 1957 in Lüttich (B), Vize-Weltmeister 1961, 1962 und 1963.

Derailleur, (frz.); *Umwerfer, Schaltwerk.*

Derksen, Jan; Radrennfahrer, Niederlande. Sprint-Weltmeister der Amateure 1939 in Mailand (I), der Berufsfahrer 1946 in Zürich (CH) und 1957 in Lüttich (B), Vize-Weltmeister 1949 und Dritter 1950, 1952 und 1959.

Derny; leichtes (100 ccm) Motorrad für Schrittmacher. Der Fahrer sitzt möglichst aufrecht, um den hinter ihm fahrenden Radrennfahrer guten Windschatten zu bieten. Zur Unterstützung des Motors tritt der Fahrer mit einem normalen Pedalantrieb über Kette und Zahnkranz mit. Im Gegensatz zur Steher-Maschine ist hinten keine Rolle angebracht.

Derny-Rennen; Rennen hinter leichten Motoren. Dabei bilden Schrittmacher und Radrennfahrer eine Mannschaft. Der Radfahrer fährt im Windschatten des Schrittmachers. D.-Rennen werden auf der Bahn und auf der Straße ausgetragen. So werden zum Beispiel bei dem berühmten klassischen Radrennen Bordeaux-Paris die letzten 150 km des 560 km langen Rennens hinter D. zurückgelegt. Eine Besonderheit der D. ist, daß der Fahrer des Dernys während der Fahrt mittreten muß.

De Rossi, Nino; Radrennfahrer, Italien. Verfolgungs-Weltmeister der Amateure 1951.

Desgrange, Henri; *31. 01. 1865, † 16. 08. 1940. Radrennfahrer, Frankreich. Stellte als erster mit 35,325 km/h einen Stundenweltrekord auf (1893). Später Chefredakteur und Generaldirektor der franz. Sportzeitung ›L'Auto-Velo‹, Paris. Er rief 1903 die Tour de France, nach einer Idee seines Redakteurs Geo Lefre, ins Leben. Ihm zu Ehren ist am Tourmalet, einem Berg in den französischen Alpen, ein Denkmal errichtet worden.

Deutsche Meisterschaft; Abk.: DM. In vielen Disziplinen jährlich stattfindender Wettbewerb zur Ermittlung des jeweils Besten. Der Sieger trägt für ein Jahr den Titel Deutscher Meister mit dem Zusatz der Disziplin (z. B. Deutscher Straßenmeister) und erhält als Zeichen seiner Würde das Meistertrikot.

Deutscher Radfahrerbund; Abk. DRB. Am 17. August 1884 in Leipzig als Dachorganisation der deutschen Radsportvereine gegründet. Nach dem Krieg und der Teilung Deutschlands entstanden als Nachfolgeorganisation der ›Bund Deutscher Radfahrer‹ (BDR) in der Bundesrepublik und der ›Deutsche Radsportverband der DDR‹ (DRV). Seit der Wiedervereinigung ist der BDR der alleinige Dachverband der Radsportvereine Deutschlands.

Deutsches Rad; Dreirad um 1865 nach Art der *Michauxline*. Es besaß einen Tretkurbelantrieb am Vorderrad.

Deutsches Radsportabzeichen; analog zum ›Deutschen Sportabzeichen‹ gibt es seit 1967 das D. in Gold, Silber und Bronce.

Deutschland-Rundfahrt; internationales Etappenrennen durch Deutschland. Es wurde erstmals 1911 als Profi-Rennen ausgetragen. Sieger wurde der Deutsche Hans Ludwig. In den folgenden Jahren wurde die D. sporadisch immer wieder einmal durchgeführt. Die letzten drei D. wurden 1980 von Didi Thurau, 1981 von Gregor Braun und 1982 von dem Niederländer Théo De Rooy gewonnen. Sie erlangte leider nie die Bedeutung einer Tour de France oder des Giro d'Italia und ist heute vom internationalen Terminkalender verschwunden.

De Vlaeminck, Eric; *23. 03. 1945. Radrennfahrer. Belgien. Siebenmaliger Weltmeister im Querfeldeinrennen der Berufsfahrer. Er ist mit über 200 Siegen der erfolgreichste Cross-Fahrer aller Zeiten. Bruder von Roger.

De Vlaeminck, Roger; *24. 08. 1947. Radrennfahrer, Belgien. Querfeldein-Weltmeister der Amateure 1968, der Berufsfahrer 1975, Zweiter 1974. Dreimal Belgischer Meister im Cross, 1974, 1975 und 1978. Belgischer Straßenmeister 1969 und 1981. Viermal gewann er Paris-Roubaix, den italienischen Klassiker Tirreno-Adriatico gleich sechsmal. Vize-Weltmeister im Straßenrennen der Berufsfahrer 1975. Er ist einer der erfolgreichsten Radrennfahrer aller Zeiten. Bruder von Eric.

Devoissoux, Jean; Radrennfahrer, Frankreich. Sprint-Weltmeister der Amateure 1907 in Paris (F).

De Waele, Maurice; *27. 12. 1896, † 14. 02. 1952. Radrennfahrer, Belgien. Sieger der Tour de France 1929, Zweiter 1927, Dritter 1928, Fünfter 1931.

De Wilde, Etienne; *25. 03. 1958. Radrennfahrer, Belgien. Weltmeister im Punktefahren der Berufsfahrer 1993 in Hamar (N). Omnium-Europameister 1989. Sieger von 25 Sechstagerennen.

De Wit, Pieter; Radrennfahrer, Niederlande. Steher-Weltmeister der Amateure 1966 und 1967.

Dhaenens, Rudy; *10. 04. 1961. Radrennfahrer, Belgien. Weltmeister im Straßenrennen der Berufsfahrer 1990.

Diamantprofil; Oberflächengestaltung eines Reifens, aus Gumminoppen in Form von Diamant-Kristallen.

Diamantrahmen; Fahrradrahmen, dessen Hauptrohre eine Rautenform bilden. Der Name stammt vom engl. diamont (= Raute/Rombus). Diese Rahmenform wurde schon im Rover des Konstrukteurs Starley um 1885 verwendet.

Dichtung; a) Vorrichtung, die das Eindringen von Schmutz, bzw. das Austreten von Fett oder Öl verhindert. b) Radfahrer-Latein. Nicht ganz ernstzunehmende Geschichten über radsportliche Glanztaten.

Dichtungsring; Gummi- oder Kunststoffring in Lagerschalen oder auf Achsen, der das Eindringen von Schmutz in das Lager verhindern soll.

Dichtungsspray; Mittel zum Reparieren eines defekten Reifens. Das D. wird durch das Ventil in den Reifen gesprüht und durch den Luftstrom der entweichenden Luft in die Öffnung gedruckt, die dadurch geschlossen wird.

Dickentman, Piet; *04. 01. 1879, † 13. 10. 1950. Radrennfahrer, Niederlande. Steher-Weltmeister der Berufsfahrer 1903, Vize-Weltmeister 1901.

Dicycle, (engl.); Fahrrad mit zwei nebeneinander angeordneten Rädern, zwischen denen der Fahrer sitzt. Solche Gefährte tauchten erstmals 1869 in Amerika auf. Der Erfinder war John White aus Philadelphia (USA).

Didier, Leon; Radrennfahrer, Frankreich. Er ›überflog‹ am 21. 12. 1912 in zwei Flügen 5,05 und 5,32 m. Damit gewann er den *Michelin-Preis*. Das Fahrrad sah aus wie ein Tourenrad mit Käferflügeln.

Didier-Nauts, Alphonse; Radrennfahrer, Belgien. Sprint-Weltmeister der Amateure 1900 in Paris (F).

Diebstahlsicherung; war zu allen Zeiten ein wichtiges Thema für Fahrradbesitzer. Deshalb sind von der Industrie vielfältige Vorrichtungen zur Verhinderung von Diebstählen entwickelt worden. Von der einfachen Kette mit einem Vorhängeschloß bis hin zu stabilen Bügelschlössern. Neuerdings vervollständigen elektronische Alarmanlagen das reichhaltige Angebot. Allerdings ist der sicherste Schutz noch immer, das Fahrrad nirgends unbewacht stehen zu lassen. *Guard-Tretlager.*

Diebstahlwarnanlage; batteriegetriebenes Alarmgerät, das am Fahrrad fest montiert und durch einen Schlüssel ein- bzw. ausgeschaltet wird. Ist es aktiviert, dann ertönt schon bei leichten Erschütterungen des Rades ein Alarmsignal.

Dienstrad; Fahrrad, das von einer Behörde oder Firma als Fahrzeug für dienstliche Fahrten den Mitarbeitern zur Verfügung gestellt wird. Am bekanntesten sind sicherlich die Fahrräder der Postboten.

Differentialgetriebe; Zahnradgetriebe, das dafür sorgt, daß sich bei Kurvenfahrt das innere Rad einer

Achse langsamer, als das äußere dreht. Der französische Ingenieur Pécquer erhielt 1828 das erste Patent auf ein D. Es wurde zunächst in einem Straßendampfwagen eingesetzt. 1833 baute es Roberts in einen weiteren Dampfwagen, danach geriet es fast in Vergessenheit. 1879 erfand es James Starley erneut, bekam ein Patent darauf und baute es in mehrspurige kettenlose Fahrräder ein.

Dill-Bundi, Robert; *18. 11. 1958. Radrennfahrer, Schweiz. Keirin-Weltmeister 1984. Weltrekordler über 500m (1982) und 1000m (1983). Schweizer Meister in der Einer-Verfolgung 1978 und 1979. Olympiasieger in der Einer-Verfolgung 1980. Dreimal Schweizer Verfolgungsmeister der Berufsfahrer, 1981–1983.

Distanz, (lat.); Entfernung zwischen Start und Ziel eines Radrennens. Bei Rennen auf Rundkursen von weniger als 1600 m Länge darf die D. nicht mehr als 80 km, von 1600 m bis 3000 m Länge nicht mehr als 100 km und von 3000 m bis 5000 m Länge nicht mehr als 120 km betragen. Für Frauen beträgt die D. maximal 80 km. Für den Nachwuchsbereich gelten besondere Regeln mit kürzeren Distanzen.

Di Tano, Vito; Radrennfahrer, Italien. Querfeldein-Weltmeister der Amateure 1979 und 1986.

Dittert, Bernd; *06. 02. 1961. Radrennfahrer, Deutschland. Weltmeister in der Mannschafts-Verfolgung 1981, Vize-Weltmeister 1983 und 1986. Olympiasieger im Straßen-Vierer der Olympischen Spiele von Barcelona 1992.

Djernis, Henrik; *22. 04. 1966. Radrennfahrer, Dänemark. Dreifacher Mountain Bike Weltmeister im Cross Country, 1992, 1993 und 1994. Querfeldein-Weltmeister der Amateure 1993, Vize-Weltmeister 1991 und Dritter 1988.

DM (Abk.); *Deutsche Meisterschaft.*

Dolman, Evert; Radrennfahrer, Niederlande. Straßen-Weltmeister der Amateure 1966 auf dem Nürburgring (D).

Domestike; Dienstbote. Helfer eines Mannschaftskapitäns. D. spielen eine wichtige Rolle bei den Rennen. Sie müssen den Kapitän unterstützen, ihn sogar manchmal schieben und neben vielen anderen Dingen vor allem in der Schlußphase vor den Angriffen der Konkurrenten abschirmen, in eine möglichst aussichtsreiche Position für den Endspurt fahren und zum Schluß für ihn den Spurt anziehen. Dabei wird erwartet, daß alle eigenen Ambitionen zugunsten des Kapitäns zurückgestellt werden, was nicht immer einfach für die jungen ehrgeizigen Radrennfahrer ist.

Donald, M. C.; USA. Baute 1869 ein Fahrrad mit Druckspeichen aus Stahldraht und Hinterradlenkung.

Doping, (engl.); unerlaubte Stimulans durch verbotene Mittel. Bei den Rennen werden medizinische Untersuchungen, Doping-Kontrollen, durchgeführt, um diesem Mißbrauch Einhalt zu gebieten. Der Nachweis von D. führt zur Disqualifikation und weiteren Strafen bis zum Entzug der Lizenz.

Doppel-Otto; *Doppelrad,* bei dem die Räder parallel zueinander angeordnet waren. Es erlangte die größte Verbreitung dieser Art Räder. Konstruiert von Edouard Carl Friedrich *Otto*, England. Nach 1879 wurden ca. 1000 Stck. bei ›Birmingham Small Arms Cie. Ltd.‹ gebaut. Der Fahrer saß zwischen zwei Rädern, die beide angetrieben wurden. Zum Lenken konnte jeweils ein Rad vom Antrieb abgekuppelt werden. 1881 wurde es vom *Central-Otto* ersetzt.

Doppeldickend-Speiche; Speiche, deren beide Enden verstärkt sind, sie wird auch DD-Speiche genannt. Es gibt sie in verschiedenen Längen. Die Besonderheit ist, daß die Nenn-Durchmesser an beiden Enden zu finden sind, der Mittelteil aber dünner ist. So ist eine 2 mm D. an beiden Enden 2 mm dick, aber in der Mitte nur 1,8 oder bei einem anderen Modell sogar nur 1,6 mm dick. Bei 1,8 mm D. ist es ähnlich, die Enden sind 1,8 mm, das Mittelteil 1,6 mm dick.

Doppelkettenblattgarnitur; Teil des Tretlagers. Kettenblattgarnitur, an deren rechter Kurbel zwei Kettenblätter montiert sind.

Doppelrad; auch Dicycle. Ein Rad, bei dem zwei Räder parallel zueinander angeordnet waren, zwischen denen der Fahrer saß. 1869 von John White aus Philadelphia (USA) gebaut.

Doppelrohrrahmen; Rahmenkonstruktion, bei der das Oberrohr aus zwei parallel zueinander verlaufenden dünnen Rohren besteht. Findet man heute vor allem bei den Mixte-Rahmen.

Doppelschalthebel; Schalthebel zum Bedienen von vorderem Umwerfer und hinterem Schaltwerk. Beide sind häufig zusammen an einer Schelle montiert und werden dann D. genannt.

Doppeltorpedonabe; Getriebenabe von Fichtel & Sachs, die eine doppelte Übersetzung und eine Rücktrittbremse aufwies. Sie wurde von 1907 bis 1958 produziert.

double butted, (engl.); innen angebrachte Verstärkung an beiden Enden eines Rahmen-Rohres.

Downhill, (engl.); bergab. Bezeichnung für Rennen vom Berg ins Tal. Eine spezielle Disziplin der Mountain Bike Rennen. D. hat sich aus den Anfängen zu einer spektakulären Sportart entwickelt, in der auch Weltmeisterschaften ausgetragen werden.

Doyle, Anthony; *05. 05. 1958. Radrennfahrer, Großbritannien. Zweimal Weltmeister in der Einer-Verfolgung der Berufsfahrer, 1980 und 1986. Dreimal Vize-Weltmeister, 1984, 1985 und 1988, Dritter 1987. Vize-Weltmeister im Punktefahren 1987. Sieger in 21 Sechstagerennen.

Drahtesel; volkstümliche Bezeichnung für ein Fahrrad.

Faszination Downhill

Drahtfelge; Felge, auf die ein Drahtreifen montiert wird. Auch Drahtreifenfelge.

Drahtreifen; Fahrradreifen, bei dem in den Wulst ein umlaufender Draht eingearbeitet ist, mit dem er in der Felge festgeklemmt wird.

Drahtseilschloß; langes Drahtseil, an dessen Enden Schließzylinder angebracht sind. Das D. kann um einen Pfosten herum und durch Vorder- und Hinterrad und den Rahmen gezogen werden und sichert das Fahrrad so gegen Diebstahl. Allerdings können D. mit einer Zange recht einfach durchgeschnitten werden.

Drais von Sauerbronn, Carl Friedrich Ludwig Christian Freiherr; *29. 04. 1785 in Mannheim (D); † 10. 12. 1851. Großherzoglich Badischer Forstmeister und Erfinder. Studien der Ma-

Nachbau einer Draisine

thematik, Physik, Baukunst und Landwirtschaft in Heidelberg. Er erfand 1816 ein lenkbares Laufrad, die Draisine. Sie wurde 1817 von dem Stellmacher Frey in Karlsruhe gebaut. Die Draisine gilt als direkter Vorläufer unserer modernen Fahrräder. Das Laufrad war nicht die einzige, wenn auch die am bekanntesten gewordene Erfindung, die er machte. Kaum jemand weiß heute, daß er auch das dyadische Rechensystem, einen Vorläufer der Binär-Algebra, auf deren Prinzip die heutige Computertechnik basiert, eine Schreibmaschine und eine Stenografiemaschine erfunden hat. Mit diesen Erfindungen war er seiner Zeit voraus, deshalb sind sie weitgehend in Vergessenheit geraten und wurden später von anderen erneut erfunden.

Draisine; lenkbares Laufrad. Vorläufer des Fahrrades. Konstruiert von

Dreirad

Carl Freiherr Drais von Sauerbronn 1817 in Karlsruhe. Die D. gilt als der Vorläufer des Fahrrades.

DRB, (Abk.); Deutscher Radfahrer Bund. Gegründet 1884. Nach der Fusion mit der ›Allgemeinen Radfahrerunion‹ 1919 in ›Bund Deutscher Radfahrer‹ umbenannt.

Drehgriffschalter; Lenkergriff, mit dem man durch Drehen die Gangschaltung betätigen kann. Der D. bietet den großen Vorteil, daß man zum Schalten den Lenker nicht loslassen muß. Damit wird das Radfahren sicherer.

Drehringschalter; Ring, der über das Lenkerrohr geschoben und dort befestigt wird. Durch Drehen wird damit die Schaltung betätigt. Der Vorteil besteht darin, daß der Lenker zum Schalten nicht losgelassen werden muß.

Drehzahl; Anzahl der Kurbelumdrehungen in einer Minute. Von der D. ist unter Berücksichtigung der Übersetzung die Geschwindigkeit abhängig.

Drei-D-Speiche; dreifachverstärkte Speiche. Sie ist am Fuß 2,3 mmm dick, verjüngt sich auf 2,0 mm und nochmals auf 1,8 mm, um dann wiederum auf 2,0 mm Durchmesser am Gewinde anzuwachsen.

Dreifach-Kettenblatt; Teil des Tretlagers. An der rechten Kurbel sind drei Kettenräder montiert. D. gehören zur Standardausstattung von Mountain Bikes und Trekking-Rädern.

Dreigangschaltung; Schaltung mit drei verschiedenen Übersetzungen. Es gibt sie als *Naben-* und *Kettenschaltung.*

Drei-Nationen-Meisterschaft; von 1974 bis 1994 trugen die drei Radsport-Nationen Deutschland, Luxemburg und Schweiz ihre Straßenmeisterschaften der Berufsfahrer gemeinsam unter diesem Namen aus.

Dreirad; eine Alternative zu den Zweirädern. Schon Freiherr von Drais baute Laufräder mit drei Rädern. 1865 wurden die sogenannten *Deutschen Räder*, D. mit Vorderradantrieb nach Art der *Michauxlinen* bekannt. 1869 wurde in England das *So-*

ciable populär. Nachdem James Starley 1877 ein Differentialgetriebe entwickelt hatte, kamen D. zu einem wirtschaftlichen Erfolg. Heute werden sie hauptsächlich als Kinder- und Behindertenräder benutzt.

Dreispeichenrad; Laufrad mit drei Stäben aus Aluminium oder Carbon anstatt der sonst üblichen Stahl-Speichen. Auch Tri-Spoke genannt.

Dritte Hand; nützliches Hilfswerkzeug zur Einstellung der Bremse. Es handelt sich um eine U-förmige Feder mit einem Handgriff. Die Enden der Feder sind in Form einer Öse gebogen, mit denen sie rechts und links über die Bremsschuhmutter geklemmt wird, wodurch die Bremsklötze an die Felge gepreßt werden und der Bremszug mühelos in der richtigen Länge eingestellt werden kann.

Drogan, Bernd; Radrennfahrer, Deutschland. Straßen-Weltmeister der Amateure 1982.

Druckfeder; Stahlfeder, die häufig unter dem Fahrradsattel montiert ist, um den Fahrkomfort zu erhöhen. Sie nimmt den Druck des Körpergewichts auf und federt Unebenheiten der Strecke aus.

Druckguß; Verfahren zur Produktion gegossener Metallteile. Das flüssige Metall wird dabei unter hohem Druck in eine Form gepreßt und nach Erkalten weiterverarbeitet.

Druckgußrad; ein Laufrad bei dem Speichen, Felge und Nabengehäuse aus einem Guß aus Aluminium im Druckgußverfahren hergestellt sind.

Duathlon; Dreikampf in zwei Disziplinen. Zuerst wird gelaufen, dann Rad gefahren und dann noch einmal gelaufen. Sieger ist, wer die Gesamtdistanz in der kürzesten Zeit bewältigt.

Dubnicoff, T.; Radrennfahrerin, Kanada. Sprint-Weltmeisterin 1993 in Hamar (N).

Duboc; Radrennfahrer, Frankreich. Erstes Opfer eines ›Giftanschlages‹ der Tour de France. Nach seiner Überquerung des Tourmalet während der Tour von 1911, reichte ihm ein Unbekannter eine Trinkflasche. Kurz nachdem er getrunken hatte, brach er entkräftet zusammen. Trotzdem gelang es ihm noch die Tour auf dem zweiten Platz der Gesamtwertung hinter *Garrigou* (F) zu beenden.

Dubois; Radrennfahrer, Frankreich. Sieger der ersten nationalen Meisterschaft in Frankreich 1885 über 100 km.

Dufraisse, André; *30. 06. 1926. Radrennfahrer, Frankreich. Fünfmaliger Querfeldein-Weltmeister der Berufsfahrer, 1954–1958, Vize-Weltmeister 1951 und 1952, Dritter 1953, 1961–1963. Er ist neben Eric *De Vlaeminck* der erfolgreichste Querfeldeinfahrer der Geschichte.

Dunlop, John Boyd; *05. 02. 1840, † 23. 10. 1921. Doktor der Veterinär-Chirurgie, Großbritannien. Erhielt am 31. Oktober 1888 ein Patent auf Luftreifen. Schon 1845 hatte *Thom-*

Dynamo

son (GB) ein ähnliches Patent erhalten, welches aber in Vergessenheit geriet, so daß heute allgemein D. als Erfinder des Luftreifens gilt.

Duomatic-Nabe; Torpedo-Duomatic-Nabe. Eine Zweigangnabe der Fa. Fichtel & Sachs, deren Übersetzung über eine eingebaute schaltzuglose Schalteinrichtung durch kurzes Zurücktreten während der Fahrt geändert wird. Durch Vorwärtstreten oder Freilauf kann kein Gangwechsel erfolgen.

Durchreichen; Rennfahrerjargon: Ein eingeholter Fahrer, der dem Tempo nicht mehr folgen kann fällt durch das Feld nach hinten zurück.

Durchschlagen; ein Vorgang, der bei Laufrädern, deren Reifen mit zu wenig Luft gefüllt sind, durch Unebenheiten der Fahrbahn eintreten kann. Dabei wird die Decke bis zur Felgenkante durchgedrückt. Das passiert in Bruchteilen von Sekunden mit solcher Wucht, daß der Schlauch von den schmalen Kanten der Felge durchschlagen wird. Die Folge ist ein ›Platten‹ und oftmals auch eine geknickte Felge.

Durchstieg; der Raum über dem heruntergezogenem Oberrohr eines Damenrahmens. Je tiefer dieses Rohr heruntergezogen ist, desto tiefer der Durchstieg und um so bequemer das Aufsteigen auf das Rad. Vor allem ältere Menschen schätzen einen tiefen D. Ein höherer gilt als sportlich.

Dürpisch, Norbert; Radrennfahrer, Deutschland. Verfolgungs-Weltmeister der Amateure 1977.

Dursley-Pedersen-Rad; 1893 patentiert. Dieses Rad mit Dreieck-Doppelrohr-Rahmen zeichnete sich durch hohe Stabilität und geringes Gewicht aus. Eine Besonderheit war die Sattelaufhängung, die der einer Hängematte ähnelte. Das D. wurde als Faltrad in der britischen Armee während des Burenkrieges eingesetzt. Es wird immer noch produziert und erlebt seit ca. 1978 eine Renaissance bei Fahrradfreunden, die besonders den hohen Fahrkomfort schätzen.

Dyer, Elisha; Providence, (USA). Baute zusammen mit Allen Greene 1869 ein fast 2,5 m großes Einrad, dessen Fahrer inmitten von 12 Eisenspeichen auf einem Brett saß.

Dynamo; Lichtmaschine. Der D. erzeugt den Strom für die Fahrradbeleuchtung.

Dynamohalterung; Schelle oder Anlötteil zur Befestigung des Dynamos an der Gabel oder am Rahmen eines Fahrrades.

E

Eckstein, Bernhardt; Radrennfahrer, DDR. Straßen-Weltmeister der Amateure 1960.

Edelstahl; hochvergüteter rostfreier Stahl. Mit Anteilen von Chrom und Vanadium. E. wird für viele Teile des Fahrrades verwendet. Besonders interessant ist er für die Herstellung von Speichen (Nirosta-Sp.) und Felgen (Nirosta-F.), aber auch zur Produktion von Rohren für den Rahmenbau.

Edelstahlspeiche; Speiche aus nicht rostendem Stahl, auch Niro-Sp. genannt. Der Vorteil ist ihre hohe Beständigkeit gegen alle äußeren Einflüsse.

Eden, Jaap; *19. 10. 1873, † 02. 02. 1925. Radrennfahrer, Niederlande. Sprint-Weltmeister der Amateure 1895 in Köln, Vize-Weltmeister 1894.

Egg, Oscar; *02. 03. 1890, † 09. 02. 1961. Radrennfahrer, Schweiz. Dreimal Inhaber des Stundenweltrekords, 1912 mit 42,122 km, 1913 mit 43,525 km und 1914 mit 44,247 km.

Egli, Paul; Radrennfahrer, Schweiz. Straßen-Weltmeister der Amateure 1933 in Montlhery (F).

Egmond, Jacobus van; Radrennfahrer, Niederlande. Sprint-Weltmeister der Amateure 1933 in Paris (F), Olympiasieger 1932.

Eichert, Fritz; Deutschland. Entwickelte eine magnetoelektrische Lichtanlage, die ab 1905 in Serie produziert wurde. Die heute noch existierende Firma Berko entstand aus dieser Initiative.

Eichholz-Kleinhans, Elisabeth; Radrennfahrerin, DDR. Straßen-Weltmeisterin 1965 in Lasarte (E).

Einer-Verfolgung; Bahnwettbewerb für zwei oder mehr Fahrer, der nach der Fahrzeit des Einzelnen oder über Finalläufe entschieden wird. Die Rennen gehen über eine Distanz von 3000 m bei den Frauen und Junioren, 4000 m bei den Amateuren und 5000 m bei den Profis. Juniorinnen und Jugendfahrer fahren über 2000 m.

Einrad; Fahrrad mit nur einem Rad. 1853 erhielt ein Franzose, M. Davis, das erste Patent auf ein E. Es wurde 1855 auf der Weltausstellung in Paris gezeigt. Ihm folgten viele skurile E. Heute wird es als Spaß- und Artistenrad benutzt.

Einschraubtretlager; kompaktes *Innenlager*, in dem die Achse und die Lagerungen in einer Hülse zusammen untergebracht sind. Das E. wird als komplette Lagereinheit in das Tretlagergehäuse hineingeschraubt.

Einspeichautomat; Spezialmaschine, mit der Laufräder maschinell gefertigt werden können.

Einspeichen; Vorgang der Herstellung eines Laufrades durch Einziehen der Speichen in Nabe und Felge. Um das Rad dann endgültig fertigzustellen, muß es anschließend *zentriert* werden.

Einspur-Tandem; die heutige Form des Tandems, bei dem beide Fahrer hintereinander sitzen und die Räder in einer Spur hintereinander laufen, im Gegensatz zu T., bei denen die Räder parallel angeordnet sind und die Fahrer nebeneinander Platz finden.

Einzelfahrer; Berufsfahrer, der keiner Mannschaft angehört.

Einzelstart; Startform, die bei Einzel-Zeitfahren, bei dem jeweils nur ein Fahrer in genau festgelegtem Abstand zum vorher gestarteten das Rennen beginnt, angewendet wird.

Einzelwertung; es gibt Rennen, bei denen nur das Ergebnis des einzelnen Teilnehmers zählt, im Gegensatz zu denen, bei der die Einzelergebnisse mehrerer Fahrer einer Mannschaft (Mannschaftswertung) ausschlaggebend sind. Bei den Etappenrennen findet man meistens eine Kombination aus beiden. Dort werden der Gesamtsieger und die Plazierten einzeln gewertet und daraus ergibt sich die Mannschaftwertung. Die E. hat aber einen deutlich höheren Stellenwert. Der Sieger einer Tour de France z. B. ist einer interessierten Öffentlichkeit bekannt, aber den Namen der erfolgreichsten Mannschaft kennt kaum jemand.

Einzelzeitfahren; Rennen gegen die Uhr. Die Teilnehmer starten in genau festgelegten Abständen voneinander über eine bestimmte Distanz. Sieger ist, wer die Strecke in der kürzesten Zeit zurückgelegt hat. E. auf der Straße gehören zu den härtesten Radsportdisziplinen und werden deshalb auch ›Rennen der Wahrheit‹ genannt.

Eisenbahnfahrrad; zur Streckenkontrolle eingesetztes Fahrrad, das auf Normalspurschienen lief. Es ließ sich zum Transport im Zug zusammenklappen. Die Stern-Fahrradwerke in Berlin (D) bauten es zu Beginn des 20. Jh.

Eisenfelge; löste ab ca. 1869 in Verbindung mit Drahtspeichen die Holzfelgen ab. Fahrräder konnten nun wesentlich leichter und filigraner gebaut werden.

Eisenspeiche; Speiche aus Stahldraht. Sie wurde 1826 durch Th. Jones (GB) erfunden. Die E. löste die Holzspeichen ab, die bis dahin in Gebrauch waren. Durch die Einführung der E. wurden die Fahrräder erheblich leichter.

Eis-Schlittenrad; 1886 konstruiert von Otto Voigt, Lübeck (D). Zwischen zwei Schlittenkufen war ein gezahntes Treibrad angebracht, das über Pedale und Kurbeln direkt angetrieben wurde.

Eis-Vélocipéde; statt mit einem Hinterrad mit zwei Kufen versehenes Michaux-Rad. Damit wurden 1868 auf der zugefrorenen Newski in Rußland 42 km zurückgelegt.

Ekimov, Vjatcheslav; Radrennfahrer, Sowjetunion. Dreimal Verfolgungs-Weltmeister der Amateure, 1985, 1986 und 1989 und der Berufsfahrer 1990.

elektrische Fahrradbeleuchtung; erfunden 1886 durch Richard Weber, Leipzig. Heute ist die e. ein Standard am Fahrrad. Sie besteht aus Scheinwerfer, Rücklicht und Dynamo. Man nennt sie auch einfach Beleuchtung.

Elevated Chainstays, (engl.); hochgelegte Kettenstreben beim Mountain Bike. Sie erleichtern die Montage des Hinterrades, da die Kette nicht mehr über der Kettenstrebe durch den Rahmen, sondern unter ihr zum Zahnkranz verläuft. Ein Verklemmen der Kette zwischen Kettenstrebe und den Kettenblättern des Tretlagers kann auch nicht mehr eintreten. Allerdings ist die Seitensteifigkeit des Hinterbaus geringer als bei herkömmlicher Bauart.

Ellegaard, Thorward; *07. 03. 1877, † 27. 04. 1954. Radrennfahrer, Dänemark. Sechsmal Sprint-Weltmeister der Berufsfahrer, 1901–1903, 1906, 1908, 1911, Vize-Weltmeister 1904 und 1905.

Eloxierung; elektrostatisch auf Metall aufgetragene Oberflächenbeschichtung. Da Eloxal sehr widerstandsfähig gegen Abrieb ist, lassen sich damit Oberflächen langlebig schützen und farbig gestalten.

Elyria-Dreirad; ca. 1870 gebaut von den Amerikanern Topliff und Ely in Elyria, Ohio (USA). Besonderheit: Der Abstand der beiden Hinterräder konnte stufenlos verstellt werden. Es sollten damit die Vorteile eines Dreirades mit denen eines Zweirades verbunden werden.

EM, (Abk.); *Europameisterschaft.*

Endlauf; Finale eines Wettbewerbes, nach Vor- und Zwischenläufen. Im E. wird der Sieger ermittelt.

Endmontage; Fertigstellung eines Fahrrades bis zur Fahrbereitschaft. Die beim Fahrradhändler angelieferten Fahrräder müssen aus der Verpakkung befreit und fahrbereit gemacht werden. Dabei werden vor allem die Schrauben nachgezogen und die Beleuchtung und die Einstellung von Schaltung und Bremse überprüft. Oft müssen Sattel, Lenker und Pedale montiert werden.

Endspurt; Kampf um den Sieg auf den letzten Metern bis zum Ziel.

Engel, Mathias; Radrennfahrer, Deutschland. Sprint-Weltmeister der Amateure 1927 in Köln (D).

Enter, Ernst; Radrennfahrer, Deutschland. Sieger im ersten deutschen Hochradrennen 1873. Er legte die 9 km der Veranstaltung des ›Münchner Velocipedenclub‹ in 42 Minuten zurück und verwies damit die übrigen 12 Teilnehmer auf die Plätze.

Entscheidungslauf; dritter und entscheidender Lauf eines Sprint-Finales, nachdem die beiden vorhergehenden Läufe jeweils von Einem der Teilnehmer gewonnen wurden.

Enzenauer, Ute; *18. 01. 1965. Radrennfahrerin, Deutschland. Straßen-Weltmeisterin 1981. Deutsche Straßenmeisterin 1981 und 1987.

Equipe, (frz.); *Mannschaft.*

Ergometer; einem Hometrainer ähnliches, medizinisches Meßgerät zur Überprüfung der Leistung eines Sportlers.

Ergo Power; Modellbezeichnung für einen kombinierten *Bremsschalthebel* für Rennräder. Mit dem E. ist es möglich, leicht und sicher zu schalten, ohne den Lenker loslassen zu müssen. Damit ist die größtmögliche Sicherheit in der Bedienung von Bremse und Schaltung auch unter schwierigsten Bedingungen gegeben.

Ersatzbereifung; a) Reifen, der für den Notfall mitgeführt wird, um im Falle eines Reifenschadens ersatzweise montiert zu werden. b) Notbereifung aus Schraubenfedern. Unter der Not des Materialmangels im Krieg erinnerte man sich einer Erfindung von 1880. Statt eines Luftreifens wurden Schraubenfedern auf die Felge montiert.

Ersatzmaterial; Rennräder und Laufräder, die bei Radrennen als Ersatz bei technischen Defekten entweder auf Begleitfahrzeugen mitgeführt oder in Materialdepots bereitgehalten werden.

Erstausrüster; Hersteller eines Fahrrades oder auch eine Fahrradfabrik.

Notbereifung aus Schraubenfedern

Erstausrüstung; alle Teile, die an einen Fahrradrahmen gebaut werden, um daraus ein komplettes Fahrrad zu machen.

Erste deutsche Velocipède Fabrik; diese Firma wurde durch einen Herrn H. C. Müller in den Jahren 1870 oder 1871 gegründet und hatte ihren Sitz in Stuttgart in der Kasernenstraße 44. Es handelt sich allerdings nicht um die erste deutsche Fahrradfabrik, die wurde nämlich schon 1869 durch *Büssing* in Braunschweig gegründet.

Erste-Hilfe-Päckchen; enthält Pflaster, eine Mullbinde, Leukoplast und eine kleine Schere. Für den Notfall sollte man es mit sich führen. E. sind klein und kompakt, sie passen in jede Tasche.

Erster Schritt; Radrennen für Anfänger. Teilnehmen kann jeder, der noch keine lizensierten Rennen bestritten hat. Rennen des E. werden häufig als Rahmenprogramm bei offiziellen Radrennen ausgetragen. Diese Wettbewerbe sind eine gute Möglichkeit, den Radsport näher kennen zu lernen.

Etappe; Teilstrecke eines Radrennens über mehrere Abschnitte mit eigenem Start und Ziel, z. B. Tour de France-E.

Etappenrennen; Radrennen für Einzelfahrer oder Mannschaften über mehrere Abschnitte. Das bekannteste E. ist die Tour de France.

ETU, (Abk.); Europäische Triathlon Union. Dachverband der Nationalen Triathlonverbände. Gegründet 1984 in Almere (NL).

Europameisterschaft; Abk.: EM. Jährlich stattfindende Wettkämpfe zu Ermittlung der besten in den durchgeführten Wettbewerben. Die Sieger tragen den Titel Europameister mit dem Zusatz der Disziplin, z. B. Europameister im Zweier-Mannschaftsfahren.

F

Faanhof, Henk; Radrennfahrer, Niederlande. Straßen-Weltmeister der Amateure 1949 in Kopenhagen (DK).

Faber, Francois; *26. 01. 1887, † 09. 05. 1915. Radrennfahrer, Luxemburg. Sieger der Tour de France 1909 vor Garrigou (F) und Alavoine (F), Zweiter 1908 und 1910.

Fachhändler; auch Fachgeschäft. Fahrradgeschäft, in dem der Kunde fachlich qualifiziert beraten wird und in dem Reparaturen zuverlässig ausgeführt werden.

Fachwerkstatt; Zweiradfachgeschäft mit geschultem Werkstattpersonal, ausgestattet mit den nötigen Spezialwerkzeugen.

Faggin, Leandro; *18. 07. 1933, † 06. 12. 1970. Radrennfahrer, Italien. Weltmeister in der Einer-Verfolgung der Amateure 1954. Olympiasieger im Sprint 1956. Dreimal Verfolgungs-Weltmeister der Berufsfahrer, 1963, 1965 und 1966, Vize-Weltmeister 1958, 1962 und 1964, Dritter 1961, 1967 und 1968. Inhaber des Weltrekordes über 1000 und 5000 m 1956, bzw. 1958 und 1961.

Fahrfläche; rechteckige Fläche, auf der Wettbewerbe im Kunstradfahren durchgeführt werden, min. 9 x 12 m, max. 11 x 14 m groß. In der Mitte sind zwei Kreise von 4 und 8 m Durchmesser markiert.

Fahrradcomputer; Gerät, mit dem Geschwindigkeit, gefahrene Zeit u. v. a. m. angezeigt wird. Ein F. zählt Impulse, die er von einem Magneten in den Speichen über einen Sensor an der Gabel erhält. Damit die gefahrene Strecke angezeigt werden kann, muß die Größe des Radumfanges eingegeben werden. Je genauer diese Eingabe, desto genauer die hinterher angezeigten Werte. Mit jedem Impuls wird ein Radumfang zur zurückgelegten Strecke hinzu addiert. Die Geschwindigkeit errechnet sich aus der gefahrenen Strecke pro Zeiteinheit, die durch eine interne Uhr gemessen wird. Die Anzeige erfolgt über ein Display im Gehäuse. Die unterschiedlichen Informationen können durch Knopfdruck abgerufen werden.

Fahrradcomputer

Heute sind Helme wieder gefragt

Fahrradhelm; Kopfschutz für den Radfahrer. F. sind besonders leichte Helme, häufig aus Steropor mit einer Hartschale. Beim Sturz vom Rad kommt es häufig zu Kopfverletzungen. Ein F. schützt davor. Bei Radrennen ist ein Kopfschutz zwingend vorgeschrieben, aber auch im Straßenverkehr sollte man ihn benutzen. Kinder sollten nie ohne Helm Fahrradfahren.

Fahrradkurier; Bote, der eilige Sendungen per Fahrrad vom Absender zum Empfänger transportiert. Mit der Zunahme des Verkehrs in den großen Städten und Ballungsgebieten ist es schwierig geworden, eilige Post pünktlich zum Empfänger zu bringen. Damit ist eine Marktlücke entstanden, die der F. nun ausfüllt. Mit dem Fahrrad erreicht man hohe Geschwindikeiten, Staus sind kein Hindernis. So befördert der F. die ihm anvertraute Sendung schnell und sicher. Interessant ist, daß F. ihre Arbeit nicht nur als Job betrachten, sondern vielmehr als eine Philosophie, die ihre Wurzeln im alternativen Denken und dem Umweltschutz hat. So sind F.-Kurierdienste international organisiert. Am augenfälligsten wird das bei der alljährlich ausgetragenen Weltmeisterschaft der F.

Fahrradmuseum; Museum, das sich mit der Darstellung der Geschichte des Fahrrades befaßt. Im deutschsprachigen Raum gibt es folgende interessante F.: Deutsches Museum München, Deutsches Zweiradmuseum Neckarsulm, Einbecker-Fahrrad-Museum, Fahrradmuseum Zumhaus in Feuchtwangen, Museum für Verkehr und Technik Berlin, Radfahrgalerie Euhus in Langenhagen/Hannover, Schweizerisches Sportmuseum Basel, Technisches Museum Wien, Verkehrsmuseum Johanneum Dresden.

Fahrradnummer; *Rahmennummer.*

Fahrradpaß; Ausweis, den man bei Polizeidienststellen und Versicherungen kostenlos erhält. Er dient dazu, die Daten des Fahrrades und seines Eigentümers zu erfassen. Im Falle eines Diebstahles helfen diese Angaben bei den Ermittlungsarbeiten.

Fahrradrahmen; zentrales Teil des Fahrrades. Besteht aus den Rahmenhauptrohren, *Ober-*, *Unter-* und *Sitzrohr,* sowie dem *Steuerrohr* und dem *Hinterbau*. Bei einigen modernen Rahmenformen kann es hiervon Abweichungen geben. An den F. werden die *Fahrradkomponenten* montiert. Als Rahmenbaumaterial verwendet man Stahl- oder Aluminiumrohre, aber auch solche aus Kohlefaserverbundstoffen. Es werden auch Rahmen in einem Stück, *Monocoque-R.* aus Carbon-Kohlenstoff- und anderen Verbindungen hergestellt. Eine weitere Herstellweise ist die aus Magnesiumguß.

Fahrradrally; sportlicher Wettbewerb, bei dem man neben reinen Radsporteinlagen auch Geschicklichkeitsaufgaben lösen muß. Häufig wird zusätzlich die Lösung von Fragen des Allgemeinwissens gefordert. Der Sieger muß also vielseitig sein, sportlicher Ehrgeiz allein reicht zum Gewinn nicht aus. F. sind eine beliebte Freizeitbeschäftigung für Familien und Kinder und lassen sich mit etwas Phantasie recht einfach gestalten.

Fahrradrecycling; die Zurückgewinnung von Rohstoffen aus alten Fahrrädern ist vor der immer stärker werdenden Notwendigkeit des Umweltschutzes ein aktuelles Thema. Bei der Produktion von Fahrrädern wird in zunehmendem Maße darauf geachtet, daß die Teile wieder aufbereitet werden können. Wo das nicht möglich ist, bemüht man sich Materialien einzusetzen, die die Umwelt nicht belasten. Bei den Metallteilen ist dieses Problem weitgehend gelöst, sie werden schon seit langem in den Kreislauf zurückgeführt. Bei Kunststoffen ist das leider nicht so einfach. Hier gibt es noch ein großes Betätigungsfeld und das Kaufverhalten von uns allen wird einen großen Einfluß auf die zukünftige Entwicklung haben.

Fahrradreifen; die ersten Fahrräder hatten Holzräder, über deren Felge ein Eisenring gezogen war. Man versuchte dann den Komfort zu heben, indem man Lederriemen, Korkauflagen oder Hanfseile auf die Felgen klebte. Der Erfolg befriedigte nicht. 1839 erfand Charles Goodyear ein Verfahren zur Herstellung von Gummi. Nachdem es 1844 Ernst Hancock gelang, daraus die Herstellung von Hartgummi zu entwickeln, war es möglich, Vollgummi- und Luftkissenreifen zu produzieren, allerdings begann man damit erst 1865. In der Zwischenzeit geschah etwas Merk-

Moderner Mountain-Bike-Reifen im Schnitt

würdiges: Robert William Thomson erfand schon 1845 den Luftreifen – und prompt wurde diese Erfindung vergessen, und zwar gründlich! Sie mußte erst ein zweites Mal erfunden werden: 1887 von Dr. John Boyd *Dunlop*. Er bekam 1888 ein Patent darauf. 1889 fand das erste Radrennen mit luftbereiften Rädern statt, und der Siegeszug der Pneumatic-Reifen war nicht mehr aufzuhalten. Heute können wir uns Fahrräder gar nicht mehr ohne sie vorstellen. Ein F. besteht aus dem Laufstreifen, einem Gewebeunterbau, der Karkasse, dem Drahtkern (bei Drahtreifen) einem Luftschlauch und dem Felgenband. Es gibt *Normalreifen, Hochdruckreifen* und *Schlauchreifen.*

Fahrradreisen; populäre und umweltfreundliche Art der Urlaubsgestaltung, die einem die Natur abseits der hochfrequentierten Touristikrouten nahe bringt. F. erfreuen sich zunehmender Beliebtheit und werden von einer wachsenden Zahl von Reiseveranstaltern angeboten.

Fahrradrikscha; in den Ländern des fernen Ostens ist die Personenbeförderung mit von Menschen gezogenen zweirädrigen Karren, den Rikschas, weit verbreitet. Eine moderne Variante davon stellt die F. dar. Sie ist ein Dreirad, das über Pedale und Kettenantrieb vorwärts bewegt wird.

Fahrradschloß; Diebstahlsicherung. Stahlkette oder Stahlbügel mit Schloß oder Schließzylinder, mit dem das Fahrrad gegen Diebstahl gesichert wird. Es gibt fest montierte und lose mitgeführte Ausführungen in unterschiedlichsten Ausführungen. *Wegfahrsperre, Guard-Tretlager.*

Fahrradständer; a) Vorrichtung zum Abstellen von Fahrrädern vor Gebäuden, in Parks usw. b) Fahrradzubehörteil zur Montage am Rahmen entweder unten hinter dem Tretlagergehäuse oder unter der linken Unterstrebe des Hinterbaus kurz vor dem Ausfallende. Eine ausklappbare Stütze, die das Fahrrad nach dem Abstellen vor dem Umfallen bewahrt.

Fahrradtaschen; sind ein nützliches Zubehör für den Transport von Gegenständen mit dem Fahrrad. Die F. werden am Gepäckträger befestigt. Vor allem für Radtouren sind sie sehr beliebt und Fahrradreisende kommen ohne sie nicht aus. Es gibt sie in vielen Ausführungen, groß und klein, für den vorderen genauso wie für den hinteren Gepäckträger. Je nach Preislage sind sie schwer oder leicht und mehr oder weniger wasserdicht.

Fahrradtransport; da das Fahrrad einen hohen Stellenwert für die Freizeitgestaltung besitzt und es ein beliebter Begleiter im Urlaub ist, ist sein Transport ein notwendiges Übel. Es gibt viele Möglichkeiten dazu: Auf dem Dach des Autos, per Eisenbahn und auch im Laderaum eines Flugzeuges. Die Bedingungen sind dabei sehr unterschiedlich. Fahrraddachgepäckträger erfordern Sorgfalt bei ihrer Montage und der Befestigung des Fahrrades. Außerdem darf man nicht mit zu hoher Geschwindigkeit fahren, will man nicht Gefahr laufen, das Dachgepäck zu verlieren. Für den Transport mit der Bahn und im Flugzeug empfiehlt es sich, vor Antritt der Reise bei den entsprechenden Stellen nach den Bedingungen zu fragen.

Fahrradtransportkoffer; speziell für den Transport von hochwertigen Fahrrädern entwickelter Hartschalenkoffer aus Kunststoff. Vor allem bei Flugreisen leistet er wertvolle Dienste. Für Reisen mit dem Auto ist er häufig zu sperrig.

Fahrradtransporttasche; flexible Verpackung aus Kunststofffolie oder Segeltuch, die speziell für den Transport eines Fahrrades gedacht ist.

Fahrradturnier; Geschicklichkeits- und Verkehrssicherheitsveranstaltung mit einer Prüfung für Kinder. In vielen Städten wird von den Schulen in Zusammenarbeit mit der örtlichen Polizei und der Verkehrswacht Verkehrserziehung angeboten, in deren Rahmen F. durchgeführt werden.

Fahrradventil; *Ventil.*

Fahrradwandhalter; Vorrichtung zum platzsparenden Aufbewahren von Fahrrädern. Metallschiene, in die das Rad gestellt wird, oder auch einfach nur ein Stahlhaken, der mit einem Dübel in der Wand befestigt wird, um es daran aufzuhängen. F. findet man häufig in Garagen oder Kellern.

Fahrstrecke; a) die Strecke, die ein Radfahrer abfährt. b) der Fahrtverlauf eines Wettbewerbs oder Volksradfahrens, wie er in der Ausschreibung oder dem Programm beschrieben ist. Die F. muß vom Veranstalter am Tage des Wettbewerbs ausreichend gekennzeichnet sein. Während des Wettbewerbs zieht ein Abweichen eines Sportlers von der F. einen Ausschluß aus dem Rennen nach sich.

Fairfax; kleine Stadt im Marin County, Kalifornien (USA). Dort stand die Wiege der Mountain Bike Bewegung. Um 1974 herum beschäftigte sich dort eine Gruppe von Freaks um Charles Kelly und Gary Fisher mit sogen. Repack-Rennen vom Gipfel des Mount Tamalpais über Feuerwehrwege ins Tal hinab. Die dort benutzten Fahrräder wurden laufend verbessert, bis daraus die Mountain Bikes entstanden waren und kurz danach ihren Siegeszug um die Welt antraten.

Faltreifen; Fahrradreifen, der statt eines Drahtringes an seiner Flanke eine flexible Einlage besitzt. Dadurch kann er mühelos zusammengefaltet oder -gerollt werden. F. lassen sich gut transportieren und werden deshalb gern als Ersatzreifen am Fahrrad mitgeführt.

Familienfahrt; beliebte Freizeitbeschäftigung, bei der jung und alt auf ihre Kosten kommen. Das Erlebnis der gemeinsamen Ausfahrt verbindet alle Beteiligten und stärkt die familiären Beziehungen. Fahrradfahren erfordert gegenseitige Rücksichtnahme und Aufmerksamkeit und leistet damit einen wertvollen Beitrag zur gegenseitigen Erziehung. Das Erlebnis der Natur fördert das Verständnis für den Umweltschutz und hat somit eine wichtige Funktion in unserem Öko-Sozial-System.

Fan; begeisterter Anhänger einer Sportart oder eines einzelnen Sportlers.

Fantome; französisches Hochrad von 1880 mit einer Bereifung aus Schraubenfedern. Auf diese Art der Bereifung besann man sich nach dem ersten und zweiten Weltkrieg wieder als Notbereifung.

Farffler, Stephan; *1633, † 1689. Uhrmacher, Altdorf/Unterfranken (D). Er war querschnittgelähmt und baute sich 1680 einen dreirädrigen Invalidenwagen mit Handkurbelantrieb und Zahnradübersetzung. Ein weiteres Modell von 1688 hatte vier Räder. Es verbrannte leider 1944 bei einem Bombenangriff in Nürnberg.

Fauber-Antrieb; nach seinem Erfinder benannter Fahrradantrieb, bei dem Tretkurbel und Achse aus einem Stück gefertigt sind. Zur Befestigung des Kettenrades ist am rechten Kurbelarm ein Zapfen ausgebildet. Das Tretlagergehäuse muß für diesen Antrieb größer als herkömmlich sein, um den linken Kurbelarm durchstekken zu können. Die Innenlager für F. gibt es mit eingeschlagenen und eingeschraubten Lagerbuchsen. Diese Tretlager wurden sehr häufig in BMX-Räder eingebaut.

Federation Internationale Amateur de Cyclisme, (frz.); Abk.: FIAC., Internationaler Amateur-Radsportverband. Welt-Dachverband der nationalen Amateur-Radsportverbände bis 1993 die UCI gegründet wurde und die Nachfolge antrat.

Federation Internationale Cyclisme Professionel, (frz.); Abk.: FICP., Internationaler Berufsradrennfahrer-Verband. Gegründet 1965 mit Sitz in Leudelange (L). In ihm waren bis zu seiner Auflösung 1993 alle nationalen Berufsradrennfahrer-Verbände organisiert. Die *UCI* übernahm seine Nachfolge.

Federgabel; Fahrradgabel, die durch Federn, Dämpfungselemente, Öl- oder Gasdruck oder eine Kombination daraus, Geländeunebenheiten ausgleicht und dadurch den Fahrkomfort und die Fahrsicherheit erhöht. F. sind relativ schwer, technisch sehr aufwendig und damit teuer. Bei den Mountain Bikes haben sie sich dennoch einen großen Marktanteil erobert, und es ist zu erwarten, daß sie auch in andere Fahrradtypen Einzug halten.

Federung; es gab schon immer Versuche, den Fahrkomfort zu erhöhen. Die einfachste Möglichkeit der F. und auch die am häufigsten anzutreffende, ist sicher der gefederte Sattel. Darüber hinaus gibt es wirksame Dämpfungssysteme für den Vorbau (*Federvorbau*) und vor allem für den Rahmen. Das Prinzip der F. finden wir z. B. bei den Federgabeln, aber auch in verschiedenen Anwendungen bei den Hinterbaudämpfungen der modernen Mountain Bikes.

Federverschlußglied; auch Kettenschloß, zum Verschließen einer Fahrradkette. Der Vorteil liegt vor allem darin, daß die Kette damit nach Belieben geöffnet und geschlossen werden kann. Man braucht dafür kein Spezialwerkzeug. *Kettenverschlußglied.*

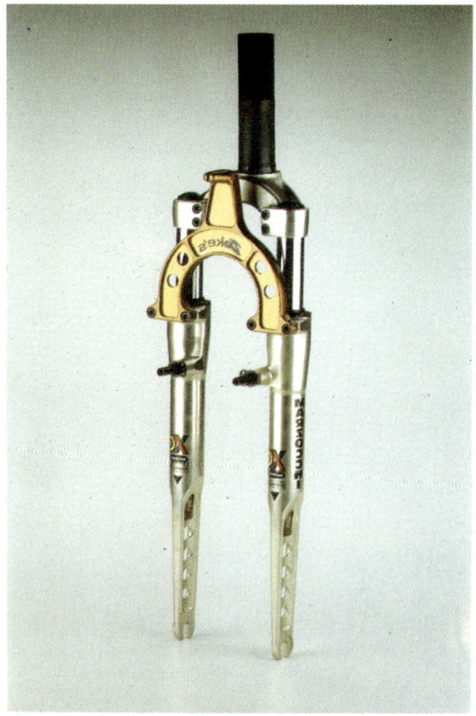

Federgabel

Federvorbau; durch eine Stahlfeder oder Elastomere gefederter *Vorbau*. Durch den Einsatz eines F. erspart man sich die teure Federgabel und bis zu 600 g Gewicht. Das Lenkverhalten des Fahrrades wird nicht beeinflußt. Dazu kommt noch, daß der F. schneller auf die Unebenheiten der Fahrbahn anspricht. Er ist einfach auf jeden Rahmen zu montieren und mit allen Lenkern zu kombinieren.

Felge; Außenring eines Rades. Die ersten Räder hatten Holzfelgen, die

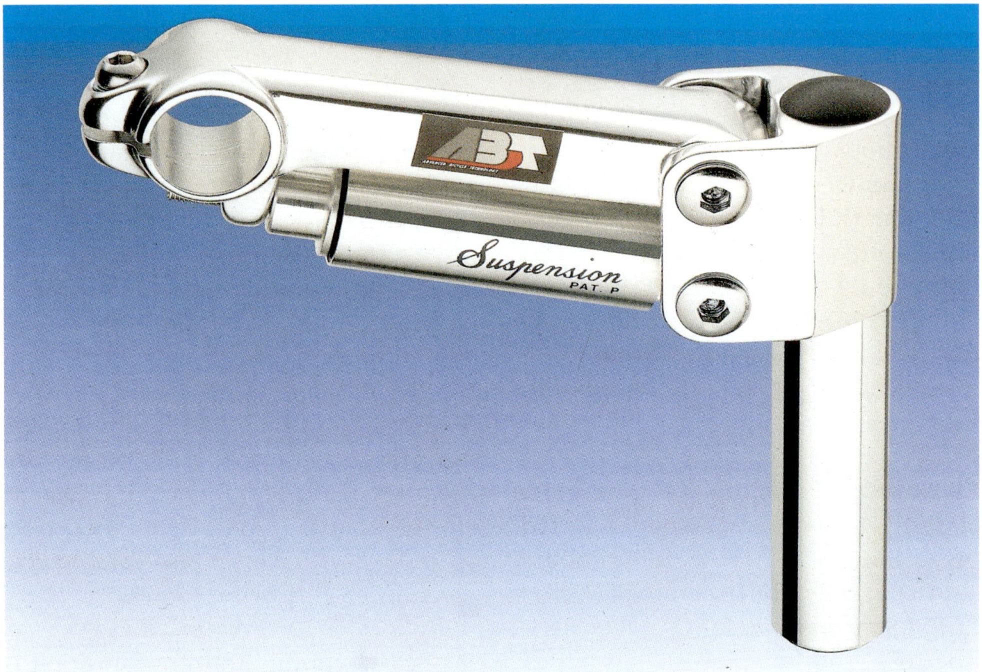

Federvorbau

durch Holzspeichen mit der Nabe verbunden waren. Später wurden sie durch Eisenringe auf der Lauffläche verstärkt. Diese wurden erst durch Vollgummireifen, später durch Luftreifen abgelöst. Mittlerweile wurde die F. aus Stahl gefertigt und auch die Speichen waren daraus. Mit den fortschreitenden Möglichkeiten der Technik veränderte sich das Material weiter. Heute haben wir neben F. aus Stahl solche aus Aluminium und sogar aus Carbon.

Felgenband; Schutzband, das über die Felge gezogen wird, um den Schlauch vor Beschädigung durch die Speichen und die Speichennippel zu schützen.

Felgenbett; die Oberfläche einer Felge, in der der Schlauch eingebettet ist. Die Ränder des Felgenbettes werden von den Felgenflanken gebildet, die den Drahtreifen auf dem Rad halten.

Felgenbremse; um 1898 kamen die F. auf. Zuerst wirkten sie über Gestänge, später dann über Bowdenzug. F. wurden für Vorder- und Hinterrad angeboten. Sie setzte sich neben der Rücktrittbremse gegen alle anderen Typen durch.

Felgenflanke; auch Felgenrand. Die rechte und linke Außenseite der Felge, auf der die Bremsklötze reiben.

Felgenklebeband; beidseitig mit Kleber beschichtetes Band zum Aufkleben von *Schlauchreifen* auf die Felge. Alternativ dazu gibt es *Reifenkitt.*

Felgenprofil; die Stabilität von Felgen hängt nicht nur von ihrem Durchmesser und der Anzahl der verwendeten Speichen ab, sondern in hohem Maße auch von ihrem Querschnitt, dem Profil. Standardfelgen aus Stahl und Aluminium haben ein U-förmiges Profil. Hochwertige Felgen für Rennräder und Mountain Bikes besitzen häufig ein V-Profil, das noch widerstandsfähiger und aerodynamisch günstiger ist und mit weniger Speichen auskommt.

Felgenstoß; Stelle, an der die beiden Enden einer Felge aufeinanderstoßen, nachdem sie rund gebogen wurde. Am F. wird die Felge zu einem Ring zusammengefügt.

Fernfahrt; Straßenrennen, das über eine große Distanz führt, mit Start und Ziel am gleichen oder an getrennten Orten.

Ferrari, Alfio; Radrennfahrer, Italien. Straßen-Weltmeister der Amateure 1947 in Reims (F).

Ferrario, Libero; Radrennfahrer, Großbritannien. Straßen-Weltmeister der Amateure 1923 in Zürich (CH).

FIAC, Abk.; Federation International de Cyclisme Amateur. Bis 1993 Weltdachverband der nationalen Amateurradsportverbände, danach in der *UCI* aufgegangen.

Fiat-Waffenrad; Fahrrad der italienischen Armee. Besonderheiten waren Vollgummireifen, Vorder- und Hinterradfederung und luftgekühlte Bremsen.

Fichtel, Karl; *1863, † 1911. Kaufmann, Deutschland. Gründete zusammen mit Ernst *Sachs* am 1. August 1895 die ›Schweinfurter Präzisionskugellagerwerke Fichtel & Sachs‹.

FICP, (Abk.); Federation International de Cyclisme Professionell. Bis 1993 Weltdachverband der nationalen Berufsradsportverbände, danach in der *UCI* aufgegangen.

Fignon, Laurent; *12. 08. 1960. Radrennfahrer, Frankreich. Zweimal Sieger der Tour de France, 1983 und 1984, Zweiter 1989. Sieger des Giro d'Italia 1989, Zweiter 1984. Sieger vieler großer klassischer Rennen.

Filippi, Ricardo; Radrennfahrer, Italien. Straßen-Weltmeister der Amateure 1953 in Lugano (CH).

Finale, (ital.); Endkampf, Endrunde. Schlußphase eines Radrennens.

Finallauf; Endlauf. Im F. wird der Sieger von Sprint- und Verfolgungsrennen ermittelt. Manchmal werden auch bei anderen Rennen aufgrund der hohen Teilnehmerzahl Vorläufe als Qualifikation für F. gefahren.

Firenze-Pistoia; erstes bedeutendes Straßenrennen Italiens. Es führte über 33 km und wurde am 2. Februar 1870 zum ersten Mal bestritten. Sieger war der damals erst 17jährige Rynner van Ryan (USA). Das Durchschnittstempo betrug 15 km/h.

Fischer, Josef; *20. 01. 1865, † 29. 08. 1959. Radrennfahrer, Deutschland. Sieger der ersten Austragung des

Fischer-Rad

Langstreckenrennens Wien-Berlin 1893 über 582 km in 31 Std. 22 Sek. 1896 gewann er die erste Austragung der berühmten Fernfahrt Paris-Roubaix mit einer Durchschnittsgeschwindigkeit von 30,1 km/h. Deutscher Steher-Meister 1896, Vize-Meister 1898.

Fischer, Philipp Moritz; *12. 03. 1812, † 06. 09. 1890. Oberndorf bei Schweinfurt (D). Montierte 1853 als erster Tretkurbeln an der Vorderachse einer Draisine. Das Fahrrad wurde auch Fischer-Rad genannt. Sein Sohn Friedrich war der Begründer der Schweinfurter Kugellager-Industrie.

Fisera, Milos; Radrennfahrer, Tschechoslowakei. Querfeldein-Weltmeister der Amateure 1981 und 1982.

Fisher, Gary; einer der Väter des Mountain Bikes. Er gehörte um 1974 zu den Begründern der Clunker-Bewegung von Fairfax, Kalifornien (USA), die mit ihren Rädern Repack-Rennen auf Feuerwehrwegen vom Mount Tamalpais ins Tal hinab fuhren. Daraus entstand wenig später die Mountain Bike Bewegung.

Fisher; Konstrukteur, England. Baute um 1880 Freiläufe für Hochräder.

Fixierscheibe; Beilagscheibe, deren Ränder entweder gezahnt sind oder die mit einer Nase in eine Aussparung greift, um ein mit einer Schraube befestigtes Teil in einer bestimmten Position zu halten.

flacher Lenker; Lenker, der nicht oder nur wenig, nach oben oder unten gebogen ist; er wird auch Trainings-Lenker genannt.

Flameng, L.; Radrennfahrer, Frankreich. Erster Olympiasieger im Steherrennen 1896 in Athen.

Flamme Rouge, (frz.); roter, dreieckiger Lappen, der an einer quer, hoch über der Straße gespannten Leine als Markierung 1000 m vor dem Ziel von Straßenrennen angebracht ist.

Flandern-Rundfahrt; großes klassisches Radrennen in Belgien. Sie wurde das erste Mal 1913 (Sieger Paul Deman (B)) ausgetragen und findet bis heute jährlich statt. Rudi Altig gewann sie 1964.

Flaschenhalter; Korb aus Stahl, Aluminium oder Kunststoff zur Aufnahme einer Trinkflasche. F. werden meist am Rahmen montiert, manchmal auch am Lenker oder hinter dem Sattel.

Flattern (Rahmen); plötzlich auftretendes Schwingen des Rahmens. Für das Flattern gibt es verschiedene Ursachen: Falscher Luftdruck, eine Unwucht in Vorder- und/oder Hinterrad, schlecht verarbeiteter Rahmen, falsche Rahmengeometrie, verzogener Rahmen, angebrochener Rahmen, verbogene Gabel, angebrochene Gabel. Nach Auftreten von F. sollte man unbedingt die Ursache feststellen und den Schaden beheben. Im Zweifelsfall muß ein Fachmann zu Rate gezogen werden, da sonst erhöhte Unfallgefahr droht.

Flèche Wallone, (frz.); Wallonischer Pfeil. Eines der großen klassischen Radrennen in Belgien. Es wird seit 1936 ausgetragen (Sieger De Meersman (B)) und findet seitdem jährlich statt. Die Strecke führt quer durch die Ardennen und weist Steigungen von bis zu 20% auf. Rolf Gölz (D) gelang 1988 der Sieg.

Flexstem, (engl.); Vorbau, der durch Federelemente auf den Lenker wirkende Unebenheiten des Untergrundes dämpft. Er wird hauptsächlich bei Mountain Bikes montiert.

Flickzeug; alles, was man zur Reparatur eines defekten Reifens benötigt: Gummi-Flicken, Gummilösung oder Vulkanisier-Flüssigkeit und ein Stück Schmirgelpapier zum Aufrauhen des Schlauches. Speziell für Hochdruckreifen sollten unbedingt Montierhebel dabei sein. F. wird in kleineren und größeren Kombi-Packungen im Fachhandel angeboten. Es sollte für den Notfall immer am Fahrrad mitgeführt werden.

Fliegender Start; eine Form des Starts, bei dem die Teilnehmer nicht an der Startlinie losfahren, sondern vor ihr. An der Startlinie erfolgt lediglich die Zeitnahme des Starts. Diese Art wird z. B. bei Rundenrekordfahrten gewählt, aber auch bei Straßenrennen, die mit einer neutralisierten Fahrt beginnen. Die Freigabe des Rennens erfolgt dann nach Passieren einer vorher festgelegten Marke durch den Rennleiter.

fliegendes Fahrrad; der Traum vom Fliegen machte auch vor dem Fahrrad nicht halt. 1912 setzte die französische Firma Peugeot eine Preis von

10 000 Goldfranken für denjenigen aus, dem es gelänge, 10 m weit mit einem Fahrrad zu fliegen. Aber erst am 9. Juli 1921 gelang es dem Franzosen Gabriel Poulain sich mit einem Luftsprung von 11,89 m Weite und 1,5 m Höhe den Preis zu holen. Berühmt wurde der englische *Kremer-Preis* von 1959. Er bot dem ersten britischen Muskelkraftpiloten, dem es glückte eine Acht um zwei 800 m voneinander entferten Pfosten in 3,3 m Höhe zu fliegen 5000 Pfund Sterling. Bis 1973 hatte sich noch niemand gefunden, der diese Vorgaben erfüllte, deshalb wurde der Preis auf 50 000 Pfund erhöht und weltweit ausgeschrieben. Erst am 23. August 1977 gelang es dem amerikanischen Radrennfahrer Bryan Allen innerhalb von 7 Min. 28 Sek. die Bedingungen zu erfüllen. Er flog mit dem ›Cossimer Condor‹, einem Flugzeug des Flugingenieurs und Aerodynamikers Dr. Paul MacCready. Der Apparat hatte eine Spannweite von 29 m. Als Antriebseinheit wurden Fahrradteile verwendet.

Fliegerrennen; *Sprint.*

Flügelmutter; Befestigungsmutter, die einen oder mehrere Hebel, die Flügel, an ihrer Außenseite hat, damit man sie mit der Hand anziehen kann. Radmuttern sind häufig als F. ausgebildet.

Flying Bicycles, (engl.); *fliegende Fahrräder.*

Fondriest, Maurizio; *15. 01. 1965. Radrennfahrer, Italien. Straßen-Weltmeister der Berufsfahrer 1988.

Fontana, Giovanni da; Doktor der Philosophie und der Medizin, Italien. Er entwarf 1420 einen Wagen, dessen Hinterräder durch einen über Trommeln geführten Seilzugmechanismus angetrieben wurden.

Fopma, Trintje; Radrennfahrerin, Niederlande. Straßen-Weltmeisterin 1975 in Mettet (B).

Fotofinish; Zieleinlauf, der auf einem Zielfilm festgehalten wird. Die häufig sehr knappen Ergebnisse eines Endspurts können damit deutlich gemacht und dokumentiert werden.

Frantz, Nicolas; *04. 11. 1899, † 12. 11. 1985. Radrennfahrer, Luxemburg. Zweimal Sieger der Tour de France, 1927 und 1928, Zweiter 1924 und 1926, Vierter 1925, Fünfter 1929. Vize-Weltmeister im Straßenrennen der Berufsfahrer 1929, Dritter 1932. Dritter der Deutschland-Rundfahrt 1931.

Fredborg, Niels-Christian; *28. 10. 1946. Radrennfahrer, Dänemark. Dreimaliger Weltmeister im 1000-m-Zeitfahren, 1967, 1968 und 1970. Inhaber des Weltrekords über 1000 m 1973.

Freestyle; Disziplin für BMX- und Mountain Bike Fahrer, bei der akrobatische Kunststücke auf dem Rad vorgeführt werden.

Free Wheel, (engl.); *Freilaufzahnkranz.*

Freilaufkörper; Teil des Zahnkranzes und der Kassettennabe. Auch Zahn-

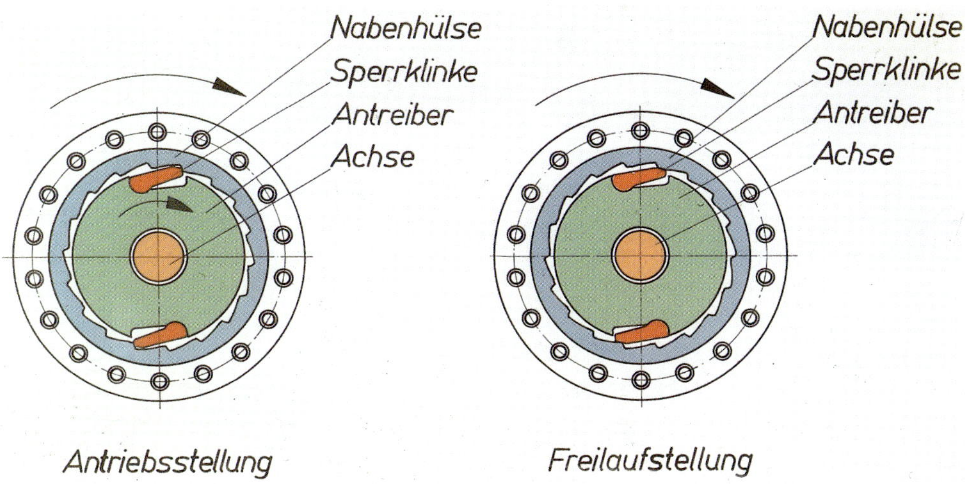

Funktion einer Freilaufnabe

kranzkörper. Im F. befindet sich die Lagerung und ein Sperrklinkenmechanismus, der den Freilauf ermöglicht. Der F. wird mit seinem Gewinde auf die Hinterradnabe geschraubt, bzw. mit der Kassettennabe verbunden. Auf den F. werden die Ritzel gesteckt bzw. geschraubt.

Freilaufnabe; Hinterradnabe, die es erlaubt zu rollen, ohne zu treten. Dabei wird im Innern der Nabe beim Vorwärtstreten ein Kraftschluß erzeugt, der sich beim Zurücktreten wieder löst. Das geschieht entweder durch Sperrklinken, dann handelt es sich um einen formschlüssigen Typ, oder durch Rollen, die unter Last eingeklemmt werden, wobei man dann von einem kraftschlüssigen Typ spricht.

Freilaufzahnkranz; Zahnkranz auf der Hinterradnabe, mit einem oder bis zu acht Ritzeln, über den durch die Kette das Hinterrad angetrieben wird. Ein Klinkenmechanismus in seinem Innern sorgt dafür, daß beim Vorwärtstreten die Kraft übertragen wird und der Zahnkranz die Achse in Fahrtrichtung antreibt. Im Freilauf oder beim Rückwärtstreten lösen die Klinken die Verbindung und durch zwei Kugellager gelagert, dreht sich der Zahnkranz entgegengesetzt zur Achse des Rades.

French, Graham; Radrennfahrer, Australien. Steher-Weltmeister 1956, Dritter 1957.

Freuler, Urs; *06. 11. 1958. Radrennfahrer, Schweiz. Achtmaliger Weltmeister im Punktefahren der Berufsfahrer 1981–1987 und 1989. Zweimal Weltmeister im Keirin, 1983 und 1985. Sieger in 20 Sechstagerennen.

Frey; Stellmacher, Mannheim (D). Baute 1817 im Auftrag von *Drais*, dessen erste lenkbare Laufmaschine, das sogenannte ›Karlsruher Modell‹.

Frey, Mogens; Radrennfahrer, Dänemark. Verfolgungs-Weltmeister der Amateure 1968.

Friedensfahrt; auch Warschau-Berlin-Prag. In der Zeit von 1948 bis 1992 bedeutendstes Ettappenrennen für Amateure. Dadurch, daß es im Ostblock keine Berufsfahrer gab, traten alle starken Fahrer in den Nationalmannschaften der osteuropäischen Staaten in diesem Rennen an. Es stand vom sportlichen Niveau den großen Profi-Rundfahrten des Westens kaum nach. Seit der Wiedervereinigung Deutschlands bemüht man sich verzweifelt, dieses Rennen aufrechtzuerhalten und Sponsoren dafür zu finden.

Friktionsschaltung; Kettenschaltung, bei der man die Gänge nach Gefühl schalten muß. Heute sind *Index-Schaltungen* üblich, die in genau festgelegten Schritten schalten.

Friol, Emile; *06. 03. 1881, † 06. 11. 1916. Radrennfahrer, Frankreich. Zweimal Sprint-Weltmeister der Berufsfahrer, 1907 und 1910, Dritter 1906.

Frischknecht, Thomas; *17. 02. 1970. Radrennfahrer, Schweiz. Querfeldein-Weltmeister der Junioren 1988, der Amateure 1991. Mountain Bike Vize-Weltmeister im Cross Country 1992. Sieger des Mountain Bike Weltcups 1992. Schweizer Querfeldeinmeister 1993, Dritter 1990 und 1992.

Frontstrahler; Teil der Sicherheitseinrichtung. Weißes *Katzenauge*, das nach vorn gerichtet am Fahrrad angebracht wird.

Frosio, Elio; Radrennfahrer, Italien. Steher-Weltmeister 1946 und 1949, Vize-Weltmeister 1948.

Full Suspension Bike, (engl.); voll gefedertes Fahrrad mit großem Fahrkomfort.

Fulst, Guido; *07. 07. 1970. Radrennfahrer, Deutschland. Olympiasieger in der Mannschafts-Verfolgung 1992.

Fünfeckrahmen; heute für Fahrräder üblicher Trapezrahmen. Er wird auch *Diamant-Rahmen* genannt.

Fünf-Gang-Trommelbremsnabe; Hinterradnabe mit eingebauter Fünfgangschaltung und integrierter Trommelbremse. Sie wird häufig bei Hollandrädern montiert.

Furtado, Julie; Radrennfahrerin, USA. Mountain Bike Weltmeisterin im Cross Country 1990 in Durango (USA).

Fußbremse; sie wirkt, indem man mit dem Fuß auf einen Hebel drückt, wodurch eine Rolle auf den Reifen gepreßt wird. Durch die dadurch entstehende Reibung tritt die Verzögerung der Geschwindigkeit ein. Solche Bremsen gab es schon um 1895.

Fußhaken; an ein Pedal montiertes, gebogenes Stahlblech, um dem Fuß darauf Halt zu geben. Bevor es die heute üblichen *Sicherheitspedale* gab, waren alle Rennräder mit F. ausgerüstet.

Fußpumpe; Luftpumpe, deren Kolben durch einen Fußhebel bewegt wird. Man pumpt mit dem Fuß.

Fußraste; klappbarer Hebel, der in Verbindung mit der Montage eines Kindersitzes zum Abstützen für den Fuß des Kindes an der Gabel oder am Hinterbau eines Fahrrades angebracht wird.

Fußriemen; Riemen aus Leder oder Kunststoff, der Fußhaken und Pedale so miteinander verbindet, daß sie zusammen eine Art Korb bilden, in dem der Fuß gehalten wird. Bei den heute verwendeten *Sicherheitpedalen* werden die Füße duch Klammern an der Sohle mit dem Pedal verbunden, F. werden daran nicht mehr verwendet.

G

Gabel; Teil des Rahmens. Besteht aus *Gabelschaft, Gabelkopf* und den *Gabelscheiden*. Die G. wird mit dem G.-schaft durch den *Steuersatz* beweglich mit dem Rahmen verbunden. Zwischen den beiden G.-scheiden wird das Vorderrad montiert.

Gabelbiegung; Bogen, den die *Gabelscheiden* aufweisen. Durch die G. wird der Vorlauf des Vorderrades bestimmt, der das Lenkverhalten des Fahrrades beeinflußt.

Gabelbruch; äußerst gefährlicher Defekt, der oft Unfälle mit schweren Personenschäden nach sich zieht. Es sollte auf keinen Fall mit einer beschädigten Gabel gefahren werden. Wenn eine plötzliche Veränderung im Lenkverhalten bemerkt wird, sollte unbedingt eine Fachwerkstatt aufgesucht werden, um das Fahrrad auf Schäden untersuchen zu lassen. Dabei muß der Gabel besondere Aufmerksamkeit gewidmet werden.

Gabelbrücke; Teil der Gabel. *Gabelkopf.*

Gabelenden; die Spitzen der *Gabelscheiden*. Hier befinden sich die *Ausfallenden*, in denen das Vorderrad befestigt wird.

Gabelholm; einer der Schenkel der Gabel. Auch *Gabelscheide.*

Gabelkonus; Teil des *Steuersatzes*. Stahlring mit einer Kugellauffläche. Der G. wird am unteren Ende des *Gabelschaftes* über dem *Gabelkopf* aufgepreßt. Er ist die Lagerung für das untere Lager des Steuersatzes.

Gabelkopf; Teil der Gabel. Der G. verbindet *Gabelschaft* und *Gabelscheiden* miteinander. Der Gabelschaft wird nach oben, die Gabelscheiden rechts und links nach unten eingelötet. G. werden aus Stahlblech gepreßt, oder im Gesenk geschmiedet. Eine andere Variante wird im Feigußverfahren hergestellt.

Gabelkopfhaube; Blechverkleidung des Gabelkopfes. Sie ist häufig verchromt und wird über den Gabelkopf von Touren- und Sportgabeln geschoben und durch den Gabelkonus festgeklemmt.

Gabelschaft; Teil der Gabel. Rohr, das von oben in den *Gabelkopf* eingelötet ist. In den G. wird der Vorbau gesteckt und mit seinem Konus festgeklemmt. Der G. stellt durch den daran montierten *Steuersatz* die bewegliche Verbindung zum Rahmen her.

Gabelscheide; Teil der Gabel. Rohr, das rechts und links nach unten in den *Gabelkopf* eingelötet wird. An den unteren Enden der G. befinden sich die *Ausfallenden* in denen das Vorderrad befestigt wird.

Gabelschlüssel; Werkzeug zum Befestigen bzw. Lösen von Schrauben und Muttern. Seine Öffnung hat die Form einer Gabel, der Abstand dazwischen entspricht der Größe des Schraubenkopfes.

Gabelvorlauf; Maß, das dem waagerechten Abstand von der gedachten verlängerten Achse durch das *Steuerrohr* bis zur Mitte der Vorderradachse entspricht. Der G. hat einen maßgeblichen Einfluß auf das Fahrverhalten des Fahrrades. Bei einem großen Vorlauf wird die Lenkung behäbig, bei einem kurzen unruhig.

Gaiardoni, Sante; *01. 12. 1939. Radrennfahrer, Italien. Sprint-Weltmeister der Amateure 1960 in Leipzig (DDR). Vize-Weltmeister 1958 und 1959. Olympiasieger im Sprint und im 1000-m-Zeitfahren 1960. Sprint-Weltmeister der Berufsfahrer 1963, Vize-Weltmeister 1962 und 1970.

Gaillard, Marie-Rose; Radrennfahrerin, Belgien. Straßen-Weltmeisterin 1962 in Salo (I).

Gallesche Kette; erste Zahnkette, 1829. Benannt nach ihrem Erfinder, dem Franzosen André Galle. Es handelte sich um eine *Blockkette.*

Gambillon, Genevieve; Radrennfahrerin, Frankreich. Zweimal Straßen-Weltmeisterin 1972 in Gap (F) und 1974 in Montreal (CAN), Vize-Weltmeisterin 1975.

Gang; umgangssprachlich eine bestimmte Übersetzung der Gangschaltung eines Fahrrades.

Gangschaltung; Vorrichtung zum Wechseln von Übersetzungen an einem Fahrrad. Eine G. besteht entweder aus einer *Getriebenabe* (Nabenschaltung) und dem dazu gehörenden Schalter oder einer *Kettenschaltung* mit *Schaltwerk, Umwerfer, Schalthebel, Zahnkranz* und spezieller *Schaltkette.*

Ganzwindt, Hermann; Erfinder, Berlin-Schöneberg (D). Meldete 1896 ein Einrad mit Seilzug-Scheiben-Antrieb und Hilfsrad zum Patent an. Das Gefährt besaß keinen Sattel, hatte ein kleines Hilfsrad vorn und eine Art Stützbügel hinten; es setzte sich nicht durch.

Garin, Maurice; *23. 03. 1871, † 18. 02. 1957. Radrennfahrer, Frankreich. Sieger der ersten Tour de France 1903 vor Pothier (F) und Augereau (F), mit 2 Std. 49 Min. Vorsprung, dem größten, den je ein Tour-Sieger erreichte.

Garkusina, Tamara; Radrennfahrerin, Sowjetunion. Sechsmalige Verfolgungs-Weltmeisterin, 1967, 1970–1974.

Garrigou, Gustave; *24. 09. 1884, † 28. 01. 1963. Radrennfahrer, Frankreich. Einer der erfolgreichsten Teilnehmer der Tour de France. Sieger 1911 vor Duboc (F) und Georget (F), Zweiter 1907 hinter Petit-Breton (F), 1908 Vierter, Zweiter 1909 hinter Faber (L), Dritter 1910, Dritter 1912 und 1913 noch einmal Zweiter hinter Thys (B).

Hochrad mit Übersetzungsgetriebe

Gasparella, Valentino; Radrennfahrer, Italien. Zweimal Sprint-Weltmeister der Amateure, 1958 und 1959.

Gaul, Charly; *08. 12. 1932. Radrennfahrer, Luxemburg. Sieger der Tour de France 1958, Dritter 1955 und 1961. Er ging als einer der Bergkönige in der Geschichte der Tour ein. Dritter der Straßen-Weltmeisterschaft der Berufsfahrer 1954.

Geared-Facile; ein für seine Zeit leichtes Hochrad mit einem Übersetzungsantrieb. Es wurde 1884 von der Fa. Ellis & Co. in London (GB) gebaut.

Gebirgsbremse; es handelte sich um eine mechanische Bremse, die durch einen Hebel direkt auf die Fahrbahn wirkte. 1895 von der Fa. Robert Höfer & Co angeboten. *Patent-Gebirgsbremse.*

Gefälle; Höhenunterschied einer Strecke angegeben in Prozent zu ihrer Länge. (5 m Höhenunterschied auf 100 m Streckenlänge = 5 % Gefälle oder Steigung.)

Geländerad; Fahrrad für die Benutzung abseits der Straße. *Mountain Bike, Querfeldeinrad.*

Gelbes Trikot; Trikot des Führenden in der Gesamtwertung der Tour de France. Mittlerweile wird ein G. auch bei vielen anderen Etappenrennen dem Spitzenreiter verliehen.

Gelgriff; Lenkergriff, der mit einem Kunststoffgel gefüllt ist, um den Griffkomfort zu erhöhen.

Gelsattel; ein Sattel, der mit einem Kunststoffgel gefüllt ist, um den Sitzkomfort zu erhöhen.

Gentili, M.; Radrennfahrer, Italien. Steher-Weltmeister der Amateure 1986 und 1987.

Gepäckspinne; Spanngummi mit mehreren ›Armen‹ zur Sicherung des auf dem Fahrrad transportierten Gepäcks.

Gepäcktasche; Behältnis zum Transport des Gepäcks. G. werden am *Gepäckträger, Low Rider* oder am Lenker (*Lenkertasche*) des Fahrrades befestigt.

Gepäckträger; Vorrichtung zum Transport von Gepäck. Wird am Fahrradrahmen über dem Hinterrad montiert. Kleinere Ausführungen auch an der Gabel über dem Vorderrad (Vorderradgepäckträger). Ein besonderer G. für die Befestigung von Gepäcktaschen an der Gabel ist der Low Rider. Er besteht aus zwei Rahmen, die rechts und links sehr tief neben dem Vorderrad befestigt werden.

Gepäckträgerhalterung; Vorrichtung zur Befestigung eines Gepäckträgers am Fahrradrahmen. Die G. wird angelötet oder auch nachträglich angeschraubt.

Geradeauslauf; Fahrverhaltensweise eines Fahrrades. Die G.-Eigenschaften eines Fahrrades werden durch den Gabelvorlauf und die Länge des Radstandes bestimmt.

Geradin, Louis; *12. 08. 1912, † 23. 05. 1982. Radrennfahrer, Frankreich. Siebenmaliger Französischer Sprintermeister, 1932, 1936, 1938, 1941–1943, 1945, 1946, 1949 und 1950., achtmal Zweiter. Vize-Weltmeister im Sprint 1936, 1947 und 1948, Dritter 1934 und 1935. Weltrekord im Tandemfahren über 1000m 1938.

Gerard-Rad; faltbares Militärrad. Es wurde 1895 von Capitain Gerard (F) erfunden.

Gérardin, Louis; Radrennfahrer, Frankreich. Sprint-Weltmeister der Amateure 1930 in Brüssel (B).

Gerbi, Giovanni; Radrennfahrer, Italien. Sieger des ersten klassischen Straßenrennens in Italien, der Lombardei-Rundfahrt 1905.

Gesamtklassement; Gesamtwertung eines Radrennens. Das G. ist das Ergebnis mehrerer Etappen oder Wertungen, deren Einzelergebnisse zusammengezählt werden.

Geschke, Hans-Jürgen; *07. 07. 1943. Radrennfahrer, Deutschland. Weltmeister im Tandemfahren 1969 und 1971. Silbermedaillengewinner der Olympischen Spiele im Tandemfahren 1972. Sprint-Weltmeister der Amateure 1977 in San Cristobal/Venezuela.

Gestängebremse; Bremse, bei der die Verbindung zwischen Bremsgriff und Bremse durch ein Gestänge hergestellt wird.

Gesundheitsattest; Bestätigung einer ärztlichen Untersuchung, in der die Gesundheit eines Sportlers bescheinigt wird. Für Sportler des Jugendbereiches und für Sportler, die das 60. Lebensjahr vollendet haben, ist eine jährliche Untersuchung vor dem ersten Start vorgeschrieben.

Getriebe; mechanische Vorrichtung zur Umwandlung von Kraft in Bewegung. Beim Fahrrad die Gesamtheit von Pedale, Tretlager, Kette, Zahnkranz und Schaltung.

Getriebenabe; Hinterradnabe, in der ein Getriebe mit mehreren Gängen eingebaut ist. *Nabenschaltung.*

Gevers, André; Radrennfahrer, Niederlande. Straßen-Weltmeister der Amateure 1975 in Mettet (B).

Gewichtspedale; Pedale aus Bronzeguß, die an ihrer Unterseite mit einem Gewicht versehen war. Ihre Oberfläche befand sich dadurch immer in der Waage. Am 24. 04. 1868 ließ sich Pierre *Michaux* die Gewichte in einer besonderen Ausführung patentieren. Sie hatten die Form einer Eichel, konnten mit Öl gefüllt und abgeschraubt werden.

Gewichtsreduzierung; Verringerung des Gewichts. Der G. kommt bei allen Rädern, die bei Rennen eingesetzt werden, Bedeutung zu, findet allerdings ihre Grenze in den hohen Materialanforderungen und dem mit ihr verbundenen Sicherheitsrisiko.

Gewichtsverlagerungsantrieb; Antrieb, dessen technische Konstruktion es ermöglicht, das Fahrzeug allein durch Gewichtsverlagerung des Fahrers in Bewegung zu setzen. Schon 1879 gab es drei Räder, die auf diese Weise angetrieben wurden. Vor allem im Kinderradbereich gab es immer wieder Räder mit G. Einige Popularität erreichten z. B. die Tretroller.

Gewinde; in die Innenflächen eines Hohlzylinders (Innengewinde) oder die Außenfläche eines zylindrischen Körpers (Außengewinde) in Form einer Schraubenlinie eingeschnittene Nut mit einem bestimmten Profil.

Gewindehülse; Hohlzylinder, der sowohl mit einem Innengewinde als auch mit einem Außengewinde versehen ist. Dient als Reduzierstück, wird aber auch zur Erhöhung der Stabilität von Schraubverbindungen in Aluminiumteilen eingesetzt. Es gibt spezielle G. zur Reparatur beschädigter Pedalgewinde in Aluminiumkurbeln.

Geyer, Ludwig; *18. 08. 1904. Radrennfahrer, Deutschland. Sieger der Tour de Suisse, 1934. Zweiter der Deutschland-Rundfahrt, 1937.

Ghella, Mario; Radrennfahrer, Italien. Sprint-Weltmeister der Berufsfahrer in Amsterdam (NL) und Olympiasieger im Sprint 1948 vor Reginald *Harris* (GB).

Ghidini, Gianni; Radrennfahrer, Italien. Straßen-Weltmeister der Amateure 1951 in Varese (I).

Giacomini, Gianni; Radrennfahrer, Italien. Straßen-Weltmeister der Amateure 1979.

Gibbons; Erfinder, England. Baute 1881 ein »Einrad« mit fünf kleinen Rädern, das dadurch nicht umfallen konnte. Sicher eine der Kuriositäten in der Geschichte des Fahrrades.

Gimondi, Felice; *29. 09. 1942. Radrennfahrer, Italien. Straßen-Weltmeister der Berufsfahrer 1973 in Barcelona (E) vor Freddy Martens (B) und Louis Ocania (E), Zweiter 1971, Dritter 1970. Sieger der Tour de France 1965, Zweiter 1972. Dreimal Sieger des Giro d'Italia, 1967, 1969 und 1976.

Giradengo, Constante; *18. 03. 1893, † 09. 02. 1978. Radrennfahrer, Italien. Vize-Weltmeister im Straßenrennen der Berufsfahrer 1927. Zweimal Sieger des Giro d'Italia, 1919 und 1923, Zweiter 1925. Neunmal italienischer Straßenmeister.

Giro d'Italia, (ital.); Italien-Rundfahrt. Die erste Austragung des G. fand 1909 statt. Der Sieger hieß Luigi Ganna (I). Der Spitzenreiter trägt ein rosa Trikot, dessen Farbe auf die des Papiers der veranstaltenden Zeitung »La Gazetta dello Sport« zurückzuführen ist. Es ist das größte Etappenrennen der Welt neben der Tour de France.

Glaus, Gilbert; Radrennfahrer, Schweiz. Straßen-Weltmeister der Amateure 1978.

Glazja, Ondrej; Radrennfahrer, Tschechien. Querfeldein-Weltmeister der Amateure 1989.

Gleitlager; vor Einführung der Wälzlager wurden alle drehbaren Teile mit G. versehen. Heute findet man sie am Fahrrad noch an Bremsen und Kettenschaltungen. Bei einigen Kinderspielrädern werden auch noch das Innenlager und die Lager der Laufräder als G. ausgeführt.

Glocke; a) Gerät zum Erzeugen akustischer Signale. Die G. gehört zur Ausstattung eines jeden Fahrrades, das im Straßenverkehr benutzt wird. b) Bei Radrennen werden mit einer G. die Wertungen eingeläutet.

Glockentretlager; etwas irreführende Bezeichnung, denn es ist eigentlich ein Kurbelsatz gemeint, bei dem glokkenartige Schalen, die zur Abdichtung über das Tretlagergehäuse greifen, an den Kurbeln befestigt sind. Die Kurbeln werden mit Muttern auf einer Vierkantachse befestigt.

Glöckner; Helfer, der bei einem Radrennen die Glocke, mit der die Spurtrunden eingeläutet werden, bedient.

Man sieht deutlich die Glocke, die über das Tretlagergehäuse greift

Glöckner, Michael; *27. 05. 1969. Radrennfahrer, Deutschland. Weltmeister in der Mannschafts-Verfolgung 1991, Vize-Weltmeister in der Einer-Verfolgung 1991, Vize-Weltmeister 1990. Olympiasieger in der Mannschafts-Verfolgung 1992.

Glücklich, Jens; *10. 07. 1966. Radrennfahrer, Deutschland. Junioren-Weltmeister im Zeitfahren 1984. Weltmeister im 1000-m-Zeitfahren 1985 und 1989, Vize-Weltmeister 1987 und 1991.

Glühlampe; Teil der Beleuchtung. Elektrische Lichtquelle. Die Strahlung wird durch Strom erzeugt, der einen Metallfaden in einem evakuierten Glaskolben zum Glühen bringt. Die erste G. wurde 1854 von H. Goebel (D) konstruiert. Eine technisch verwendbare Konstruktion gab es ab 1879 von Th. A. Edison (GB). Die G. wird beim Fahrrad im *Scheinwerfer* und im Rücklicht eingesetzt.

Goddet, Victor; 1903 Schatzmeister der Zeitschrift »L'Auto-Vélo«, Paris. Geschäftspartner von Henry *Desgrange*, dem »Vater der Tour de France«.

Godefroot, Walter; *02. 07. 1943, Gent. Radrennfahrer, Belgien. Bronzemedaillengewinner im Straßenrennen der Olympischen Spiele 1964. Er gewann insgesamt zehn Etappen der Tour de France. Sieger in ca. 150 Rennen als Berufsfahrer. Seit 1992 sportlicher Leiter des Teams »Deutsche Telekom«.

Goedrich, August; Radrennfahrer, Deutschland. Silbermedaillengewinner im Sprint der Olympischen Spiele 1896.

Golden Sunbeam; 1902–1936 von der Firma John Marston & Co. in Wolverhampton (GB) gebautes Fahrrad, das aufgrund seiner exzellenten technischen Ausstattung wohl als bestes Fahrrad der Welt bezeichnet werden kann. Das G. hatte z. B. einen Ölbad-Kettenkasten und ein Zweigang-Nabengetriebe mit integrierter Rücktrittbremse.

Goldtrikot; *Gelbes Trikot.*

Goldpokal; auch Bol d'Or. 1894 von M. Decam (F) für eine 24-Stunden-Meisterschaft auf der Bahn hinter Schrittmachern gestiftet. Die letzte Austragung fand 1950 statt.

Gölz, Rolf; *30. 09. 1962. Radrennfahrer, Deutschland. Weltmeister in der Mannschafts-Verfolgung 1983. Vize-Weltmeister in der Einer-Verfolgung

1992. Silbermedaillengewinner im Zeitfahren und Gewinner der Bronzemedaille in der Mannschafts-Verfolgung der Olympischen Spiele 1984. Deutscher Straßenmeister der Berufsfahrer 1985.

Goodyear, Charles; *29. 12. 1800, † 01. 07. 1860. Chemiker, USA. Er erfand 1839 ein Verfahren zur Vulkanisierung von Kautschuk, wonach sich Weichgummi produzieren ließ. Damit legte er den Grundstein für die Entwicklung der modernen Fahrradreifen.

Gorski, Mark; Radrennfahrer, USA. Olympiasieger im Sprint 1984 vor Nelson Vails (USA).

Gossimer Condor; Name des von dem Flugingenieur und Aerodynamiker Dr. Paul McCready konstruierten und mit Muskelkraft betriebenen Flugapparates, mit dem es am 23. 08. 1977 dem amerikanischen Radrennfahrer Bryan Allen gelang, den mit 50 000 Pfund dotierten *Kremer-Preis* zu gewinnen, indem er eine Acht um zwei 800 Meter voneinander entfernte Pfosten in 3,3 Meter Höhe flog.

Grand bi (frz.); französische Bezeichnung für ein Hochrad.

Grandi, Allegro; Radrennfahrer, Italien. Straßen-Weltmeister der Amateure 1928 in Budapest (H).

Grand Prix des Nations; bedeutendstes Einzelzeitfahren. Es wird seit 1932 in Frankreich ausgetragen. Bis 1976 fuhr man in der Nähe von Paris, seit 1977 bei Cannes am Mittelmeer.

Grand Prix de la Ville d'Amiens; 1865 erstes Radrennen für *Michauxlinen* und damit erstes für Räder mit mechanischem Antrieb überhaupt. Das Rundstreckenrennen führte durch die Straßen der Stadt Amiens (F). Es wird heute noch ausgetragen. Der erste Sieger hieß Savoyard Cavigneaux (F).

Grand Prix, (frz.); Großer Preis. Bezeichnung für viele Radrennveranstaltungen.

Gray, Edgar; Radrennfahrer, Australien. Olympiasieger im 1000-m-Zeitfahren 1932 mit 1:13,0.

Grease Guard, (engl); Bezeichnung für mit Abschmiernippeln ausgestattete Fahrradkomponenten.

Greene, Allen; Providence, USA. Baute 1869 zusammen mit Elisha Dyer ein fast 2,5 m großes Einrad, dessen Fahrer inmitten von 12 Eisenspeichen auf einem Brett saß.

Grewal, Alexej; Radrennfahrer, USA. Olympiasieger im Straßenrennen 1984.

Griff; *Lenkergriff, Schaltgriff, Bremsgriff.*

Griffband; Band aus Leinen oder Kunststoff, mit dem der Lenker umwickelt wird, um einen besseren Griff und höheren Komfort zu erzielen.

Griffposition; Haltung der Hände am Lenker.

Grip; Griffigkeit eines Reifens.

Eine Gruppe strebt dem Ziel entgegen

grobstollig; Eigenschaft einer Reifenoberfläche, die ein grobes Profil aufweist.

Groen, Tiemen; Radrennfahrer, Niederlande. Dreimal Verfolungs-Weltmeister der Amateure 1964–1966, und der Berufsfahrer 1967.

Gröne, Bernd; *19. 02. 1963. Radrennfahrer, Deutschland, Silbermedaillengewinner im Vierer-Mannschaftsfahren auf der Straße 1988. Deutscher Straßenmeister der Berufsfahrer 1993.

Grünes Trikot; Es wird an den Führenden in der Punktewertung der Tour de France vergeben. Inzwischen wird ein G. bei vielen Etappenrennen verliehen.

Gruhnke, Klaus-Jürgen; Radrennfahrer, Deutschland. Olympiasieger im 1000-m-Zeitfahren 1976.

Gruppe; a) techn.: die Gesamtheit aller Ausrüstungsteile eines Fahrrades. b) sportl.: mehrere Radrennfahrer, die gemeinsam dem Ziel entgegenstreben.

Guard-Tretlager; *Innenlager* mit integrierter Wegfahrsperre. Dabei wird ein Schlüssel axial in einen Schließzylinder eingeführt. In abgeschlossenem Zustand tritt aus der Tretlagerachse ein Stahlbolzen (Schließbügel) hervor, der sich in das Unterrohr des Fahrradrahmens schiebt und dadurch die Drehbewegung der Tretlagerwelle blockiert. Ein Ausbohren des Schlosses wird durch Hartmetallscheiben vor dem Schließzylinder verhindert. Bei geschlossenem Zustand kann die Tretlagerachse auch dann nicht aus dem Rahmen ausgebaut werden, wenn die Lagerschalen entfernt worden sind. Das Innenlager wird von der Bisec GmbH in Dietzenbach (D) in verschiedenen Abmessungen hergestellt und kann bei allen Fahrrädern nachgerüstet werden.

Guerra, Learco; *14. 10. 1902, † 07. 02. 1963. Radrennfahrer, Italien. Straßen-Weltmeister der Berufsfahrer 1931 in Kopenhagen (DK). Dieses Rennen wurde als Einzel-Zeitfahren über 170 km ausgetragen. Vize-Weltmeister 1930 und 1934. Zweiter der Tour de France 1930 und 1933. Sieger des Giro d'Italia 1934.

Guilmet-Meyer-Rad; Erstes Rad mit Tretkurbel-Kettenantrieb. Erbaut durch den Uhrmacher André Guilmet und die Firma Meyer & Cie. Es war erstmals auf der Pariser Ausstellung 1869 zu sehen.

Gummi; durch Vulkanisation aus Naturkautschuk gewonnenes Produkt. G. wird zur Herstellung von Schlauch und Decke der Bereifung verwendet.

Gummiblockpedal; Pedal, bei dem die Trittfläche aus einem oder mehreren Blöcken aus Gummi besteht. G. werden bei einfachen und bei Tourenrädern verwendet.

Gummilösung; Teil des Flickzeugs. Klebeflüssigkeit zum Flicken eines Reifens. Mit ihr wird der Schlauch an der undichten Stelle eingestrichen, dann wird ein Flicken daraufgelegt, der durch die G. mit dem Schlauch verklebt wird.

Gumminoppenreifen; Auch Maxim-Reifen, 1889. Beim G. waren auf einer mit großen Bohrungen versehenen Felge Gumminoppen befestigt, auf der das Rad abrollte.

Gummirollenbremse; wirkt durch Anpressen einer Gummirolle auf den Reifen.

Gürtelreifen; wurden erstmals 1960 von dem deutschen Ingenieur *Rinkowsky* auf einem *Sesselrad* montiert.

Günther, Roland; *11. 12. 1962. Radrennfahrer, Deutschland. Weltmeister in der Mannschafts-Verfolgung 1983, Vize-Weltmeister 1982.

H

Habetz, Beate; *16. 01. 1961. Radrennfahrerin, Deutschland. Straßen-Weltmeisterin 1979.

Hage, Cornelia; nach Heirat van Oosten-Hage. Radrennfahrerin, Niederlande. Zweifache Straßen-Weltmeisterin 1968 in Imola (I) und 1976 in Ostuni (I), Zweite 1966 und 1973, Dritte 1971, 1974 und 1975.

Hairpinwires, (engl.); Speichen aus Stahldraht. Sie wurden erstmals 1870 am *Ariel-Rad* durch James *Starley* eingebaut.

Hakenschlüssel; Werkzeug, dessen Kopf einen Radius aufweist, an dessen Ende ein Haken ausgebildet ist. Mit einem H. wird z. B. der Konterring der Tretlagerschale festgezogen oder gelöst.

Halbetappe; Teilabschnitt einer Tagesetappe mit eigenem Start und Ziel und eigener Wertung. Zwei H. ergeben eine Etappe.

Halbfinale; Kampf um Platz Drei und Vier eines Wettbewerbes. H. werden bei den Bahndisziplinen Sprint, Verfolgung und Vierer-Mannschaftsverfolgung ausgetragen. Dem H. voraus geht das Viertelfinale, nach dem H. folgt das Finale.

Hallenbahn; Radrennbahn in einer Sporthalle. *Winterbahn.*

Halogenbeleuchtung; Lichtanlage, bei der im Scheinwerfer eine Halogenlampe eingebaut ist. H. sind besonders lichtstark und bieten damit dem Radfahrer mehr Sicherheit als die preiswerteren herkömmlichen Beleuchtungen.

Handantrieb; Antrieb durch Handkurbel oder -hebel. Schon 1680 baute der gelähmte Uhrmacher Stephan *Farfler* aus Altdorf bei Nürnberg ein Dreirad mit H.

Handbremse; Bremseinrichtung, die über einen Handhebel (*Bremsgriff*) bedient wird, im Gegensatz zur Fußbremse (Rücktrittbremse).

Handhebelantrieb; Antrieb, der durch Vor- und Zurückbewegen eines Hebels mit der Hand das Fahrzeug antreibt. Dieser Antriebsmechanismus ist häufig bei Rollstühlen zu finden.

Handpumpe; Luftpumpe, die am Fahrrad mitgeführt wird. Sie wird mit den Händen gehalten und bedient.

Handschuhbremse; salopper Ausdruck für die durch einen Bremshandschuh geschützte Hand, die einfach auf den Reifen des Vorderrades gepreßt wird. Durch die so entstehende Reibung wird die gewünschte Verzögerung erzielt. Diese Art des Bremsens gibt es heute noch bei den Bahn-rennfahrern, deren Räder keine Bremsen haben.

Handschuhe; Teil der Bekleidung. Sie werden beim alltäglichen Radfahren, vor allem im Winter, als Schutz der Finger gegen die Kälte verwendet. Beim Mountain Bike Rennen benutzt man sie häufig in gepolsterter Ausführung, um sich vor Verletzungen beim Sturz und vor den Erschütterungen des Lenkers zu schützen. Radrennfahrer tragen *Rennhandschuhe*, die fingerlos sind. Die Bahnrennfahrer verwenden sie als *Bremshandschuhe*.

Hängematte; scherzhafter Name für das *Dursley-Pedersen-Rad*, dessen Sattel einer H. gleicht.

Hanlon-Rad; ein von den Brüdern Hanlon, New York/USA, 1868 durch die Montage von Vollgummireifen und einer Vorderrad-Klotzbremse verbessertes *Lallement*-Rad.

Hansen, Henry; Radrennfahrer, Dänemark. Straßen-Weltmeister der Amateure 1931 in Kopenhagen (DK).

Hansen, Willy Falck; Radrennfahrer, Dänemark. Sprint-Weltmeister der Amateure 1928 in Budapest/Ungarn.

Harder, Helge; Radrennfahrer, Dänemark. Sprint-Weltmeister der Amateure 1931 in Kopenhagen (DK).

Haringa, Ingrid; Radrennfahrerin, Niederlande. Weltmeisterin im Punktefahren und Sprint 1991 und im Punktefahren 1993.

Haritz, Günther; *16. 10. 1948. Radrennfahrer, Deutschland. Zweimal Weltmeister in der Mannschafts-Verfolgung, 1970 und 1973. Olympiasieger in der Mannschafts-Verfolgung 1972. Europameister im Dernyrennen 1974 und im Zweier-Mannschaftsrennen 1976. Er siegte in 11 Sechstagerennen bei 83 Starts.

Harper, Lewis H.; USA. Baute um 1870 ein Rieseneinrad mit Tretkurbelantrieb, bei dem der Fahrer inmitten des Rades zwischen 12 Eisenspeichen saß.

Harris, Reginald; *01. 03. 1920. Radrennfahrer, Großbritannien. Sprint-Weltmeister der Amateure 1947 in Paris (F) und viermaliger Weltmeister im Sprint der Berufsfahrer 1949 - 1951 und 1954, Vize-Weltmeister 1956. Jeweils Silbermedaillengewinner im Sprint und im Tandem bei den Olympischen Spielen 1948. Er wurde 1974 im Alter von 54 Jahren noch einmal Britischer Sprintermeister.

harteloxiert; Eigenschaft einer elektrostatisch behandelten Oberfläche. Dabei ist Material in der Dicke von wenigen tausendstel Millimetern aufgetragen, das die Oberfläche sehr resistent gegen äußere Einflüsse macht.

Hartlöten; Herstellung einer Verbindung von Stahl durch Lot unter Verwendung von Flußmitteln bei Temperaturen oberhalb von 450 Grad Celsius. Auf diese Weise werden die Rohre von Fahrradrahmen mit den Muffen verbunden.

Hauptrahmenrohre; die Rohre eines Fahrradrahmens, die die Verbindung zwischen Tretlager, Steuerkopf und Sattelbefestigung herstellen. Bei der meist verwendeten Rahmenform, dem Diamant-Rahmen, sind es *Ober-, Unter-* und *Sitzrohr.*

Hautsch, Johann; Zirkelschmied, Nürnberg (D). *1595, † 1670. Baute 1649 einen durch Muskelkraft betriebenen Wagen für den schwedischen König Karl X. Gustav. 1663 baute er einen zweiten für den König von Dänemark. Bei beiden handelte es sich um Prunkkarossen, die sehr schwer und entsprechend langsam waren.

Hawkins, J.; Baute 1884 in England das Adjustable-Fahrrad mit Hinterradlenkung und Vorderradantrieb.

Hebel-Blockbremse; über einen Hebel mit Gestänge wird ein auswechselbarer Gummiblock auf den Reifen gepreßt. Durch die so hervorgerufene Reibung tritt die Verzögerung ein. Diese Bremse findet man heute noch bei Tourenrädern.

Hebel-Felgenbremse; bevor die Kraftübertragung bei Felgenbremsen über Bowdenzug stattfand, wurde sie durch ein Hebelgestänge bewerkstelligt.

Heiden, Elizabeth; *27. 09. 1959. Radrennfahrerin und Eisschnelläuferin, USA. Straßen-Weltmeisterin 1980. Vierkampf-Weltmeisterin im Eisschnellauf 1979. Schwester von Eric.

Heiden, Eric; Eisschnelläufer und Radrennfahrer, USA. Dreimal Vierkampf-Weltmeister (1977–1979) und fünfmaliger Olympiasieger im Eisschnellauf 1980. Nach seinen großartigen Erfolgen im Eisschnellauf versuchte er eine Karriere als Profi-Radrennfahrer zu starten. Er bekam einen Vertrag beim französischen Peugeot-Team, konnte aber keine überragenden Leistungen erbringen. Bruder von Elizabeth.

Heimtrainer; *Hometrainer.*

Helfer; *Domestik.*

Helfgen, Heinz; *1910, † 1994. Journalist, Deutschland. Unternahm von 1951 bis 1953 eine vielbeachtete Weltreise mit dem Fahrrad und schrieb später ein Buch mit dem Titel ›Ich radle um die Welt‹ darüber.

Helm; auch Sturzhelm. *Kopfschutz, Fahrradhelm.*

Hemmings, Richard C.; New Haven (USA). Ließ sich 1869 ein speichenloses Einrad patentieren. Das Gefährt bestand aus einem großen Ring, der sich um ein handkurbelbetriebenes System aus Hilfsrädern drehte. Der Fahrer saß dabei in der Mitte des Ringes.

Hempel, Udo; *03.11.46. Radrennfahrer, Deutschland. Weltmeister in der Vierer-Verfolgung 1970 und 1972, Vize-Weltmeister 1968, Olympiasieger 1972. Insgesamt acht mal Deutscher Meister in der Mannschafts-Verfolgung, Omnium, Zweier-Mannschaftsrennen und im Sprint auf der Bahn.

Full-Suspension-Bike Hercules Stratos

Henie, Wilhelm; *1872, † 1937. Radrennfahrer, Norwegen. Steher-Weltmeister 1894, Vize-Weltmeister 1900 und Dritter 1895. Vater von Sonja Henie, die in den Jahren 1928, 1932 und 1936 Olympiasiegerin und 1927–1936 Weltmeisterin im Eiskunstlauf war.

Henninger Turm; Fernsehturm in Frankfurt. Dort wird jährlich am 1. Mai das bedeutendste Radrennen Deutschlands, ›Rund um den H.‹ gestartet.

Hens, Henri; Radrennfahrer, Belgien. Steher-Weltmeister der Amateure 1910 in Brüssel (B).

Herbold, Gregory; erster offizieller Mountain Bike Weltmeister im Downhill 1991.

Hercules; traditionsreiche deutsche Fahrradmarke. Die Firma wurde 1886 durch Carl Marschütz als ›Nürnberger Velozipedfabrik Hercules‹ gegründet. 1898 wurde die ›viersitzige Electro-Chaise mit Batterieladung‹ vorgestellt. 1900 erfolgte die Umwandlung in eine Aktiengesellschaft. Ab 1904 fertigte man Motorräder in Serie und 1905 produzierte man die ersten Fahrräder mit der Torpedo Freilaufnabe. Damit begann die Kooperation mit Ernst Sachs und Karl Fichtel. Ab 1908 wurde die Produktion auf den Bau von LKW's, Sanitätsfahrzeuge und Dreiräder ausgeweitet. Motorräder mit Sachs-Motoren wurden ab 1930, die Saxonette ab 1938 gebaut. Nachdem Carl Marschütz 1938 in die USA emigriert war, wurde die Firma 1944 in eine GmbH umgewandelt. Am Ende des Krieges war das Werk zu 3/4 zerstört. Nach dem Wiederaufbau nahm man 1953 die Produktion von Mopeds auf und verzeichnete in den folgenden Jahren viele Erfolge im Motorsport. 1963 wurde die Firma in die Fichtel & Sachs Gruppe übernommen. Der heutige Firmensitz in der Nopitschstraße in Nürnberg wurde 1966 nach der Übernahme der Zweirad Union bezogen. Für Furore sorgte 1974 das weltweit erste Wankelmotorrad, die Hercules W 2000. Nachdem 1987 die Mannesmann AG die Aktienmehrheit der Fichtel & Sachs AG erlangte, wurden das Unternehmen in den Konzern eingebunden. Seit 1993 gibt es eine Kooperation mit Peugeot Motorcycles. Heute werden Motorroller der Marke Peugeot in Deutschland, Östereich und der Schweiz vertrieben und Fahrräder der Spitzenklasse hergestellt.

Herrenfahrer; wurden Ende des 19., Anfang des 20. Jh. die Amateurradrennfahrer genannt.

Herrenrad; Fahrrad, dessen Rahmen ein vom Steuerkopf zur Sattelmuffe durchgezogenes Oberrohr aufweist. Zum Aufsteigen muß man das Bein über dieses Rohr heben. Mit der entsprechenden Bekleidung ist das kein Problem. Hosen trugen aber früher nur Männer. Daher der Name H.

Herzfrequenzmesser; elektronisches EKG-genaues Meßgerät zur Überwachung der Herzfrequenz. H. werden von Spitzensportlern in Training und Wettkampf eingesetzt, aber auch in der Rekonvaleszens von Herzpatienten benutzt. Die exakte H. wird mittels eines Senders, der in einem komfortablen Brustgurt integriert ist und direkt auf der Brust getragen wird, gemessen. Die Signale werden drahtlos zu einem Empfänger gesendet, der sie direkt auf einen mikroprozessorgesteuerten Monitor überträgt, der wie eine Uhr am Handgelenk getragen wird. Die Geräte sollten eine einstellbare obere und untere Grenze mit abschaltbarer Alarmfunktion und einem extra großen Display haben. Mit einer zusätzlichen Halterung lassen sich diese Modelle bequem am Lenker eines Fahrrades befestigen.

Herzfrequenzmesser

Hesslich, Lutz; *17. 01. 1959. Radrennfahrer, Deutschland. Sprint-Weltmeister der Junioren 1976 und 1977, der Amateure 1979, 1983, 1985 und 1987. Vize-Weltmeister 1981, 1982 und 1986. Sieger der Olympischen Spiele 1980 und 1988.

High-Riser, (engl.); Kinderrad, das um 1960 von den USA nach Europa kam. Charakteristisch waren *Bananensattel*, hochgezogener Lenker und die 20-Zoll-Reifen. An Gabel und Hinterbau waren häufig Federungen vorgetäuscht und der Schalthebel glich eher einem Schaltknüppel. Die Räder waren recht schwer, sprachen aber durch ihr abenteuerliches Aussehen die Kinder an. Sie wurden in der Gunst der Käufer durch BMX-Räder und Mountain Bikes abgelöst

Hillman, William; Großbritannien. Ließ sich zusammen mit James Starley 1870 unter der Nummer 2236 in England Harrnadel-Drahtspeichen, die sog. Hairpinwires patentieren. Sie stellten einen entscheidenden Beitrag zur Weiterentwicklung des Fahrrades dar. Die bis dahin üblichen Holzspeichen wurden durch sie ersetzt und die Räder wurden erheblich leichter und grazieler.

Hinault, Bernard; *14. 11. 1954. Radrennfahrer, Frankreich. Straßen-Weltmeister der Berufsfahrer 1980 in Sallanches (F) vor Baronchelli (I) und Fernandez (E). Fünfmaliger Sieger der Tour de France 1978, 1979, 1981, 1982 und 1985, Zweiter 1984 und 1986. Dreimal Sieger des Giro d'Italia, 1980, 1982 und 1985. Die Tour fünf Mal zu gewinnen gelang vor ihm nur Jacques Anquetil (F) und Eddy Merckx (B).

Hinterbau; Teil des Fahrradrahmens. Der H. stellt die Verbindung zwischen Tretlagergehäuse und Hinterradaufhängung her. Beim herkömmlichen Rahmen (Diamant-R.) wird er durch die Unterstreben (rechts: *Kettenstrebe*) und die *Sattelstreben*, die durch die *Ausfallenden* miteinander verbunden sind, gebildet.

Hinterrad; hinteres *Laufrad*. Es besteht aus der Hinterradnabe mit dem Zahnkranz, den Speichen, der Felge und der Bereifung.

Hinterradachse; Teil der Hinterradnabe. Achse, um die sich die Hinterradnabe dreht. Mit der H. ist das Hinterrad im Rahmen befestigt.

Hinterradantrieb; 1838 montierte der schottische Schmied Kirkpatrick *Macmillan* Tretkurbeln an die Hinterradachse einer Draisine. Seine Erfindung blieb aber weitgehend unbekannt. Der heute bekannte H., mit Tretkurbeln und Kette, wurde erst 1869 durch den französischen Uhrmacher André Guilmet erfunden. *Guilmet-Meyer-Rad*.

Hinterradfederung; schon 1888 gab es H. bei Hochrädern. Aktuell ist die H. bei den Mountain Bikes. Hier gibt es eine große Anzahl von verschiedenen technischen Lösungen mit Federn, Stoßdämpfern und Dämpfungselementen, die dazu dienen, den Komfort zu erhöhen und den Kontakt zum Untergrund zu verbessern.

Hinterradlenkung; schon um 1869 gab es Zweiräder, deren Steuerung über das Hinterrad erfolgte. Das Rad des Amerikaners M. C. *Donald* und das 1884 gebaute *Adjustable* von J. *Hawkins* sind bekannt gewordene Beispiele. Die Fahrt mit H. war sehr gewöhnungsbedürftig und hat sich deshalb auch nicht durchgesetzt.

Hinterradnabe; Teil des Hinterrades. In der H. befindet sich die Hinterradachse. Auf der Nabe ist der Zahnkranz oder das Ritzel festgeschraubt oder, bei einer Kassettennabe, der Freilauf mit dem Ritzelpaket befestigt. Durch die in der H. eingehängten Speichen wird sie mit der Felge verbunden. Es gibt eine Vielzahl von unterschiedlichen H.: *Freilauf-, Getriebe-, Rücktrittbrems-, starre Nabe, Kassettennabe.*

Hirondelle, (frz.); frühes Modell eines französischen Autorades, eines Vorläufers der *Klappräder.*

Hobby, John; England. Baute um 1870 ein Einrad von der Größe der Hochräder. Es hatte einen Fußhebelantrieb und muß seinem Fahrer geradezu akrobatische Fähigkeiten abverlangt haben.

Hobby-Horse (engl); lenkbare Draisine des Engländers und Drais-Lizensnehmers Denis Johnson von 1819.

Hochdruckreifen; Reifen, der aus Schlauch und Decke besteht. Er hat einen geringen Querschnittt und wird zur Senkung des Rollwiderstandes bei modernen Sport- und Rennrädern eingesetzt. Um das Gewicht des Fahrers aufnehmen zu können ohne durchzuschlagen, müssen sie mit einem Druck von ca. 6 – 7 bar aufgepumpt werden.

Hochflanschnabe; Nabe, bei der der Durchmesser des Nabenflansches wesentlich größer als der von Niederflanschnaben ist. Durch den hohen Flansch können kürzere Speichen eingebaut werden, und damit erhöht sich die Stabilität des Laufrades. Es gibt H. aus Stahl und aus Aluminium. Sie wurden bei Rennsport- und Rennrädern in der Zeit von ca. 1962–1975 häufig eingebaut. Danach sind sie seltener geworden. Bei Bahnrennrädern gehören sie immer noch zum Standard.

Hochleistungslaufrad; Vorder- oder Hinterrad eines Wettbewerbsrennrades. *Scheibenrad, Trispoke.*

Hochrad; Fahrrad, bei dem das Vorderrad sehr viel größer ist als das Hinterrad, das nur noch Stützfunktion ausübt. Zur Entwicklung des H. kam es um 1868. Damals galt die Devise: Je größer das Rad, desto größer die Strecke, die es bei einer Umdrehung zurücklegt und desto höher die Geschwindigkeit. Nach dieser einfachen Regel wurden die Vorderräder immer größer. Das ging soweit, daß ein direkter Antrieb nicht mehr möglich war. Man baute abenteuerliche Hebelkonstruktionen und sogar einen Kettenantrieb um die Vorderradachse anzutreiben. Die große Zeit des H. endete 1885 mit der Erfindung des Niederrades und dem Übersetzungsgetriebe, das ermöglicht, auch mit kleineren Rädern hohe Geschwindigkeiten zu erzielen.

Hochradrennen; das erste H. wurde 1868 in Paris (F) bestritten. In Deutschland fanden H. ab 1873 statt. Bahnrennen mit Hochrädern gab es in Deutschland ab 1880, vorher wurden sie schon in den USA und England ausgetragen.

Hochrad

Höchstgeschwindigkeit; die höchste jemals mit einem Fahrrad erreichte Geschwindigkeit wurde im Windschatten eines Rennwagens 1985 auf einem Salzsee in Bonneville, Utah (USA), von John Howard mit 245,077 km/h erreicht.

Hoevenaers, Henri; Radrennfahrer, Belgien. Er wurde Straßen-Weltmeister der Amateure 1925 in Appeldoorn (NL).

Höfer, Robert; ließ sich um 1895 die Gebirgsbremse patentieren. Ein langer Hebelarm wurde vor dem Hinterrad direkt auf die Straße gedrückt und verzögerte so die Geschwindigkeit.

Hoffnungslauf; bei Sprintwettbewerben auf der Bahn können in den Vorläufen ausgeschiedene Fahrer über einen H. wieder in den Wettbewerb gelangen.

Höhenschlag; Unwucht einer Felge oder eines Reifens in horizontaler Richtung. H. erzeugen beim Fahren ein unruhiges Fahrverhalten. Der Fahrer erhält den Eindruck, das Rad würde ›hoppeln‹. Sie lassen sich meistens durch *zentrieren* der Felge oder wechseln des Reifens beseitigen.

Hohlachse; Achse, die in ihrer Längsrichtung durchbohrt ist, ähnlich einem Rohr. Bei den Nabenachsen dient die Bohrung zum Durchstecken der Schnellspanner, bei einer Tretlagerachse zur Gewichtsreduzierung.

Hohlfelge; sie wurde 1875 durch Jules Truffault (F) erfunden. Die erste H. bestand aus zwei miteinander hart verlöteten Profil-Eisenbändern. Heute werden sehr stabile H. aus Aluminium-Profilen hergestellt.

Hohlraum-Reifen; Vollgummireifen mit umlaufendem Hohlraum zur besseren Federung, ähnlich einem Schlauch. Schon 1894 wurden H. angeboten. Ihr Effekt war aber gering und die Abnutzung recht groß.

Hollandrad; in Holland übliches Tourenrad mit sehr bequemem Sattel, angenehm hohem Lenker, der eine aufrechte Sitzhaltung ermöglicht, geschlossenem Kettenkasten und gut abgedeckten Laufrädern. Die meisten H. sind mit einer Nabenschaltung und häufig mit einer Trommelbremse ausgerüstet. Der einzige Nachteil ist ihr recht hohes Gewicht.

Hölle des Nordens; Bezeichnung für das berühmt berüchtigte Radrennen *Paris-Roubaix*, die einen Eindruck von der Härte dieses Klassikers vermittelt.

Holzbahn; Radrennbahn, deren Fahrbahn aus Holz gebaut ist. Alle Winterbahnen sind H., aber auch die modernen Sommerbahnen sind aus Holz gebaut. Die Oberfläche ist sehr glatt und erlaubt hohe Geschwindigkeiten.

Holzbahnreifen; sehr leichter Schlauchreifen, der mit hohem Druck (bis zu ca. 12 bar) aufgepumpt werden kann, wodurch er besonders gute Rolleigenschaften erhält und hohe Geschwindigkeiten zuläßt. H. werden wegen ihrer Anfälligkeit gegen Verletzungen nur auf Radrennbahnen mit Holzbelag eingesetzt.

Holzfelge; mit der Erfindung des Speichenrades ging auch die Entwicklung der H. einher. Bei den ersten H. handelte es sich um auf Holzspeichen befestigte gebogene Holzsegmente die, im Kreis aneinander gereiht, ein Rad ergaben. Später wurden diese mit Eisenreifen verstärkt. Nach der Erfindung der Stahlspeiche wurden leichte H. aus, über Wasserdampf gebogenen und in mehreren Lagen verleimten, Hölzern hergestellt. Erst nach dem zweiten Weltkrieg verschwanden sie vom Markt. Es tauchen aber immer wieder einmal H. für Schlauchreifenräder zur Verwendung in exklusiven Rennrädern auf.

Holzrahmen; das erste Laufrad von *Drais* war aus Holz. Es war der Werkstoff, der am billigsten war und sich am einfachsten verarbeiten ließ. H. wurden bald durch Eisenrahmen abgelöst. Allerdings kamen einige Her-

Holzspeichenrad einer Draisine

steller ab ca. 1896 aus Gewichts-und Kostengründen wieder auf Holz als Rahmenbaumaterial zurück. Sie kombinierten zunächst Eisen-, später Aluminiummuffen mit Holzstäben. Eine andere Variante waren Räder mit einem Bambus-Rahmen, wie sie in Asien hergestellt wurden.

Holzspeiche; sie revolutionierte ca. 2500 Jahre vor unserer Zeitrechnung die Technik. Bei den Ägyptern wurde mit ihrer Hilfe das Scheibenrad durch das Speichenrad ersetzt.

Hometrainer; auch Zimmerfahrrad genanntes Gerät, mit dem man, ohne sich von der Stelle zu bewegen, ›Fahrrad fahren‹ kann. Es wird von vielen Menschen als Fitness-Gerät in der Wohnung verwendet. In Fitness-Studios gehört der H. zur Standard-Ausstattung.

Hoobin, Jack; Radrennfahrer, Australien. Straßen-Weltmeister der Amateure 1950 in Moorslede (B).

Hooper, William; England. Baute 1774 einen kleinen Tretwagen zum Spazierenfahren.

Hornlenker; spezieller Zeitfahrlenker, dessen Enden wie Hörner nach vorn ragen. Der Vorteil liegt in der günstigen Aerodynamik.

Hosenklammer; kleine Stahlfeder, die verhindert, daß die Hosenbeine des Radfahres sich in der Kette verfangen. Damit werden Unfälle verhütet und die Kleidung wird vor Schmutz und Zerreißen bewahrt.

Hosenleder; Teil der Rennhose. Ein im Innern der Hose, im Bereich der Sitzfläche eingenähtes Leder. H. schützen vor Druckverletzungen und verhindern ein Durchscheuern der Haut. In neuerer Zeit werden häufig Ersatzstoffe verwendet (*Laborleder*).

Houa, Léon; Radrennfahrer, Belgien. Sieger der ersten Austragung des klassischen Straßenrennens Lüttich-Bastogne-Lüttich 1882 über 250 km in der Zeit von 10 Std. 48 Min.

Howard, John; Radrennfahrer, USA. Erreichte am 20. 07. 1985 in Bonneville, Utah (USA), hinter einem mit einem Windschutz versehenen Auto, die bis da höchste, je mit einem Fahrrad erzielte, Geschwindigkeit von 245,077 km/h.

HPV, (Abk.); Human Powered Vehicle. Muskelkraft getriebenes Fahrzeug auf zwei oder drei Rädern. Mit H. werden Deutsche- und Europameisterschaften ausgetragen.

Huber, Julius; Radrennfahrer, Deutschland. Sieger der ersten Meisterschaft des ›Deutschen Radfahrerbundes‹ 1884. Die Distanz betrug 10 km und wurde in 19 Min. 58 Sek. zurückgelegt.

Hübner, Michael; 08. 04. 1959. Radrennfahrer, Deutschland. Sprint-Weltmeister der Amateure 1986, Vize-Weltmeister 1985, 1987 und 1989. Dreimal Keirin-Weltmeister 1990–1992. Sprint-Weltmeister der Berufsfahrer 1990 und 1992.

Huck, Bill; 09. 03. 1965. Radrennfahrer, Deutschland. Sprint-Weltmeister der Amateure 1989 und 1990, Vize-Weltmeister 1991, Dritter 1987.

Humber-Rahmen; Trapez- oder Fünfeckrahmen, der 1890 vom britischen Konstrukteur Humber entwickelt wurde. Diese Rahmenform ist die noch heute gebräuchlichste. Wir kennen sie als *Diamant-Rahmen.*

Hume, W.; Radrennfahrer, England. Er gewann bei den Queens-College-Spielen 1889 alle vier Radrennen mit einem Fahrrad, bei dem Dunlops Luftreifen montiert waren. Er war der erste Radrennfahrer, der mit Pneus an den Start ging.

Hundetretrad; bei diesem kuriosen Gefährt wurde ein käfigähnliches Vorderrad, in dem ein Hund laufen mußte, zum Antrieb verwendet. Um 1885 gab es solche H., die sich aber zum Glück nicht durchsetzen konnten.

Hungerast; Rennfahrerjargon: Plötzliche Körperschwäche wegen zu später oder zu wenig Nahrungsaufnahme während eines Radrennens. Gerade bei den langen Straßenrennen müssen laufend Kalorien zugeführt werden. Vernachlässigt ein Fahrer das Essen während der Fahrt, kann es leicht zu einem H. kommen.

Hupe; Signalinstrument. Sie wird von Kindern gern anstatt einer *Klingel* verwendet.

Huret, Constant; *26. 01. 1870, † 18. 09. 1951. Radrennfahrer, Frankreich. Steher-Weltmeister der Berufsfahrer 1900. Er siegte viermal, 1894, 1895, 1898 und 1902, im Rennen um den sogenannten *'Bol d'Or'* und errang als Zweiter nach Emile Bouhour die ›Armbinde‹ der Buffalo-Rennbahn, Paris (F).

Hurley, Marcus; Radrennfahrer, USA. Sprint-Weltmeister der Amateure 1904 in London (GB).

Hürzeler, Max; Radrennfahrer, Schweiz. Steher-Weltmeister der Berufsfahrer 1987.

Huschke, Thomas; Radrennfahrer, Deutschland. Verfolgungs-Weltmeister der Amateure 1975.

Husong, Josef; New Jersey, USA. Baute 1886 ein Eisrad mit Kufen und einem stachelbewehrten Antriebs-

Hydraulikbremse MAGURA HS 22 Race-line

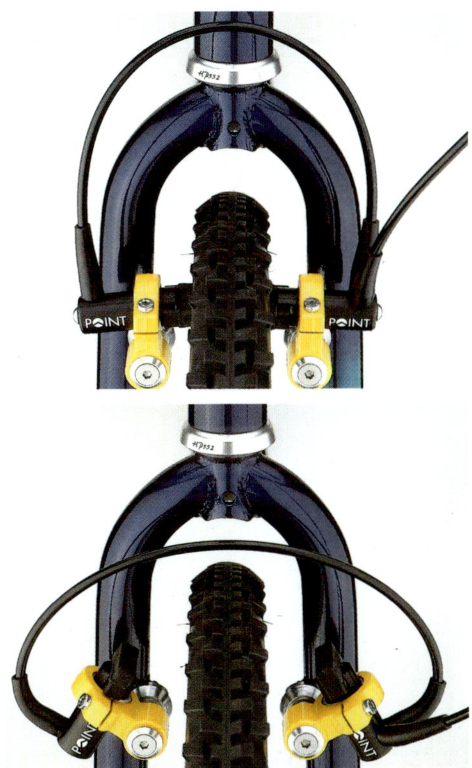

Hydraulische Felgenbremse

rad. Die Lenkung erfolgte über eine vordere Kufe.

Hydraulikbremse; Bremse, die durch Öldruck bewegt wird. Dabei wird beim Betätigen des Bremsgriffes durch einen Zylinder der Druck auf das Öl übertragen, das über eine Bremsleitung auf einen zweiten Zylinder am Bremskörper wirkt, der die Bremsklötze an die Felge preßt. Die Bremswirkung ist bei gleichem Krafteinsatz größer, als bei mechanischen Bremsen. Die erste Fahrrad-H. wurde 1987 angeboten. *Magura.*

Hydraulische Felgenbremse; durch Öldruck betätigte Bremse, bei der die Bremsklötze gleichmäßig stark direkt auf die Felgenflanke gepreßt werden. Die Bremsarme werden auf normalen Cantilever-Sockeln befestigt. Zum problemlosen Radwechsel gibt es bei dem Modell von Point eine Schnellentriegelung, die es ohne Werkzeug erlaubt den Bremsbelag von der Felge wegzuklappen.

Hydraulische Scheibenbremse; durch Öldruck betätigte Bremse, bei der die Bremsklötze auf eine Bremsscheibe, die fest mit der Nabe verbunden ist und sich deshalb mit dem Laufrad dreht, wirken und durch die so entstehende Reibung die Verzögerung herbeiführen. Ein großer Vorteil ist, daß die Wirksamkeit bei Nässe und Trockenheit nahezu gleich hoch ist.

Hydraulischer Bowdenzug; eine Kombination eines Bremsgriffes mit einem Hydraulikzylinder, einer Schlauchleitung und einem weiteren

Bremszylinder an deren Ende. Der H. kann mit jeder herkömmlichen mechanischen Handbremse kombiniert werden. Durch seinen Einsatz wird die Reibung erheblich verringert und die Wirksamkeit der Bremse erhöht. Der H. ist ein Produkt von Sachs.

Hyper-Glide-System; Bezeichnung für ein Kettenschaltungs-System, bestehend aus einer speziellen Kette und einem Zahnkranz mit besonders ausgebildeten Zähnen. Es zeichnet sich durch schnelle und sichere Schaltvorgänge aus.

I

IFMA, (Akz.); Internationale Fahrrad- und Motorradausstellung. Die I. findet seit 1964 alle zwei Jahre in Köln statt und gilt als die größte Zweiradmesse der Welt.

IMBA, (Abk.); International Mountain Bike Association. Internationale Interessenvertretung zur Förderung des Mountain Bike Fahrens.

Inbusschlüssel; Werkzeug zur Verschraubung von Innen-Sechskant-Schrauben. Der Name ›Inbus‹ ist ein geschützter Firmnenname. Die korrekte Bezeichnung ist Innen-Sechskant-Schlüssel. Dabei handelt es sich um einen sechseckigen Stahlstab, der häufig auf einem Drittel seiner Länge um 90° abgewinkelt ist. Damit erhält er zwei Griffpositionen und zwei unterschiedlich lange Hebelarme. Er wird bei Schrauben mit im Kopf versenkter Schlüsselweite, die dem Maß des I. entspricht, eingesetzt.

Index-Schaltung; Kettenschaltungssystem, das aus Schalthebel und Schaltwerk besteht. Die Gänge rasten durch die Bewegung des Schalthebels in festgelegten Schritten ein und müssen nicht ›mit Gefühl gesucht‹ werden.

Induráin Larraya, Miguel; *16. 07. 1964. Radrennfahrer, Spanien. Fünfmaliger Sieger der Tour de France, 1991–1995. Dritter der Straßen-Weltmeisterschaft der Berufsfahrer 1991. Zweimal Sieger des Giro d'Italia, 1992 und 1993. Spanischer Straßenmeister 1992. Inhaber des Stundenweltrekords 1994 mit 53,040 km.

Industrielager; gekapseltes Wälzlager, das häufig in ganzen Lagereinheiten, wie z. B. als Innenlagerpatrone am Fahrrad zu finden ist. Es gibt sie auch in den Radlagern und im Steuersatz.

Innenlager; Teil des Tretlagers. Es besteht aus Lagerschalen, Achse, und Kugeln (lose oder in Kugelringen) oder Indusriekugellagern. Die Einzelteile können lose miteinander montiert werden (z. B. bei Schraub- und Schlagschalenlagern) oder auch als Lagereinheit (Kassettenlager) verbaut werden. Das I. wird in das Tretlagergehäuse des Fahrradrahmens montiert. Auf seiner Achse werden die Kurbeln des Antriebs befestigt.

Innenlagerpatrone; auch Kassettenlager oder Patroneninnenlager genannte Lagereinheit, bei der Lager, Lagerschalen und Achse zusammen vormontiert sind. Sie wird komplett in das Tretlagergehäuse des Rahmens montiert. Spezielle I. sind die *Reparaturlager.*

Innenleder; Teil der Radhose. In den Sitzbereich der Hose eingenähtes Leder, das dem Wundscheuern vorbeugt und das Sitzen auf dem Fahrradsattel komfortabler macht. In letzter Zeit setzen sich immer mehr Ersatzstoffe durch. *Labor-Leder.*

Intervalltraining; Trainingsmethode, bei der ein planmäßiger Wechsel zwischen Belastung und Erhohlung stattfindet.

Irland-Rundfahrt; bedeutendstes Radrennen auf der Grünen Insel. Es wird seit 1985 ausgetragen. Rolf Gölz (D) gelang 1988 der Sieg.

Ironman, (engl.); Eisenmann. Bezeichnung für einen Triathlon über die Ultra-Distanzen von 3,8 km Schwimmen, 180 km Radfahren und 42,195 km Laufen. Wird jährlich auf Hawaii veranstaltet und galt lange Zeit als inoffizielle Weltmeisterschaft im Triathlon. Mittlerweile hat diese Veranstaltung schon zahlreiche Nachahmer gefunden.

Isolierflasche; Trinkflasche, die mit einer Isolierschicht versehen ist, damit der Inhalt möglichst lange entweder warm oder kühl bleibt.

Italienisches Gewinde; Gewindemaß bei Innenlagern des Tretlagers: 1.36« x 24. Die erste Zahl gibt den Durchmesser des Tretlagergehäuses in Zoll an, die zweite steht für 24-Gang-pro-Zoll und bezeichnet die Gewindeteilung.

Italienisches Jagdrennen; Mannschafts-Verfolgungsfahren auf der Bahn mit bis zu acht Fahrern pro Mannschaft. Der Zieleinlauf der beiden letzten Fahrer wird gewertet.

J

Jackson; Erfinder, England. Konstruierte um 1870 ein Riesen-Einrad mit Handkurbel- und Fußhebelantrieb. Der Fahrer saß auf einem Sitz inmitten des Rades.

Jacobs, Elsy; Radrennfahrerin, Luxemburg. Straßen-Weltmeisterin bei der ersten Austragung der Straßen-Weltmeisterschaften der Damen, 1958 in Reims (F), Dritte 1961.

Jacquelin, Edmond; Radrennfahrer, Frankreich. Sprint-Weltmeister der Berufsfahrer 1900 in Paris.

Jagd; Es handelt sich um einen bestimmten Abschnitt im Rahmen eines Sechstagerennens. Dabei dreht es sich hier um ein Zweier-Mannschaftsrennen, bei dem Punktwertungen ausgefahren werden, deren Ergebnis zur Gesamtwertung des Sechstagerennens zählt. Häufig geht es bei den J. auch um eine zusätzliche durchlaufende Wertung. Die J. wird dann täglich über die gleiche Zeit oder Distanz gefahren, mit oft spektakulären Prämien, wie z. B. Autos, für die Sieger.

Janssen, Jan; *19. 05. 1940. Radrennfahrer, Niederlande. Straßen-Weltmeister der Berufsfahrer 1964 in Sallanches (F) vor Adorni (I) und Poulidor (F). Vize-Weltmeister 1967. Sieger der Tour de France 1968 mit nur 38 Sekunden Vorsprung, Zweiter 1966.

Japan; hat eine bedeutende Fahrradindustrie und gehört zu den größten Exportländern für Fahrräder und Fahrradteile. Seit ca. 1965 kamen sehr viele neue Ideen und Produkte, die einen großen Einfluß auf die Weiterentwicklung des Fahrrades hatten, aus dem ›Land der aufgehenden Sonne‹ nach Europa und den USA. Auch in bezug auf den Radsport nimmt J. eine Sonderstellung ein, gibt es doch ca. 4500 Berufsfahrer, die sich ausschließlich dem *Keirin*-Rennen widmen.

Jaray, Paul; *1899, † 1974. Aerodynamiker, Deutschland. Der Konstrukteur von Zeppelinen baute um 1920 Sesselräder mit Fußhebelantrieb über Seilzüge, die in Holland und der Schweiz einige Verbreitung fanden.

Jardin du Luxembourg; Park im Herzen von Paris. 1818 Austragungsort der ersten Wettfahrten für *Draisinen.*

Jensen, Kaj Erik; Radrennfahrer, Dänemark. Verfolgungs-Weltmeister der Amateure 1962.

Jenuchina, Galina; Radrennfahrerin, Russland. Sprintweltmeisterin 1993 in Hamar (N).

Jeran-Rad; Einrad, das 1922 durch Eugen Jeran, Berlin (D), zum Patent angemeldet wurde. Die Idee war an sich schon ein Kuriosum: Es hatte keinen eigenen Antrieb und sollte den Rodelschlitten im Sommer ersetzen.

Johansson, Bernt; Radrennfahrer, Schweden. Olympiasieger im Straßenrennen 1976.

Johnson, Dennis; England. Drais-Lizensnehmer. Er war der erste, der *Draisinen* in England zum Verkauf anbot. Sie wurden unter der Bezeichnung Hobby-Horse bekannt. 1819 brachte er das erste Damenmodell einer Draisine auf den Markt.

Johnson, Thomas; Radrennfahrer, Großbritannien. Sprint-Weltmeister der Amateure 1922 in New Brighton (GB).

Johnson, Victor; Radrennfahrer, Großbritannien. Sprint-Weltmeister der Amateure 1908 in Leipzig (D).

Jones, Mandy; Radrennfahrerin, Großbritannien. Straßen-Weltmeisterin 1982.

Jones, Theodor; Erfinder, Großbritannien. Bekam 1826 ein Patent auf Eisen-Speichen.

Jourden, Jean; Radrennfahrer, Frankreich. Straßen-Weltmeister der Amateure 1961 in Bern (CH).

Jugend-Fahrradturnier; vom ADAC veranstalteter außerschulischer Wettbewerb zur Schulung der Verkehrstüchtigkeit von Kindern im Alter von 8–15 Jahren. Beginnt auf regionaler Ebene und wird bis zu einem Bundesturnier geführt. In Zusammenarbeit mit der Polizei wird dabei auch die Verkehrssicherheit der Fahrräder der Teilnehmer überprüft.

Jugendrad; Fahrrad für Heranwachsende. Es hat meistens 26- oder 28-Zoll-Räder und häufig einen kleinem Rahmen. Es ist im Prinzip ein *Leichtlauf-* oder *Sportrad*. Heute ist das J. als eigener Fahrradtyp weitgehend von den Mountain Bikes abgelöst worden.

Jugendverkehrsschule; diese Einrichtung gibt es in vielen größeren Städten. In der J. wird in Zusammenarbeit zwischen der Verkehrswacht, den Schulen und der Verkehrspolizei Verkehrsschulung für Schulkinder angeboten. Häufig steht dafür ein eigenes Gelände mit einem Verkehrsgarten zur Verfügung. Mit den dort vorhandenen Fahrzeugen, Fahrrädern und Tretautos, werden Verkehrssituationen durchgespielt und richtiges Verhalten wird trainiert.

Jungnickelscher Schreitkufenantrieb; Johann Carl Sigismund Bauer (D) hat diese Kuriosität 1817 erfunden, um ihn an Draisinen anzubauen. *Schreitkufenantrieb.*

Junkermann, Hans; *06. 05. 1934. Radrennfahrer, Deutschland. Berufsfahrer von 1955–1973. Er wird von seinen Freunden ›Hennes‹ gerufen. Vierter der Tour de France 1960, Fünfter 1961. Deutscher Meister der Einer-Verfolgung 1958. Dreimal Deutscher Straßenmeister, 1959–1961. Zweiter der Deutschland-Rundfahrt 1961, Dritter 1955. Viermal Deutscher Bergmeister, 1961, 1963, 1966 und 1967. Sieger des Rennens ›Rund um den Henninger Turm‹ 1963. Europameister im Zweier-Mannschaftsfahren 1965, im Steherrennen 1969. Sieger in 9 Sechstagerennen bei 92 Starts.

Jurisch, Armin; *11. 09. 1965. Kunstradfahrer, Deutschland. Europameister der Junioren 1983, Weltmeister 1984.

Justierschraube; Schraube zur Feineinstellung. Z. B. findet man J. an Schaltwerk und Umwerfer der Kettenschaltung und an der Bremse.

K

Kabelführung; Ösen, die am Rahmen angelötet sind, um die Brems- und Schaltseile in ihren Hüllen auf dem Weg von den Brems-/Schalthebeln zu den Bremsen, zum Umwerfer und dem Schaltwerk zu führen. Bei einfachen Fahrrädern werden anstatt der angelöteten K. auch Schellen, die angeschraubt werden, verwendet. Eine andere Form der K. ist die, der im Rahmen laufenden Kabel. Dazu werden entsprechende Bohrungen angebracht, die häufig durch Anlötteile verstärkt sind.

Kabelhülle; flexibles Rohr aus spiralförmig gewickeltem Stahldraht, meist mit Kunststoff überzogen, durch das ein Bowdenzug geführt wird. Auch Bremskabel- oder Schaltkabelhülle oder allgemein Bowdenzughülle.

Kabelschloß; aus Stahldrähten gedrehtes Kabel mit einem Schließzylinder. K. gibt es in verschiedenen Längen. Man kann sie gut transportieren und damit das Fahrrad an Pfosten und Zäunen anschließen. Allerdings kann ein K. mit einem scharfen Seitenschneider recht schnell durchschnitten werden und sollte besser zusammen mit einem Stahlbügelschloß verwendet werden.

Kabelschneider; Spezialwerkzeug. Zange zum Zerschneiden von Bowdenzügen. Durch die Benutzung eines K. vermeidet man, daß sich der geschnittene Bowdenzug aufspleißt.

Kabelträger; Teil der Mittelzug- und Cantilever-Bremse. Es verbindet den kurzen Querzug, der in die beiden Bremsarme eingehängt ist, mit dem Bremszug. K. werden aus Aluminium oder Kunststoff hergestellt.

Kaers, Karel; *04. 06. 1914, † 20. 12. 1972. Radrennfahrer, Belgien. Straßen-Weltmeister der Berufsfahrer 1934 in Leipzig (D) vor Guerra (I) und Daneels (B). Belgischer Straßenmeister 1937.

Kaiser-Preis; von Kaiser Wilhelm I. 1868 gestifteter Wanderpokal für Hochradfahrer. Erster Gewinner war der deutsche Rekordfahrer Pundt.

Kaiser-Rad; Fahrrad von 1888 mit einem Kreuzrahmen, bei dem beide Räder über einen eigenen Kettenantrieb mit Pedalen angetrieben wurden. Das Hinterrad in herkömmlicher Weise mit den Füßen, das Vorderrad mit den Händen. Sein Erfinder war Baron von Wedell.

Kangaroo; britische Version eines Hochrades mit Kettenantrieb, 1884. Die Tretkurbel waren unter die Vorderradachse verlegt, dadurch wurde die Sturzgefahr verringert. In Frankreich wurden ähnliche Räder unter der Bezeichnung Sûr gebaut. In

Deutschland produzierte die Firma Adler solche Hochräder.

Karbon; *Carbon.*

Kardanantrieb; wurde erstmals 1882 in einem Dreirad von Samuel *Miller* (GB) eingebaut. Ab 1895 kam der K. auch in Niederrädern zum Einsatz. Der hohe Preis verhinderte eine weite Verbreitung der damals sehr beliebten K.-Räder. Das erste K.-Rad baute die belgische ›Fabrique National de Armes de Guerre‹, Lüttich. Es ist heute im historischen Velociped-Archiv in Düsseldorf zu sehen.

Kardan-Rad; Fahrrad mit einer Kardanwelle, statt einer Kette, zur Kraftübertragung vom Tretlager zum Hinterrad.

Kardanwelle; Gelenkwelle, die als Antriebswelle zur Übertragung der Kraft vom Tretlager auf das Hinterrad verwendet wird. Durch zwei Lager ist sie kardanisch aufgehängt. K. ersetzen die Kette als Kraftübertragungselement. Zweiräder mit K. wurden erstmals 1895 gebaut.

Karkasse; Gewebeunterbau von Reifen. Die K. besteht aus diagonal gekreuzten Gewebeschichten aus Nylon-Cord, die derartig in Gummischichten eingelagert sind, daß sie sich nicht berühren. Das ist nötig, um die Walkfähigkeit eines Reifens zu erhalten.

Kartenhalter; Fahrradzubehör. Metallrahmen oder flache Kunststoffbox, der/die am Lenker montiert wird. In ihn wird eine Landkarte, die von außen sichtbar ist, hineingesteckt.

Kassettennabe; Hinterradnabe, die auf ihrer rechten Seite einen Freilauf besitzt, auf den eine Zahnkranzkassette aufgesteckt wird. Der Vorteil besteht hauptsächlich in den weit auseinander liegenden Achslagern, die eine Durchbiegung der Achse wirksam verhindern.

Kassler-Rad; Laufrad, das heute im ›Deutschen Museum‹ in München zu besichtigen ist. Es hat einige Verwirrung gestiftet. Man schrieb es dem Stellmacher Michael Kassler, *22. 09. 1733, † 12. 02. 1772, zu. Wahrscheinlicher ist, daß es sich um ein französisches Knabenrad aus der Zeit um ca. 1820 handelt.

Kastenfelge; sie wird auch Hochschulterfelge genannt. Innen an ihren Rändern befinden sich rechts und links umlaufende kastenförmige Hohlräume. Dadurch hat sie eine hohe Stabilität.

Katzenauge; Rückstahler, mit einer prismatisch aufgeteilten Glasfläche (sog. Tripel- oder Zentralspiegel), die einfallendes Licht in seine Ursprungsrichtung reflektiert. K. findet man beim Fahrrad am Rücklicht, als Pedalstrahler, Speichenstrahler, Frontstrahler und Rückstrahler.

Kaufmann, Ernst; Radrennfahrer, Schweiz. Sprint-Weltmeister der Berufsfahrer 1925 in Amsterdam (NL).

Kautschuk (indian.); eingedicktes bzw. ausgeflocktes Produkt aus dem

Milchsaft der Kautschukpflanzen. Durch Vulkanisieren wird daraus Gummi, der das Ausgangsprodukt zur Herstellung von Fahrradreifen darstellt.

Kech, Karl; Bureau-Offiziant, München (D). K. war nach Prof. Baader Besitzer des *Baaderschen Laufrades*, an daß er 1862, 27 Jahre nach dem Tode des Professors, durch den Nymphenburger Schmiedemeister Heigel Tretkurbeln montieren ließ. Das Rad steht heute im ›Deutschen Museum‹ in München.

Keillager; auch Keiltretlager. Tretlager, bei dem die Kurbeln mit Keilen auf der Achse befestigt werden.

Keillagerachse; Teil des Innenlagers. Tretlagerachse, die rechts und links an ihren Überständen je eine gefräste Fläche besitzt. Die Tretkurbeln werden auf die Achse geschoben und der Kurbelkeil wird durch eine Bohrung in der Kurbel mit seiner Fläche auf der der Achse verkeilt.

Keilriemenantrieb; ist prinzipiell wegen des Schlupfes des Riemens nicht möglich. Es gibt allerdings Varianten, bei den mit Zahnriemen gearbeitet wird, die die Funktion der Kette übernehmen.

Keirin; Sprintrennen auf der Bahn über 2000m mit bis zu neun Teilnehmern. Nach dem Start führt ein einzelner *Dernyfahrer* das Rennen an und macht die Pace. Die Rennfahrer kämpfen hinter ihm um die beste Position in seinem Windschatten. Zwei Runden vor dem Ziel schert der Schrittmacher aus und die Fahrer kämpfen um den Sieg. Dabei geht es mit ›harten Bandagen‹ zu und Stürze sind keine Seltenheit. K. kommt aus Japan. Dort gibt es über 50 spezielle K.-Bahnen auf denen mehr als 4300 Profis in 90 – 120 Turnieren pro Jahr starten. Dabei schließen die Zuschauer, ähnlich wie in Europa bei den Pferderennen, Wetten auf die Sieger ab. Bester Deutscher Vertreter in diesem harten Sport ist zur Zeit Michael *Hübner* aus Chemnitz, der dreimal einen Weltmeistertitel errang.

Kelly, Charles; einer der Väter der Mountain-Bike-Bewegung. Er veranstaltete ab 1974 zusammen mit Gary Fisher und Joe Breeze die ersten *Repack-Rennen* in der Umgebung der Stadt Faifax in Kalifornien (USA).

Kelly, Sean; *24. 05. 1956. Radrennfahrer, Irland. Neben Stephen *Roche* berühmtester Radrennfahrer seines Landes. Er gewann, außer der Tour de France und der Weltmeisterschaft, so ziemlich jedes Rennen, was es zu gewinnen gab und ist einer der erfolgreichsten Radrennfahrer aller Zeiten. Hier nur ein kleiner Auszug aus seiner Erfolgsliste: Siebenmal Sieger bei Paris-Luxemburg und Paris-Nizza. Zweimal Dritter der Straßen-Weltmeisterschaft. Dreimal Sieger des Critérium International und der Lombardei-Rundfahrt. Zweimal Sieger der Tour de Swiss, 1983 und 1990. Dreimal Sieger der Baskenland-Rundfahrt, zweimal von Paris-Robaix, viermal in der Irland-Rundfahrt usw.

Kelly, William S.; Erfinder, USA. Erhielt 1885 ein Patent auf ein Sicherheitsrad mit einem kleinen Vorderrad und einem großen Hinterrad. Es wurde als *Star-Rad* bekannt.

Kemper, Dieter; *11. 08. 1937. Radrennfahrer, Deutschland. Steher-Weltmeister 1975. Fünfmal Europameister der Steher, 1967, 1969, 1972, 1973 und 1975, Zweiter 1976. Europameister im Zweier-Mannschaftsrennen 1968 und 1971. Sieger in 27 Sechstagerennen bei 166 Starts.

Keramik-Felge; hochwertige Felge für Rennräder und Mountain Bikes, deren Flanken mit Keramik beschichtet sind. Die Beschichtung verbessert das Bremsverhalten bei Nässe und schützt die Felgen-Oberfläche vor Abrieb.

Kette; Teil des Fahrradantriebs. Die K. verbindet das Tretlager mit dem Zahnkranz des Hinterrades und dient der Kraftübertragung. Sie besteht aus zusammenhängenden Gliedern aus Stahl, in die die Zähne von Kettenrad und Zahnkranz eingreifen. Mittlerweile gibt es zwei Standard-Maße für Fahrradketten, die sich im Laufe der Jahre herausgebildet haben: Für Fahrräder mit Nabenschaltung 1/2 x 1/8 Zoll und für Kettenschaltungsräder 1/2 x 3/32 Zoll, wobei das erste Maß die Kettenteilung und das zweite die Ketteninnenbreite bezeichnet. Bei den heutigen K. handelt es sich um *Rollenketten*. Die erste Fahrradkette wurde 1829 von André Galle erfunden und war eine *Blockkette.*

Kettenantrieb; Antrieb, bei dem die Kraft vom Pedal zum Rad über eine Kette übertragen wird. Weitere Verbreitung fand der K. bei Hochrädern ab ca. 1877. Dort wirkte die Kette auf ein Übersetzungsgetriebe des Vorderrades. Der heute allgemein übliche Hinterrad-K. wurde 1878 erstmals von dem Engländer Thomas Shergold konstruiert.

Kettenblatt; Teil des Tretlagers. Runder oder leicht ovaler (*bio-pace*) Zahnkranz, der an der rechten Kurbel montiert ist. Über das K. wird durch die Kette die Kraft auf das Hinterrad übertragen.

Kettenführungsrolle; Teil des Schaltwerkes. Die obere Rolle einer Kettenschaltung, die die Kette beim Schalten von einem Zahnkranz zum nächsten führt. Auch Kettenleitrolle.

Kettengeräusch; Quietschen oder Mahlen, das häufig als Ursache ungenügender Schmierung auftritt. Ein weiterer Grund könnte eine falsch eingestellte Schaltung, ein verzogener Kettenkasten oder eine falsche Kettenlinie sein.

Kettenglied; Teil der Fahrradkette, die aus vielen K. besteht. Ein K. besteht aus der Kettenaußenlasche oder auch Nietlasche, der Ketteninnenlasche oder auch Rollenlasche, den Kettenrollen, den Kettenhülsen und den Kettennieten.

Kettenkäfig; Teil des Schaltwerkes einer Kettenschaltung. Der K. besteht aus dem inneren und äußeren Kettenführungsblech und den beiden Kettenrädchen. Eine Feder im Schaltwerk sorgt dafür, daß die durch den

K. über die Spannrolle geführte Kette immer gespannt ist.

Kettenkasten; Schutzvorrichtung. Aus Kunststoff oder Metall bestehende Verkleidung der Kette und des Tretlagers. Der K. schützt sowohl die Kette, als auch den Fahrer vor Schmutz. Verletzungen durch ein Einziehen des Hosenbeines in die Kette werden durch den K. verhindert.

Kettenleitmutter; Teil der Nabenschaltung. Rechte Radmutter der Torpedo-Dreigang-Nabe, durch deren Verlängerung die Zugstange mit dem Zugkettchen geführt wird.

Kettenleitrolle; Teil der Kettenschaltung. Obere Rolle im Kettenführungskäfig eines Schaltwerkes. Die untere Rolle nennt man Spannrolle.

Kettenlinie; ist die Ausrichtung des Kettenblattes zum Ritzel auf der Hinterradnabe. Beide sollten genau auf einer Linie liegen. Bei Fahrrädern mit je einem Kettenblatt vorn und einem Ritzel hinten ist das kein Problem, aber bei Rädern mit Kettenschaltung ist das unmöglich. In diesem Fall wählt man einen Kompromiß: Man richtet die K. so aus, daß sie von der Mitte des hinteren Mehrfach-Zahnkranzes zur Mitte der vorderen Kettenblätter verläuft.

Kettenniet; Teil der Kette. Stahlstift, durch den die einzelnen Kettenglieder miteinander verbunden sind.

Kettennietausdrücker; Spezialwerkzeug zum Trennen und Zusammenfügen der Fahrradkette. Mit dem K. wird der Kettenniet aus dem Kettenglied gedrückt und beim Zusammenbau wieder hinein gepreßt.

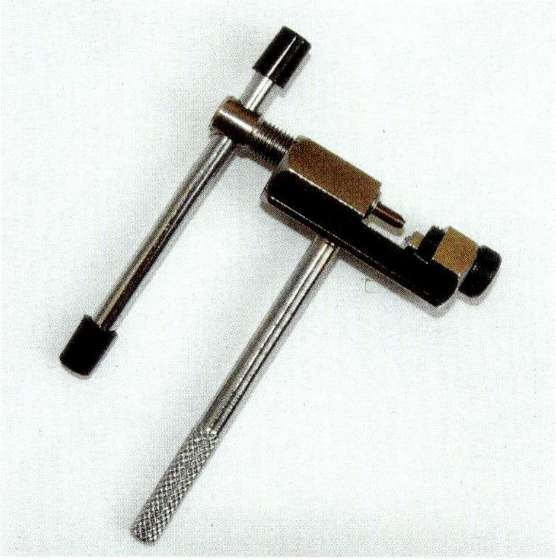

Kettennietausdrücker

Kettenrad; *Kettenblatt.*

Kettenradgarnitur; Tretlager ohne Innenlager. Die K. besteht aus einer linken und der rechten Kurbel mit einem oder mehreren Kettenblättern. Sie wird auf der Tretlagerachse montiert.

Kettenreinigungsset; spezielles Pflegeset zur Reinigung der Fahrradkette. Es besteht aus einem Kunststoffgehäuse, in dem die Kette über rotierende Bürsten durch ein Bad geführt wird. Das K. ist sehr einfach zu handhaben und erleichtert die Pflege der Fahrradkette erheblich.

Kettenschaltung; Gangschaltung, bei der durch ein Schaltwerk die Kette über mehrere Ritzel bewegt wird. Ein Schaltsystem für eine 24-Gang-Schaltung, wie es heute an

Einfacher Kettenschutz

Mountain Bikes verwendet wird, besteht aus Schalter, Schaltwerk, vorderem Umwerfer, einer Schaltkette und einem Zahnkranz oder einer Zahnkranzkassette mit acht Ritzeln, dazu kommt noch das Tretlager mit seinen drei Kettenblättern. Alle diese Teile wirken zusammen. Die erste serienmäßig produzierte K. war das Modell ›Campion du Monde‹, das der französische Hersteller Simplex 1928 anbot. Dabei handelte es sich um eine Dreigang-Schaltung. Man unterscheidet zwei verschiedenene K.: Die *Parallelogramm-* und die *Pantographschaltung.*

Kettenschloß; auch *Kettenverschlußglied.* a) Teil einer Fahrradkette, mit der sie ohne Spezialwerkzeug verschlossen und geöffnet werden kann. b) Fahrradschloß, das aus einer Kette und einem Vorhängeschloß besteht und zur Sicherung des Rades gegen Diebstahl dient.

Kettenschutz; einfacher Kettenkasten, der Kette und vorderes Kettenblatt nur oben abdeckt.

Kettenschutzscheibe; Ring, der außen auf dem Kettenblatt des Tretlagers befestigt wird, um zu verhindern, daß das Hosenbein des Radfahrers in die Kette gerät.

Kettenspanner; a) Schrauböse, die so auf die Hinterradachse eines Holland- oder Tourenrades gesteckt wird, daß das Gewindeende parallel zum Ausfallende nach hinten zeigt. Dort wird eine Mutter befestigt, mit der man gegen das Ausfallende die Achse des Hinterrades zurückzieht, wodurch die Kette gespannt wird. b) Mit einer Feder versehene Vorrichtung, die in den Kettenlauf eingebaut wird, um ein Durchhängen der Kette zu verhindern. Im Prinzip ist jedes Schaltwerk einer Kettenschaltung ein K., denn durch den Kettenkäfig wird die Kette ebenfalls gespannt.

Kettenspannung; bei Fahrrädern mit Nabenschaltung darf die Kette nicht mehr als 20 mm Differenz zum unteren *Kettentrumm* haben. Sie sollte so eingestellt sein, daß sie locker läuft, aber auf keinen Fall abspringen kann. Bei Schaltungsketten wird die K. durch das Schaltwerk vorgenommen und durch die Länge der Kette bzw. die Anzahl der Zähne der einzelnen Ritzel des Zahnkranzes beeinflußt.

Kettenstrebe; Teil des Hinterbaus eines Fahrradrahmens. Die K. ist ein Rohr, durch das das Tretlagergehäuse auf der rechten, der Kettenseite des Rahmens, mit dem hinteren Ausfallende verbunden ist.

Kettentrumm; die Kettenzugrichtung. Es gibt einen ziehenden bei der Vorwärtsfahrt, und einen ablaufenden K. beim Rücktritt.

Kettenverschlußglied; Teil einer Fahrradkette, mit dem sie verschlossen und geöffnet werden kann. Bei Fahrrädern mit nur einem Zahnkranz wird ein Kettenschloß verwendet. Für Schaltungsketten, die auf Biegung beansprucht werden gibt es ein spezielles K., das von Point angeboten wird. Es kann ohne Werkzeug montiert werden und garantiert eine

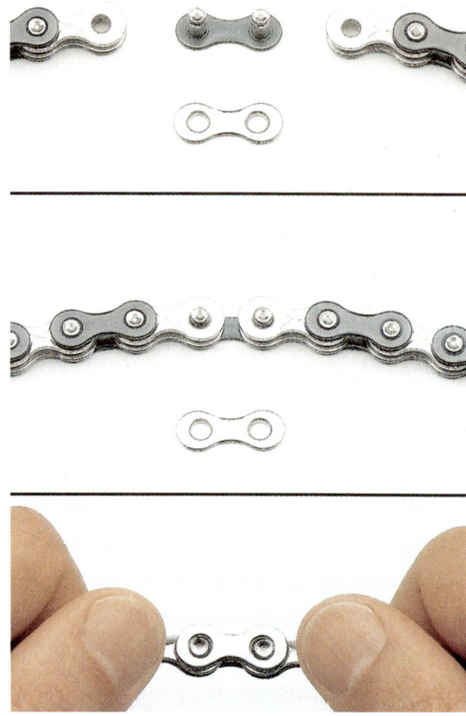

Werkzeuglose Kettenmontage mit dem Point Kettenverschlußglied

sichere Funktion der Kette unter allen auftretenden Belastungen.

Kettenwechsel; eine Fahrradkette muß von Zeit zu Zeit gewechselt werden. Durch vieles Radfahren wird sie länger und verändert ihre Teilung, d. h.: Der Abstand von Kettenniet zu Kettenniet wird größer. Die Folge davon sind abgefahrene Zähne an Kettenblatt und Zahnkranz. Grundsätzlich halten Fahrradketten heute je nach ihrer Qualität ca. 1500 – 6000 km. Die preiswerten Ketten sollte man deshalb schon nach ca. 1000 km wechseln. Bei hochwertigen Ketten kann man damit bis ca. 3500 km warten. Wechselt man später, muß man mit den oben beschriebenen Folgen

Tandem mit Kinder-Koppel-Bike

rechnen und gegebenenfalls auch den Zahnkranz und das Kettenrad mit auswechseln, da sonst die neue Kette auf den ausgefahrenen Ritzeln springt. Woran man erkennt, wann ein K. nötig ist? Wenn die Kette ca. 5 mm vom vorderen Kettenblatt abzuheben ist, ohne besondere Kraft aufzuwenden.

Kettenwechsler; Teil der Kettenschaltung. Auch Kettenwerfer oder Umwerfer. Immer, wenn man mehrere Kettenblätter an der Tretkurbel besitzt, benötigt man einen K., um die Kette von einem zum anderen umzuwerfen.

Kid Grip; Modellbezeichnung für einen *Drehgriffschalter* für Kinderräder.

Kilian, Gustav; *03. 11. 1907, Radrennfahrer, Deutschland. Sieger in 34 Sechs-Tage-Rennen (bei 125 Starts), von denen er 29 zusammen mit seinem Partner Heinz Vopel errang. Er ist einer der Sechs-Tage-Kaiser. Später war er Nationaltrainer des »Bundes Deutscher Radfahrer« und errang mit dem Bahn-Vierer große Erfolge. Bei ihm trainierten u. a. Hans *Lutz*, Didi *Thurau* und Gregor *Braun*.

Kilometerzähler; mechanisches oder elektronisches Gerät zur Anzeige der zurückgelegten Strecke. *Fahrradcomputer.*

Kimura, Dr.; Flugzeugbauer, Japan. Konstruierte ein ›Fliegendes Fahrrad‹, das sich 1976 über eine Strecke von 2000 m in der Luft hielt.

Kinderanhänger; Fahrradanhänger, der speziell für den Transport von Kindern entwickelt wurde. K. bieten eine gute Möglichkeit, kleinere Kinder über längere Strecken auf Radtouren mitzunehmen. Allerdings sollte unbedingt darauf geachtet werden, daß die Kinder zu ihrer Sicherheit einen Helm tragen. Im Straßenverkehr ist die Fahrt mit K. etwas problematisch, da wegen ihrer Breite Radwege nicht immer genutzt werden können.

Kinder-Koppel-Bike; spezielles Kinderfahrrad, das mit Hilfe einer besonderen Vorrichtung oder Kupplung an ein anderes Fahrrad angekoppelt werden kann. Es eigenet sich besonders gut in Kombination mit einem Tandem. Kinder können damit auch lange Radtouren zusammen mit Erwachsenen bewältigen. Erfunden von Günter Sattler, Firma Technobull in Obertshausen-Hausen (D).

Kinderrad; spezielles Fahrrad, das den körperlichen Gegebenheiten von Kindern angepaßt ist. K. gibt es fast für jede Altersgruppe von 3 -13. Angefangen vom Dreirad, über das Rad mit Stützrädern zum BMX-Rad und schließlich zum Fahrrad mit großen Rädern reicht die bunte Palette über das ganze Angebot. Wichtig ist vor allem, für die jeweilige Größe der Kinder das richtige Rad zu kaufen. Zu bedenken ist, daß Kinder auf dem Fahrrad mit mehreren Problemen zugleich konfontiert sind: Sie müssen Fahrradfahren, was ja gerade am Anfang nicht immer leicht ist, dabei auf den Verkehr achten, wobei ihnen die Übersicht schon auf Grund ihrer geringen Körpergröße häufig schwerfällt, und dann sollen sie auch die Technik des Fahrrades, die Bremsen und oft auch noch eine Gangschaltung beherrschen. Alles zusammen ist häufig zuviel. Deshalb geben Sie ihrem Kind nicht gleich am Anfang ein high-tech Fahrrad, sondern ein möglichst einfaches und vor allem sicheres. Sehen sie häufig nach dem Rad ihres Kindes. Bedenken sie, daß das Kind technische Defekte selten feststellt. Prüfen sie von Zeit zu Zeit, ob das Fahrrad noch die richtige Größe für ihr Kind hat.

Kinderrad mit Stützrädern

Stellen sie den Sattel höher, und wenn das nichts mehr hilft, dann kaufen sie bei nächster Gelegenheit ein neues, größeres Rad. Es wird immer wieder über die hohen Preise von K. diskutiert. Die Produktion eines Kinderrahmens ist nicht wesentlich billiger, als die eines großen Rahmens. Sie sollten bedenken, daß ein K. genausoviele Teile wie ein großes Fahrrad hat, daß aber viel weniger K. verkauft werden.

Kindersattel; Sitz eines Kinderfahrrades. Der K. ist entsprechend klein und auf die Anatomie von Kindern zugeschnitten. Leider sind die meisten K. von schlechter Qualität, wenn Sie Ihrem Kind etwas gutes tun wollen, dann sollten Sie sich beim Fachhandel nach einem hochwertigen K. erkundigen.

Kindersitz; zusätzlicher Sitz zum Transport von kleinen Kindern auf einem Fahrrad. Es werden viele verschiedene Modelle angeboten. Es sollte darauf geachtet werden, daß der K. stabil und nicht zu schwer ist und vor allem für die ganz Kleinen eine Kopfstütze hat. Sicherheitsgurte sind unbedingt nötig, wenn kleine Kinder auf einem K. transportiert werden, der hinter dem Fahrer über dem Gepäckträger montiert ist. Das Kind sollte auch auf dem K. immer einen Helm tragen! Die meisten Unfälle passieren, indem man nach dem Absteigen das Rad auf dem Ständer abstellt und sich dann davon entfernt. Bei der kleinsten Bewegung des Kindes verliert das Fahrrad das Gleichgewicht und fällt um. Niemals das Fahrrad aus der Hand lassen, solange sich ein Kind noch auf oder im Kindersitz befindet! Bei einer Ausfahrt sollte man bedenken, daß es für ein Kind nicht immer die reine Freude ist stundenlang still sitzen zu müssen. Es sollte häufiger mal eine Pause eingelegt und die Fahrt nicht unendlich ausgedehnt werden.

King, Jürgen; *04. 03. 1963. Radballspieler, Deutschland. Weltmeister 1991, Vize-Weltmeister 1986, 1987 und 1989. Bruder von Werner.

King, Werner; *15. 07. 1961. Radballspieler, Deutschland. Weltmeister 1991, Vize-Weltmeister 1986, 1987 und 1989. Bruder von Jürgen.

Kint, Marcel; *20. 09. 1914. Radrennfahrer, Belgien. Straßen-Weltmeister der Berufsfahrer 1938 in Valkenburg (NL) über 273 km vor Egli (CH) und Amberg (CH). Vize-Weltmeister 1946.

Klahr, William; USA. Erhielt 1883 ein Patent für ein Sicherheitsrad mit kleinem lenkbaren Vorderrad und größerem Hinterrad. Es war der Vorläufer der späteren *Star-Räder.*

Klapprad; zusammenlegbares Fahrrad. Die ersten K. gab es schon 1895. Sie wurden als Militärfahrrad entwickelt. In den Jahren v. 1960–1970 erlebte das K. einen Boom. Das japanische Silk-Rad, als Militärrad konzipiert, erröffnete den Reigen. Unzählige Modelle anderer Firmen folgten. Es gibt K. auch heute noch in sehr anspruchsvoller Ausstattung.

Klassiker; Bezeichnung für die großen traditionellen Straßenrennen aus der Pionierzeit des Radsports, die heute noch durchgeführt werden. Das erste Rennen dieser Art war Bordeaux-Paris, das 1891 zum ersten Mal zur Austragung kam. Das berühmteste ist Paris-Roubaix, das den Beinamen ›Hölle des Nordens‹ trägt.

Klaue, Dr. Ing. H.; Konstrukteur, Deutschland. Entwickelte nach dem Zweiten Weltkrieg Scheibenbremsen für Fahrräder.

Kleidernetz; Netz aus gehäkelter Baumwolle oder bunten Schnüren, das mit einem Haken am hinteren Ausfallende befestigt wird und von dort zum Schutzblech gespannt wird. Am Schutzblech werden die einzelnen Schnüre mit kleinen Haken in eigens dafür vorgesehenen Löchern befestigt. Es soll verhindern, daß Kleidungstücke in die Speichen geraten.

Klemmkonus; konisches Metallteil mit einem Innengewinde. Der K. wird durch Anziehen einer Schraube in ein geschlitztes Rohr gezogen und spreizt es auf, wodurch es festgeklemmt wird. Die Befestigung eines Vorbaus z. B. wird durch einen K. erreicht.

Kleyer, Dr.-Ing. Heinrich; Kommerzienrat, Deutschland. Führte als Leiter der Adlerwerke AG, Frankfurt/ Main, 1881 die industrielle Hochradfertigung in Deutschland ein.

Klickschalter; Teil der Nabenschaltung. Schalthebel, bei dem das Einrasten in die Schaltpositionen durch ein Klick-Geräusch signalisiert wird.

Kloser, Mike; Radrennfahrer, USA. Mountain Bike Weltmeister im Cross Country 1988.

Klotzbremse; über ein Gestänge (ab 1868 über einen Seilzug) wurde durch Drehen der Lenkstange ein Klotz auf das Hinterrad gepreßt. 1867 wurde diese Bremse bei Hochrädern eingeführt.

Kluge, Mike; *25. 09. 1962. Radrennfahrer, Deutschland. Zweimaliger Querfeldein-Weltmeister der Amateure, 1985 und 1987 und der Berufsfahrer 1992, Vize-Weltmeister 1993. Sieger des Mountain Bike Weltcups 1990 und 1991.

Knecht, Hans; *29. 06. 1913, † 09. 03. 1986. Radrennfahrer, Schweiz. Straßen-Weltmeister der Amateure 1938 in Valkenburg (NL), und der Berufsfahrer 1946 über 270 km in Zürich (CH) vor Kint (B) und van Steenbergen (B).

Mike Kluge

Kneteman, Gerrie; *06. 03. 1951. Radrennfahrer, Niederlande. Straßen-Weltmeister der Berufsfahrer 1978 auf dem Nürburgring (D) vor Moser (I) und Marcussen (DK). Zweimal Europameister im Dernyrennen, 1980 und 1981.

Knochenschüttler; Spöttische Bezeichnung für ein eisenbereiftes Michaux-Rad. In England nannte man es Boneshaker.

Knudsen, Knut; *12. 10. 1950. Radrennfahrer, Norwegen.Olympiasieger in der Verfolgung 1972. Verfolgungs-Weltmeister der Amateure 1973, Vize-Weltmeister der Berufsfahrer 1975 und 1977.

Koblet, Hugo; *21. 03. 1925, † 06. 11. 1964 Radrennfahrer, Schweiz. Sieger des Giro d'Italia 1950. Sieger der Tour de France 1951 vor Gèminiani (F) und Lazaridés (F). Er erhielt den Beinamen ›Pedaleur de Charme‹.

Kofferraumträger; Fahrradträger, der nicht auf dem Dach eines Autos, sondern auf dem Deckel des Kofferraumes befestigt wird. Auf diese Weise hält man die Fahrzeugsilhouette niedrig und verringert den Treibstoffverbrauch.

Koje; Liege in einer Kabine im Innenraum der Bahn bei Sechstagerennen. Auf der K. ruhen sich die Fahrer zwischen den Jagden aus.

Kombine; regelwidrige Zusammenarbeit von Radrennfahrern während eines Rennens gegen andere Teilnehmer, um sich einen Vorteil zu verschaffen.

konifizierte Rohre; Rohre zum Bau eines Fahrradrahmens, die im Innern zu den Enden hin verstärkt sind. Mit ihnen kann ein leichter Rahmen gebaut werden, der durch die Verstärkungen trotzdem sehr verwindungssteif ist.

Königshofer, Roland; *24. 10. 1962. Radrennfahrer, Österreich. Steher-Weltmeister der Amateure 1989, 1990 und 1991, der Berufsfahrer 1993 und 1994.

Konkina, Anna; Radrennfahrerin, UDSSR. Zweimal Straßen-Weltmeisterin 1970 in Leicester (GB) und 1971 in Mendrisio (CH).

Konstantinidis; Radrennfahrer, Griechenland. Sieger des ersten Olympischen Straßenrennens 1896 in Athen über 87 km.

Kontermutter; Schraubenmutter, die auf der gleichen Schraube gegen eine andere gespannt wird, um zu erreichen, daß die andere Mutter in ihrer Position bleibt. Bei den Achsen der Laufräder wird auf diese Weise die Einstellung der Konen gesichert.

Konterring; Stahlring mit einem Innengewinde, der zur Fixierung einer Lagerschale oder eines Ritzels verwendet wird.

Konterringschlüssel; Spezialwerkzeug. Ein meist mit einem Haken versehener Griff, zum Anziehen und Lösen von Konterringen.

Konus; Zylinder, der sich zu seiner oben abgeflachten Spitze konisch verjüngt. Er wird als Befestigungsteil zum Spreizen von Rohren (Spannkonus) und als Gegenlager bei *Konuslagern* verwendet.

Konuslager; ein oben abgeflachter konischer Zylinder, dessen umlaufende Flanke für den Kugellauf gedreht oder geschliffen ist, bildet zusammen mit einem Kugellager und einer Lagerschale ein Lager. K. werden in Steuersätzen, Tretlagern und Naben verwendet.

Konusschlüssel; Spezialwerkzeug zum Einstellen von Konen (*Konus*). Meist sehr schmaler Maulschlüssel. Es gibt, je nach Einsatzzweck, K. mit verschiedenen Schlüsselweiten.

Kopfgruppe; Gruppe von Rennfahrern, die vom Feld herausgefahren ist und nun die Spitze des Rennens bildet.

Kopfschutz; Kopfverletzungen gehören zu den schwersten, deshalb ist bei den meisten Radrennen ein K. zwingend vorgeschrieben. Früher wurde ein *Sturzring* verwendet, heute hat sich der *Helm* durchgesetzt. Ein K. ist nicht nur für Sportler wichtig, auch der Alltagsradfahrer gerät häufig in gefährliche Situationen in denen ein Helm schützt. Kinder sollten niemals ohne Helm fahren.

Kopfsteinpflaster; ist heute zum Glück für die Radfahrer nicht mehr oft anzutreffen, denn es macht das Radfahren zur Qual. In einigen Radrennen, wie den belgischen Frühjahrsklassikern werden immer noch einige Strecken mit K. eingebaut. Sie erschweren den Wettbewerb und tragen so zur Selektion der Fahrer bei.

Koppel, Rudolph H.; Erfinder, Berlin (D). Baute 1894 ein skuriles Einrad mit überdimensioniertem Rad, in dem ein Dreirad lief, auf dem der Fahrer saß. Diese Erfindung trug nichts zur Weiterentwicklung des Fahrrades bei, sie war schlicht ein Flop.

Korrosion; Vorgang von Veränderungen der Materialoberflächen von Metall durch äußere Einflüsse. Man unterscheidet drei Arten von K.: Bei chemischer K. zersetzen Säuren und Sauerstoff die Oberfläche, bei der elektrochemischen K. wird das Metall durch Stromfluß zwischen zwei Metallen mit dazwischen befindlichen

Konusschlüssel

Kopfsteinpflaster beim Rennen »Paris-Roubaix«

Elektrolyten zerfressen. Wenn sich zwischen zwei verschiedenen im Eisen eingebetteten Kristallen eine leitende Flüssigkeit befindet, dann wird ein Kristall zersetzt, das nennt man interkristalline Korrosion. Für den Radfahrer ist K. häufig einfach Rost, den es zu bekämpfen gilt. Allerdings sollte K. rasch bekämpft, und davon betroffene Teile möglichst schnell ausgewechselt werden, da es zu Brüchen in Folge von Materialschwäche kommen kann.

Korrosionsschutz; es gibt passiven K. durch das Auftragen von Lack, Öl, Fett, Wachs usw. und aktiven K., dabei werden Metalle so legiert, daß eine Korrosion ausgeschlossen ist.

Kos, R.; Radrennfahrer, Niederlande. Steher-Weltmeister der Berufsfahrer 1981.

Kowalski, Janusz; Radrennfahrer, Polen. Straßen-Weltmeister der Amateure 1974 in Montreal (CAN).

Kranz; Kz. für a) *Zahnkranz* b) *Siegerkranz.*

Kremer-Preis; vom englischen Industriellen Henry Kremer 1959 ausgesetzter Preis über 5000 Pfund Sterling für den, dem es als Erstem gelänge, mit einem mit Muskelkraft betriebenen Apparat eine Acht um zwei 800 m voneinander entfernte Pfosten in einer Höhe von 3,3 m zu fliegen. Zuerst war der Wettbewerb auf Großbritannien beschränkt. Nach dem es aber bis 1967 nicht gelungen war die Bedingungen zu erfüllen, wurde der Preis verdoppelt und weltweit ausgeschrieben. 1973 wurde das Preisgeld auf 50 000 Pfund erhöht. Endlich, am 23. August 1977 gelang es dem amerikanischen Radrennfahrer Bryan Allen mit dem Flugzeug Gossimer Condor des amerikanischen Flugingenieurs und Aerodynamikers Dr. Paul MacCready, auf dem Shafter-Airport bei Bakersfield/Kalifornien (USA), den Preis zu erringen.

Kreuzrahmen; Rahmenform, die 1887 erstmals durch die britische Fahrradfabrik Hillman, Herbert & Co. gebaut wurde. Das Oberrohr dieses Rahmens verlief in direkter Richtung vom Steuerkopf zum Ausfallende. Es kreuzte das Sitzrohr und ging in die Hinterbaustreben über.

Kriterium; Rundstreckenrennen mit Punktwertung. Sieger ist der Fahrer, der am Schluß des Rennens die meisten Punkte in den *Wertungssprints* erringen konnte. Gelingt einem Fahrer die Überrundung des Feldes, dann geht dieser Rundengewinn vor Punktgewinn und er ist somit Sieger. K. werden auf, für den allgem. Verkehr gesperrten, Rundstrecken mit Längen zwischen 800 m und 1600 m ausgefahren. In den Wertungssprints werden 5, 3, 2, 1 Punkt vergeben, in der Schlußwertung gibt es 10, 6, 4 und 2 Punkte. Haben zwei Fahrer gleich viele Punkte, dann entscheidet die Reihenfolge des Zieleinlaufs über die Plazierung. K. dürfen bei der Länge einer Runde von max. 1600 m nicht länger als 80 km sein.

Krupat; Radrennfahrer, Deutschland. Berühmter Sechs-Tage-Fahrer. Erzielte zusammen mit seinem damaligen Partner Huschke den bis heute gültigen, absoluten Sechs-Tage-Rekord mit 5544,2 zurückgelegten Kilometern beim Berliner Sechstagerennen von 1924. Dieser Rekord war möglich, weil damals bei den Rennen 24 Stunden pro Tag gefahren wurde. Heute ist das nicht mehr erlaubt.

Kübler, Ferdinand; *24. 07. 1919. Radrennfahrer, Schweiz. Straßen-Weltmeister der Berufsfahrer 1951 in Varese (I) vor Magni (I) und Bevilaqua (I). Sieger der Tour de France 1950 vor Okkers (B) und Bobet (F), Zweiter 1954 hinter Bobet. Dreimal Sieger der Tour de Swiss, 1942, 1948, 1951. Sieger vieler klassischer Radrennen. Erfolgreichster Radrennfahrer der Schweiz.

Kugelkäfig; Ring aus Blech oder Kunststoff, der die Kugeln eines Kugellagers in gleichen Abständen zueinander hält und damit Reibung unter ihnen verhindert.

Kugellager; Wälzlager, bei denen die Wälzkörper die Drehbewegung zulassen. Sie bestehen aus Außen- und Innenring, Wälzkörpern (Kugeln, Rollen oder Kegeln) und (nicht immer) einem Wälzkörperkäfig. Allerdings nennt man häufig auch Rollen- oder Kegellager einfach K., weil ihre Aufgabe die Selbe ist.

Kugelnippel; Endstück für Bowdenzüge, das die Form einer Kugel besitzt. Es wird durch Löten oder Quetschen befestigt und dient zum Einhängen des Zuges.

Kuiper, Hennie; *03. 02. 1949. Radrennfahrer, Niederlande. Straßen-Weltmeister der Berufsfahrer 1975 in Yvoir (B) vor De Vlaeminck (B) und Danguillaume (F). Sieger des Olympischen Straßenrennens 1972. Sieger

Hennie Kuiper

der Tour de Swiss 1976. Zweimal Zweiter der Tour de France, 1977 und 1980.

Kulibin, Iwan Petrowitsch; *1735, † 1818. Russland. Baute 1791 einen leichten dreirädrigen Tretwagen. Er hatte ein Zweigang-Wechselgetriebe mit Zahnrädern. Es war das erste Wechselgetriebe der Welt.

Kummer, Mario; *06. 05. 1962. Radrennfahrer, Deutschland. Zweimal Mannschafts-Weltmeister im Zeitfahren, 1981 und 1989. Olympiasieger im Mannschaftsfahren 1988.

Kunde, Karl-Heinz; Radrennfahrer, Köln (D). 1965 war er 5. der Straßen-Weltmeisterschaft. Erwarb sich während der Tour de France 1966, in deren Verlauf er 5 Tage im Gelben Trikot des Spitzenreiters fuhr den Beinamen ›*Bergfloh*‹ und belegte in der Gesamtwertung einen hervorragenden 9. Platz. 1970 gewann er den Bergpreis der Tour de Swiss.

Kundendienst; Service-Leistung eines Fahrradhändlers, aber auch die der Hersteller. Am K. kann man erkennen, wie eine Firma sich für ihre Kunden einsetzt. Deshalb achten sie nicht nur auf den Preis, denn häufig ist der K. von Billiganbietern nicht besonders gut, weil er in der Kalkulation der Preise nicht berücksichtigt ist.

Kunstfahren; auch Kunstradfahren. Eine der Saalsportarten mit artistischen Vorführungen auf dem Kunstrad. Die deutschen Kunstradfahrer nehmen mit dem Gewinn vieler Weltmeisterschaften eine Spitzenstellung ein.

Kunstledereinsatz; das *Innenleder* der Rennhose wird häufig durch einen K. ersetzt. *Laborleder.*

Kunststoff; wird bei vielen Teilen des Fahrrades eingesetzt. Ausgangsstoffe zur Herstellung von K. sind Erdöl, Kohle, Kalk, Luft, Wasser, Siliziumdioxid und Naturstoffe. Man teilt K. in verschiedene Gruppen ein: a) Nichthärtende K., die Thermoplaste, aus ihnen werden z. B. Regenschutzkleidung und Brillen hergestellt, b) härtende K., die Duroplaste, aus denen Zahnräder und Gehäuse produziert werden, c) Kunstgummi, die Elastoplaste werden zur Herstellung von Dämpfungselementen und Reifen benutzt, d) die aus Siliziumdioxid hergestellten Silikone, aus denen man Silikon-Öle und -Harze herstellt, e) aus Holz hergestellte Zellulosek., die z. B. zur Produktion von Verpackungsmaterial dienen. Die Entwicklung von K. geht rasant weiter und man darf gespannt sein, was uns die Zukunft bringt.

Kunststoffbeschichtung; statt einer Lackierung werden heute Fahrradrahmen häufig mit Kunststoff beschichtet. Das geschieht im elektrostatischen Verfahren oder, etwas einfacher, indem man den Rahmen auf ca. 210 Grad erwärmt und dann in einen mit farbigem Pulver gefüllten Behälter taucht. Das Pulver schmilzt auf der Oberfläche und ergibt einen gleichmäßigen Überzug. K. sind durch ihre Resistenz gegen agressive Stoffe und ihre Schlagfestigkeit ein sehr stabiler und langlebiger Oberflächenschutz.

Kurbel; Teil des Tretlagers. Linker und rechter Hebelarm, die auf der Tretlagerachse befestigt sind und an deren freien Ende die Pedale eingeschraubt sind. An der rechten K. sind am Kurbelstern die Kettenblätter befestigt. Die K. übertragen die Kraft vom Pedal über die Kettenblätter auf die Kette.

Kurbelabzieher; Spezialwerkzeug zur Demontage der Tretkurbeln von der Tretlagerachse.

Kurbelarm; Hebel der rechten und linken Kurbel des Tretkurbelsatzes.

Kurbelkeil; einseitig angeschrägter leicht zylindrischer Metallbolzen mit einem Gewindestück am Ende. Er dient zur Befestigung der Kurbeln auf der Achse eines Keil-Tretlagers.

Kurbellänge; da die Kurbel des Tretlagers ein Hebel ist, hat ihre Länge Bedeutung für die aufzuwendende Kraft. Für verschiedene Einsatzzwecke und Beinlängen gibt es deshalb unterschiedliche K. Bei Kinderrädern finden Kurbeln ab 150 mm Verwendung. Bei Standard-Fahrrädern baut man die Länge von 165 und 170 mm ein. Bahnrennrädern sind mit 165 und 167,5 mm langen Kurbeln ausgerüstet. Bei Straßenrennrädern sind 170, 172,5 und 175 mm üblich. Mountain Bikes werden am häufigsten mit 175 mm und seltener mit 170 mm langen Kurbeln gefahren. In seltenen Fällen findet man auch Längen von 177,5 und 180 mm.

Kurbelsatz; Teil des Tretlagers. Linker und rechter Tretarm mit den Kettenblättern.

Kurbelschlüssel; Spezialwerkzeug zur Montage von Vierkant-Kurbeln auf der Achse. Ein Sechskant-Steckschlüssel, der mit seinem Außendurchmesser in die Aussparung der Kurbel hineinpaßt und zum Anziehen der Kurbelbefestigungs-Schraube oder -Mutter dient.

Kurbelschraube; Schraube zur Befestigung von Vierkant-Kurbeln auf der Tretlagerachse.

Kurbelstern; Teil der rechten Kurbel des Tretkurbelsatzes. Aufnahme für die Kettenblätter.

Kurbelumdrehung; *Trittfrequenz.*

Kurzarmtrikot; Teil der Radsportbekleidung. Meist buntes, eng anliegendes Hemd für die warme Jahreszeit, mit kurzen Ärmeln und Reißverschluß am Kragen. Am Rücken sind drei Taschen für die Aufnahme von Verpflegung und anderen Dingen angebracht.

L

Labor-Leder; Einsatz für die Rennhose aus Kunstleder, statt des Naturleders. Der Vorteil ist die leichte Verarbeitung, die Form- und Waschbeständigkeit und das schnelle Trocknen nach der Wäsche.

Labyrintdichtung; wird an Achsen, Schalen und Konen von Lagern angebracht, um das Eindringen von Schmutz zu verhindern. Man findet sie am Fahrrad vor allem beim Innenlager des Tretlagers, beim Steuersatz und bei der Vorder- und Hinterradnabe.

Lacquehay, Charles; *04. 11. 1897, † 04. 10. 1975. Radrennfahrer, Frankreich. Zweimal Steher-Weltmeister der Berufsfahrer, 1933 und 1935, Vize-Weltmeister 1936.

Lager; im Maschinenbau sind L. Teile zum Tragen oder Stützen von Wellen und Zapfen. Man unterscheidet Stütz-, Reib- und Gleitlager. Beim Fahrrad gibt es: Lenklager (Steuersatz), Innenlager (Tretlager), Nabenlager (Achslager) und andere bei Schaltung und Bremse.

Lagerpatrone; *Innenlager, Patronenlager.*

Lagerschale; Teil des Tretlagers. Rechte und linke L. gehören zum Innenlager. Dort bilden sie zusammen mit dem Achskonus und den Kugeln oder Kugelringen die rechte und linke Lagerung der Tretlagerachse.

Lallement, Pierre; Frankreich. 1863 Mitarbeiter von Pierre Michaux. 1864 ausgewandert nach Amerika. Produzierte ab 1864 zusammen mit seinem Partner Carrol (USA) die ersten *Draisinen* in Amerika. 1866 erhielt er ein amerikanisches Patent auf lenkbare Draisinen.

Lamboley, Jean-Jacques; Radrennfahrer, Frankreich. Steher-Weltmeister der Berufsfahrer 1948, Vize-Weltmeister 1947.

Lambot, Firmin; *14. 03. 1886, † 19. 01. 1964. Radrennfahrer, Belgien. Zweimal Sieger der Tour de France, 1919 und 1922, Dritter 1920.

Landis, E.; Erfinder, USA. Konstruierte 1860 ein Kinderfahrrad, das einem Schaukelpferd ähnelte. Durch die Schaukelbewegung wurde ein Kurbelantrieb in Bewegung gesetzt, der das Gefährt vorwärts rollen ließ.

Landsmann, Maik; *25. 10. 1967. Radrennfahrer, Deutschland. Olympiasieger im Mannschafts-Zeitfahren 1988. Weltmeister im Mannschafts-Zeitfahren 1989.

Langarmtrikot; eng anliegendes Hemd für die kühle Jahreszeit, mit einem Reißverschluß am Kragen und langen Ärmeln. Am Rücken sind drei

Taschen zur Aufnahme von Verpflegung und anderen Dingen angebracht.

Langlaufreifen; Fahrradreifen aus einer speziellen Gummimischung, der sich durch besondere Haltbarkeit auszeichnet. Wird vor allem bei Touren- und Trekkingrädern verwendet.

Schwalbe Langlaufreifen

Langmark, Frederick; Erfinder, USA. Baute 1886 zusammen mit Peter Strief ein Einrad, das auf der Mechanikmesse von San Franzisco (USA) ausgestellt wurde. Es bestand aus einem überdimensionierten Rad, in dessen Innern eine Art Dreirad montiert war, auf dem der Fahrer saß. Erfolg war dem Vehikel nicht beschieden.

Lapébie, Guy; *28. 11. 1916. Radrennfahrer, Frankreich. Olympiasieger in der Mannschafts-Verfolgung und im Mannschafts-Zeitfahren, außerdem Silbermedaillengewinner des Straßenrennens 1936. Bruder von Roger.

Lapébie, Roger; *16. 01. 1911. Radrennfahrer, Frankreich. Sieger der Tour de France 1937 vor Vicini (I) und Amberg (CH), Dritter 1934. Bruder von Guy.

Lapize, Octave; *24. 10. 1889, † 14. 07. 1917. Radrennfahrer, Frankreich. Erfolgreichster Straßenfahrer vor dem Ersten Weltkrieg. Sieger der ersten beiden Pyrenäen-Etappen in der Geschichte der Tour de France. Er schaffte damit die Voraussetzung zum Gesamtsieg 1910 vor Faber (L) und Garrigou (F). Außerdem gewann er dreimal (1909–1911) »Paris-Roubaix«, »Paris-Brüssel« (1911–1913) und einmal »Paris-Tours« (1910).

Lastenrad; *Transportrad.*

Laterne Rouge, (frz.); Rote Laterne. Ehrenpreis für den Letzten der Gesamtwertung der Tour de France. Er ist sehr begehrt, weil er dem Empfänger lukrative Verträge im Anschluß an die Tour beschert.

Latzhose; Teil der Sportbekleidung. Wird auch Trägerhose genannt. Eine Rennhose, an die Träger angenäht sind.

Laubach, Prof. William; Erfinder, USA. Baute 1868 ein interessantes Rad, bei dem sich Vorder- und Hinterrad zugleich lenken ließen. Beide Räder liefen in Kurven in der gleichen Spur und stellten sich bei Geradeausfahrt durch das Körpergewicht des Fahrers wieder wieder zurück.

Laufantrieb; die Vorläufer unserer Fahrräder waren Laufräder. Der Fahrer saß auf einem Gestell mit zwei Rädern und stieß sich mit den Füßen ab. Der französische Graf de Sivrac zeigte sich 1791 erstmals in den Gärten des Palais Royal in Paris auf einer Célérifère, einem Laufrad ohne Lenkung. Erst 1816 erfand Freiherr Karl von Drais zu Sauerbronn das erste lenkbare Laufrad, die *Draisine.*

Laufmaschine; Vorläufer des Fahrrades. In der Mitte des 18. Jahrhunderts wurden zweirädrige Gefährte, auf denen der Fahrer saß und sich mit den Fußspitzen vom Boden abstieß, zu Spielzwecken gebaut. Sie besaßen noch keine Lenkung. Diese gab es erst ab 1816 an der von Baron *Drais* von Sauerbronn erfundenen *Draisine.*

Laufrad; a) *Vorder-* oder *Hinterrrad* des Fahrrades. b) *Draisine*. Vorläufer des Fahrrades. 1816 von Baron *Drais* von Sauerborn konstruiert.

Laufstreifen; Teil des Reifens. Der L. ist die Oberfläche des Reifens auf der das Fahrrad rollt. Er wird auch Protektor genannt.

Lawson, Henry John; England. Baute 1879 das *Safety*, ein Sicherheitsrad mit einem Vorderrad, das noch etwas größer, als das Hinterrad war. Da der Fahrer mühelos mit den Füßen den Boden erreichen konnte, war es erheblich sicherer, als die damals üblichen Hochräder.

Ledereinsatz; *Innenleder* der Rennhose. Es lindert die Reibung und den Druck und schützt somit das Hinterteil des Fahrers vor Verletzungen.

Ledersattel; Fahrradsitz, mit einer Leder-Oberfläche. L. gibt es in den verschiedensten Ausführungen: Gefedert und ungefedert, als Damen- und als Herrensattel und als speziellen Rennsattel. Sogar moderne Rennsättel haben immer noch eine Lederdecke über ihrer Karkasse aus Kunststoff. Früher mußten L. mit Lederfett gepflegt werden, heute wird das Leder so vorbereitet, daß eine spezielle Pflege nicht mehr notwendig ist.

Lederzug-Scheibenantrieb; über Winkelhebel wurden Lederriemen hin und her bewegt. Die Kraftübertragung wurde durch zwei Freilauf-Riemenscheiben bewerkstelligt. 1910 bastelten schwedische Konstrukteure an dieser Erfindung. Sie wurde im Swea-Damenrad (*Swea-Rad*) eingebaut.

Leducq, André; *27. 02. 1904, † 18. 06. 1980. Radrennfahrer, Frankreich. Straßen-Weltmeister der Amateure 1924 in Paris (F). Zweimal Sieger der Tour de France 1930 und 1932 (vor Stöpel, Deutschland), Vierter 1927, Zweiter 1928.

Leerlaufkörper; Teil des Zahnkranzes. Er beherbergt die Lagerung und den Mechanismus mit den Sperrklinken, die den Freilauf ermöglichen. Auf den L. werden die Ritzel gesteckt bzw. geschraubt.

Leerlaufzahnkranz; Teil des Antriebs. der L. besteht aus dem Leerlaufkörper und 1 bis 8 einzelnen Zahnkränzen, den Ritzeln. Er wird auf der rechten Seite der Nabe des Hinterrades festgeschraubt, deshalb nennt man ihn auch Schraubkranz.

Lefèfre, Geo; Redakteur der französischen Sportzeitschrift ›L'Auto-Vélo‹, deren Chef Henry *Desgrange* war. L. Hatte 1903 die Idee zu einem Radrennen durch ganz Frankreich. Sein Chef, Henry Desgrange, veranstaltete daraufhin die erste *Tour de France.*

Lehmann, Jens; *19. 12. 1967. Radrennfahrer, Deutschland. Weltmeister in der Einer- und in der Mannschafts-Verfolgung 1991. Vize-Weltmeister in der Verfolgung 1989. Olympiasieger in der Mannschafts-Verfolgung 1992.

Lehr, August; *26. 02. 1871, † 15. 07. 1921. Radrennfahrer, Deutschland. Sprint-Weltmeister der Amateure 1894 in Antwerpen (B). 1887 gewann er als zweiter den von Kaiser Wilhelm I. 1896 gestifteten Kaiser-Preis.

Leichtlaufrad; relativ leichtes, sportliches Fahrrad mit Kettenschaltung und Schmalspurbereifung.

Leichtteile; werden hauptsächlich an Rennrädern und Mountain Bikes verwendet. Meistens handelt es sich um Teile oder Komponenten, die unter Verwendung von Leichtmetallen, wie Aluminium oder Titan hergestellt werden. Im Vordergrund steht dabei ein möglichst niedriges Gewicht. Bei radikaler Verwendung solcher Teile kann ein Rennrad unter 7 kg wiegen. Allerdings muß man darauf hinweisen, daß L. häufig nicht die gleiche Festigkeit, wie Stahlteile besitzen und somit ein nicht geringes Sicherheitsrisiko darstellen. Bei Achsen, Schnellspannern, Sattelklemmbolzen und Vorbaubefestigungsschrauben sollte man besonders vorsichtig sein und sehr gut überlegen, ob man diese durch L. ersetzt.

Leihrad; Fahrrad, das man sich ausleihen kann. Vor allem in den Ferien sind L. sehr gefragt. In vielen Hotels und auch an Bahnhöfen werden sie angeboten.

LeMond, Gregory; *26. 06. 1961. Radrennfahrer, USA. Weltmeister im Straßenrennen der Junioren 1977. Zweimal Straßen-Weltmeister der Berufsfahrer 1983 und 1989, Vize-Weltmeister 1982 und 1985. Dreimaliger Sieger der Tour de France, 1986, 1989 und 1990, Zweiter 1985.

Lenker; Teil des Fahrrades. Auch Lenkstange. Ein Rohr, das 180 Grad zur Fahrtrichtung durch den Vorbau im Steuerrohr montiert wird. An den beiden Enden sind meist Griffe angebracht, auf die die Hände gestützt werden. Mit dem L. wird in die jeweilige Fahrtrichtung gesteuert. Es gibt viele verschiedene L.-Formen. Sie werden aus Stahl, Aluminium und vereinzelt auch aus Carbon hergestellt.

Lenkeraufsatz; Griff oder Rahmen, der an einem vorhandenen Lenker montiert wird, um dem Fahrer zusätzliche Griffpositionen zu ermöglichen. L. wurden zuerst bei Triathlon-Rädern verwendet, um eine bessere

Aerodynamik des Fahrers zu erreichen, aus dem gleichen Grund wurden L. später auch bei Rennrädern zu Zeitfahren montiert.

Lenkerbruch; einer der unangenehmsten und gefährlichsten Defekte, die während der Fahrt auftreten können. Ein Sturz mit schlimmen Verletzungen ist nahezu unvermeidbar. Achten sie deshalb immer darauf, daß der Lenker ihres Fahrrades nicht verbogen ist oder Risse aufweist. Ein Alarmsignal sind plötzliche Geräusche, die beim Ziehen am Lenker auftreten. Im Zweifelsfall sollte ein Lenker ausgetauscht werden. Vor allem Aluminiumlenker sind bruchgefährdet, deshalb sollten sie beim Kauf nicht sparen und immer auf Qualität achten.

Lenkerendschalthebel; Teil der Kettenschaltung. Schalthebel, der in das offene Ende des Lenkers gesteckt und dort festgeschraubt wird. Der L. erlaubt sicheres und schnelles Schalten, ohne den Lenker loszulassen. L. werden häufig bei Querfeldein-Rennrädern verwendet.

Lenkergriff; Griff, der auf der rechten und linken Seite zur besseren Handhabung über das Ende eines Lenkers geschoben wird. L. gibt es aus Gummi und verschiedenen Kunststoffen. Als Naturstoff findet Kork Verwendung. Die Form der L. ist sehr unterschiedlich. Es gibt sie mit glatter und genoppter sowie anatomisch geformter Oberfläche.

Lenkerschaft; findet man an Lenkern, bei denen Vorbau und Lenker aus einem Stück sind. Der L. ist dabei das Teil, das in den Gabelschaft gesteckt und dort festgespannt wird. Bei einem Vorbau, in den ein Lenker hineingesteckt wird, ist es der Vorbauschaft, der die gleiche Funktion erfüllt. Der L. wird häufig mit dem Gabelschaft, in den er hineingesteckt wird, verwechselt.

Lenkerschalthebel; alle Schalthebel, die am Lenker befestigt werden, wie z. B. der Klick-Schalter der Dreigangschaltung, oder der Daumenschalter, den man bei Mountain Bikes findet.

Lenkerstopfen; Verschlußstück des Lenkerrohres. Es gibt sie aus Gummi und aus Kunststoff mit unterschiedlichem Aussehen, einfach schwarz oder hochglanz Verchromt. Ein Flaschenkorken, in den Lenker geschlagen, erfüllt den selben Zweck. Ohne L. besteht in Folge eines Sturzes die Gefahr von schweren Verletzungen durch das Rohr des Lenkers. Bei Radrennen sind L. zwingend vorgeschrieben.

Lenkervorbau; verbindet Lenker und Gabel miteinander. Durch eine Bohrung im Kopf des Vorbaus wird der Lenker 90° zur Fahrtrichtung gesteckt und mittig festgeklemmt. Der Vorbau wird dann mit seinem Schaft in den Gabelschaft gesteckt und mit einem Konus festgeklemmt, dadurch wird eine starre Verbindung zur Gabel hergestellt, die im Steuersatz gelagert nun durch den Lenker nach rechts und links bewegt werden kann. L. werden aus Stahl und Aluminium in verschiedenen Schaftlängen hergestellt. Das Maß von der Mitte des Schaftes bis zur Mitte der Lenkerbohrung bezeichnet man als Vorbaulänge. Je nach der Körpergröße und der Armlänge kann man sich das richtige Maß von 3–14 cm aussuchen. Zur individuellen Anpassung und zum ›Mitwachsen‹ gibt es auch verstellbare Vorbauten.

Lenkstange; Fahrradlenker. Gerade in der Anfangszeit der Fahrräder war der Lenker häufig nichts anderes, als eine einfache Eisenstange, die 90 Grad zur Fahrtrichtung befestigt war.

Lenkung; die L. eines Fahrrades besteht aus der Gabel, dem Lenklager (Steuersatz) und dem Vorbau mit dem Lenker. Die ersten Zweiräder waren ohne Lenkung ausgestattete Spielzeuge. Mit der Erfindung der Draisine 1816 kam auch die L. und machte in der Folge das Fahrrad zu einem Gebrauchsfahrzeug. Die heutigen Räder besitzen alle eine Vorderrad-L. In der Vergangenheit gab es auch Konstruktionen mit Hinterrad-L., die sich aber nicht bewährten.

Lenkungslager; Teil der Steuerung. Das L. verbindet den Rahmen und die Gabel beweglich miteinander. *Steuersatz.*

Lenkungsschloß; Fahrradschloß, das am Steuerkopf eines Rahmens montiert ist und durch einen Bolzen, der in den Gabelschaft einrastet, die Lenkung blockiert.

Leoni, Adolfo; Radrennfahrer, Italien. Straßen-Weltmeister der Amateure 1937 in Kopenhagen (DK).

Lesueur, Raoul; *29. 04. 1912, † 19. 08. 1981. Radrennfahrer, Frankreich. Zweimal Steher-Weltmeister der Berufsfahrer, 1947 und 1950, Dritter 1949.

Les Vélociféres; Operette um das gleichnamige Laufrad. Komponiert von den Franzosen Depaty, Chazet und Moreau. Die Uraufführung fand am 19. 05. 1804 im Théatre du Vaudeville in Paris (F) statt.

Letzte Runde; die L. wird bei allen Radrennen mit einer Glocke eingeläutet. Sie dient der Vorbereitung auf den Endspurt. Ihre Ankündigung mobilisiert oft ungeahnte Kraftreserven bei den Rennfahrern.

Liboton, Roland; *06. 03. 1957. Radrennfahrer, Frankreich. Querfeldein-Weltmeister der Amateure 1978. Viermaliger Querfeldein-Weltmeister der Berufsfahrer 1980 und 1982–1984, Vize-Weltmeister 1981.

Lichtanlage; Teil der Sicherheitseinrichtung. Besteht aus Scheinwerfer, Rücklicht und Dynamo. Bei Batteriebeleuchtungen entfällt der Dynamo zugunsten von Batterien oder Accus.

Lichtkabel; kunststoffummantelte Drahtlitze aus Kupfer, durch die der vom Dynamo entwickelte Strom zu Scheinwerfer und Rücklicht fließt.

Liége-Bastogne-Liége; eines der großen klassischen Radrennen in Belgien. Es wurde 1892 zum ersten Mal ausgetragen. Ab 1894 starteten Berufsfahrer. Eddy Merckx (B) gewann fünf Mal. Die Deutschen Hermann

Löffelbremse eines Hochrads

Buse und Didi *Thurau* holten sich 1930, bzw. 1979 den Sieg.

Liegerad; wurde aus den Sesselrädern entwickelt. Der Luftwiderstand wird durch den liegenden Fahrer erheblich gesenkt, wodurch die Geschwindigkeit sehr gesteigert wird.

Linart, Victor; Radrennfahrer, Belgien. Viermaliger Steher-Weltmeister der Berufsfahrer, 1921, 1924, 1926 und 1927, Vize-Weltmeister 1920 und 1929, Dritter 1928 und 1931.

Link, Karl; *27. 07. 1942. Radrennfahrer, Deutschland. Weltmeister und Olympiasieger in der Mannschafts-Verfolgung 1964, Silbermedaillengewinner 1968, Vize-Weltmeister 1966.

Löffelbremse; eine auf das Vorderrad des von John Kemp Starley 1888 vorgestellten Fahrrades Rover III wirkende mechanische Bremse.

Lohmann, Walter; *21. 07. 1911, † 18. 04. 1993. Radrennfahrer, Deutschland. Steher-Weltmeister der Berufsfahrer 1937 in Kopenhagen (DK), Vize-Weltmeister 1938 und 1952.

Lokalmatador; ein erfolgreicher, populärer Sportler als Teilnehmer einer Sportveranstaltung in seiner Heimatstadt. Das einheimische Publikum identifiziert sich mit ihm und wünscht seinen Erfolg.

Long-Cage-Schaltwerk; Schaltwerk mit einem langen Kettenkäfig, das aufgrund der großen Übersetzungsbreite und der dadurch nötigen langen Kette bei Mountain Bikes und Trekking Rädern benötigt wird.

Longo-Ciprelli, Jeannie; *29. 10. 1958. Radrennfahrerin, Frankreich. Viermalige Straßen-Weltmeisterin, 1985–1987 und 1989. Viermal Verfolgungs-Weltmeisterin, 1986, 1988, 1989 und 1993. Weltmeisterin im Punktefahren 1989. Dreimal Siegerin der Tour de France Féminin, 1987–1989. Mehrfache Rekordhalterin über 5, 10, und 20 km und Inhaberin des Stundenweltrekords der Damen mit 44,77 km.

Longo, Renato; *09. 08. 1937. Radrennfahrer, Italien. Fünfmaliger Querfeldein-Weltmeister der Berufsfahrer, 1959, 1962, 1964, 1965 und 1967, Vize-Weltmeister 1961 und 1963, Dritter 1969.

Looy, Rik van; Radrennfahrer, Belgien. Zweimal Straßen-Weltmeister der Berufsfahrer 1960 in Hohenstein-Ernstthal (DDR) vor Darrigade (F) und Cerami (I) und 1961 in Bern (CH) vor Defilippis (I) und Poulidor (F), Vize-Weltmeister 1963 hinter Beheyt (B). Er war ein Ausnahmerennfahrer. Ihm gelang es als einzigem alle berühmten Klassiker zwei- oder mehrmals zu gewinnen.

Löten; das Herstellen einer Verbindung zwischen Metallteilen durch eingebrachtes Lot. Man unterscheidet Weich- und Hartlöten. Fahrradrahmen werden hart gelötet, dazu werden Muffe und Rohr auf Temperaturen zwischen 595–620 Grad Celsius erwärmt, wodurch das Lot in die Zwischenräume fließt.

Low Profile Brake, (engl.); Bremse mit schmalem Profil. Eine L. ist eine moderne *Cantilever-Bremse*, wie sie an Mountain Bikes und Trekking Rädern verwendet wird. Ihre Schenkel stehen in einem flachen Winkel zu den Rahmenrohren, dadurch erhält man einen günstigeren Kraftarm und eine verbesserte Aerodynamik.

Low Rider, (engl.); Vorderrad-Gepäckträger, der aus zwei, rechts und links, an der Gabel befestigten Rahmen besteht, in die Gepäcktaschen eingehängt werden.

Luding, Christa; *04. 12. 1959. Eisschnelläuferin und Radrennfahrerin, Deutschland. Unter ihrem Mädchennamen Rothenburger Sprint-Weltmeisterin 1986, Vize-Weltmeisterin 1987 und Silbermedaillengewinnerin der Olympischen Spiele 1988. Im Eisschnellauf Olympiasiegerin 1984 und 1988.

Ludwig, Olaf; *13. 04. 1960. Radrennfahrer, Gera (D). Silbermedaillengewinner im Straßenrennen 1980. Weltmeister im Mannschaftsfahren 1981 und 1988. Sieger der Friedensfahrt 1982 und 1986. Olympiasieger im Straßenrennen 1988. In seinem ersten Jahr als Berufsfahrer, 1990, gewann er eine Etappe der Tour de France und wurde Sieger der Punktwertung. Einen hervorragenden zweiten Platz belegte er 1992 beim belgischen Klassiker Paris-Roubaix hinter Gilbert Duclos-Lasalle (F). Im selben Jahr gewann er das Amstel Gold Race, den großen Niederländischen Klassiker und wurde Gesamtsieger der Weltcupwertung der Berufsfahrer.

Luftfederung; a) eine Variante der Federung des Sattels. Unter der Satteldecke oder im Sattelpolster ist dabei eine mit Luft gefüllte flexible Kammer angebracht, die die Stöße absorbiert. Bei modernen Ausführungen kann man den Luftdruck individuell, je nach dem Körpergewicht des Fahrers, durch einfaches Aufpumpen mit einer Luftpumpe einstellen. b) Bei Federungselementen, wie Stoßdämpfern und die Holme von Federgabeln gibt es auch Modelle, die luft gefedert funktionieren. Sie werden hauptsächlich bei Mountain Bikes eingesetzt.

Luftkissenreifen; 1890 erfand Achille (F) einen Reifen, der aus quer zur Fahrtrichtung gelegten hohlen (mit

Luft gefüllten) Gummiringen bestand, die mit einem Laufstreifen versehen waren. L. konnten sich nicht durchsetzen, weil sie sich zu schnell abnutzten.

Luftpatrone; Alternative zur Luftpumpe. Eine mit Druckluft gefüllte und einem Anschluß für das Ventil versehene Patrone, mit der man nach einem Reifenwechsel in Sekundenschnelle die Luft ›aufpumpt‹.

Luftpumpe; Pumpe zum Befüllen der Reifen mit Luft. Besteht aus einem Zylinder, in dem ein Kolben, der mit Hand- oder Maschinenkraft bewegt wird, mit einer Manschette die durch eine kleine Bohrung eingetretene Luft verdichtet und durch das Ventil in den Schlauch drückt.

Luftpumpensicherung; Schloß, mit der man eine Pumpe vor Diebstahl sichert.

Luftreifen; wurde 1888 von John Boyd *Dunlop* zum zweiten Male erfunden. Bereits 1845 hatte Robert William Thomson ein Patent darauf erhalten, das aber in Vergessenheit geriet. Es gibt *Schlauchreifen*, bei denen der Schlauch in der Decke eingenäht ist und *Drahtreifen*, bei denen Schlauch und Decke getrennt montiert werden.

Lutscher; ein abfälliges Wort aus dem Rennfahrerjargon für einen Rennfahrer, der nur im Windschatten anderer mitfährt, um seine Kräfte zu sparen, um im Endspurt dann vorbeizufahren.

Lüttich-Bastogne-Lüttich; ältestes klassisches Radrennen der Welt. Es wurde schon 1884 zum ersten Male ausgetragen. der Sieger hieß Léon Houa (B). Der erste Deutsche Sieger war 1930 Hermann *Buse*. Nach ihm gelang es bis jetzt nur Didi *Thurau* ein Sieg (1979).

Lutz, Hans; *31. 03. 1949. Radrennfahrer, Deutschland. Verfolgungs-Weltmeister der Amateure 1974. Weltmeister in der Mannschaft-Verfolgung 1973, 1974 und 1975, Vize-Weltmeister 1977. Bronzemedaillengewinner in der Einer-Verfolgung der Olympischen Spiele 1972. Olympiasieger in der Mannschafts-Verfolgung 1972 und 1976. Er gehörte zum Stamm des Goldvierers den Gustav Kilian trainierte.

Lyotard; Radrennfahrer, Frankreich. Sieger des ersten längeren Straßenrennens der Geschichte. Es fand 1869 in Frankreich statt und führte über 34 km von Toulouse nach Caraman. L. legte die Strecke in 3 Std. 9 Min. zurück.

M

MacCammon, J.; England. Baute 1884 ein Damen-Sicherheitsrad mit einem großen kettengetriebenen Hinterrad und einem sehr viel kleineren Vorderrad.

MacCready, Dr. Paul; *1926. Flugingenieur und Aerodynamiker, USA. Mit dem von ihm konstruierten Muskelkraft getriebenen Flugzeug Gossimer Condor gewann am 23. August 1977 der amerikanische Radrennfahrer Bryan Allen den *Kremer-Preis* über 50000 Pfund Sterling. Dazu mußte es eine Acht um zwei 800 m voneinander entfernte Pfosten in 3,3 m Höhe fliegen.

MacFarland; Radrennfahrer, USA. Wurde mit seinem Partner Moran Sieger des ersten Sechstagerennens auf dem europäischen Kontinent 1909 in Berlin.

Macha, Detlef; Radrennfahrer, Deutschland. Dreimaliger Verfolgungs-Weltmeister der Amateure, 1978, 1981 und 1982.

Macmillan, Kirkpatrick; *1810, † 1878. Courthill, Schottland. Baute 1838 den ersten Schwinghebel-Hinterradantrieb. Fahrräder mit diesem Antrieb nannte man Macmillan-Rad.

Maertens, Freddy; *13. 02. 1952. Radrennfahrer, Belgien. Vize-Weltmeister im Straßenrennen der Amateure 1971 in Mendrisio/Schweiz. Zweimal Straßen-Weltmeister der Berufsfahrer 1976 in Ostuni (I) und 1981 in Prag (CSSR), Vize-Weltmeister 1973.

Maes, Romain; *10. 08. 1913, † 22. 02. 1983. Radrennfahrer, Belgien. Sieger der Tour de France 1935 vor Morelli (I) und Verwaecke (B).

Maes, Sylvère; *27. 08. 1909, † 05. 02. 1966. Radrennfahrer, Belgien. Zweimal Sieger der Tour de France, 1936 und 1939, Vierter 1935.

Maglia Rosa, (ital.); Rosa Trikot. Das Trikot des Führenden in der Gesamtwertung des Giro d'Italia.

Magne, Antonin; *15. 02. 1904, † 08. 09. 1983. Radrennfahrer, Frankreich. Straßen-Weltmeister der Berufsfahrer 1936 in Bern (CH) vor Bini (I) und Middelkamp (NL), Vize-Weltmeister 1933. Zweimal Sieger der Tour de France, 1931 und 1934, Fünfter 1927, Dritter 1930, Zweiter 1936.

magnetoelektrische Beleuchtung; ab 1905 in Serie gebaute elektrische Beleuchtung. Entwickelt von Fritz Eichert auf der Basis der Erfindung des elektrischen Radlichts von Richard Weber.

Magni, Fiorenzo; *07. 12. 1920. Radrennfahrer, Italien. Dreimaliger Sieger des Giro d'Italia, 1948, 1951 und 1955, Zweiter 1952 und 1956. Vize-Weltmeister im Straßenrennen 1951.

MAGURA; Marke der Firma Gustav Magenwirth & Co., Bad Urach (D). Hersteller von Hydraulikbremsen. Das Know-how holte sich die seit 100 Jahren bestehende Firma im Motorradbereich. 1987, ihrer Zeit weit voraus, kam die ›Hydro-Stop‹ für das Fahrrad auf den Markt. Heute sind die hydraulischen Bremsen von Magura im MTB-Sport (HS 22 Race-line) nicht mehr wegzudenken. Für ATB's gibt es die HS 22, für Reiseräder die HS 66 und für Rennmaschinen die HS 77.

Mahn, Frans; Radrennfahrer, Niederlande. Straßen-Weltmeister der Amateure 1956 in Kopenhagen (DK).

Maigen, P. A.; Erfinder, USA. Erhielt 1880 ein Patent auf ein Sicherheitsrad mit einem kleinen Vorderrad und einem großen Hinterrad. *Star-Rad.*

Mailand-San Remo; bekanntestes klassisches Radrennen Italien. Erstmals 1907 ausgetragen und von dem Franzosen *Petit-Breton* gewonnen. Rudi *Altig* (D) siegte 1968.

Mailand-Turin; ältestes Radrennen Italiens, das noch veranstaltet wird. Es wird seit 1876 mit Unterbrechungen ausgetragen. Rolf Gölz gelang zweimal, 1988 und 1989, ein Sieg.

Maitrot, Emile; Radrennfahrer, Frankreich. Sprint-Weltmeister der Amateure 1901 in Berlin (D).

Makadamdecke; Straßenbelag aus Schotter, der durch eingeschlemmten Sand und eingewalzte Bindemittel aus Stein oder Bitumen hergestellt wird. Früher wurden viele Radrennbahnen (Sommerbahnen) mit diesem Belag versehen, bevor man Beton benutzte.

Mal; Markierung auf einer Radrennbahn. An der *Meßlinie* sind alle 10 m Markierungslinien angebracht, alle 5 m dazwischen befinden sich Markierungspunkte. Die Linien werden M. genannt. Sie dienen zu Meßzwekken. Bei einigen Disziplinen markieren sie auch Plätze für die Startaufstellung.

Malchow, Maic; Radrennfahrer, Deutschland. Weltmeister im 1000-m-Zeitfahren 1986.

Malfahren; *Vorgaberennen.*

Manchini, Ivo; Radrennfahrer, Italien. Straßen-Weltmeister der Amateure 1935 in Floreffe (B).

Mannesmann; die Brüder Max und Reinhart M. erfanden 1887 das Schrägwalzverfahren zur Herstellung nahtloser Stahlrohre. Damit war es möglich leichte und stabile Rohre zum Bau von Fahrradrahmen zu produzieren. M.-Rohre in unterschiedlichen Ausführungen und Qualitäten werden auch heute noch für den Rahmenbau verwendet.

Mannschaftsbetreuer; während eines Radrennens und in den Pausen zwischen den Etappen können sich die Radrennfahrer nicht selbst um alles kümmern, sie brauchen Helfer. Es muß für das Essen gesorgt werden, jemand muß sich um das Hotel kümmern und einkaufen gehen. Termine der Rennleitung sind wahrzunehmen, der Arzt muß gerufen werden und, falls nötig, muß Einspruch zum Ergebnis eingelegt werden. All diese Aufgaben und noch viele andere mehr werden durch M. erledigt.

Mannschaftskapitän; der stärkste Fahrer eines Teams. Die anderen Fahrer sind seine Helfer (Domestiken) und sorgen dafür, daß er die besten Bedingungen erhält, um möglichst den Sieg zu erringen.

Mannschaftsrennen; es gibt verschiedene Arten von Bahn- und Straßenrennen, die als M. ausgetragen werden: Auf der Bahn: *Zweier-Mannschaftsrennen* und *Vierer-Mannschaftsverfolgung*. Dazu kommen noch *Tandemrennen*, die gewissermaßen auch Mannschaftsrennen sind. Auf der Straße: *Zweier-Mannschaftszeitfahren, Vierer-Mannschaftszeitfahren* und die Straßenrennen, bei denen es eine *Mannschaftswertung* gibt.

Mannschaftswagen; Fahrzeug, das während des Rennens in der Kolonne mitfährt, um bei Notfällen den Rennfahrern des Teams zu helfen. Der M. wird meistens vom Teamchef gesteuert, der von einem Mechaniker begleitet wird. Im Fahrzeug befindet sich die Rennverpflegung, Werkzeug und Material für die Erste Hilfe. Auf dem Dach werden komplette Ersatzrennräder und einzelne Laufräder mitgeführt. Die M. sind meistens in den Farben der Mannschaft lackiert und dadurch sehr gut zu erkennen; sie werden auch Materialwagen genannt.

Mannschaftswettbewerb; auch Mannschaftsrennen. Sportlicher Wettkampf, bei dem die Mannschaftsleistung über den Sieg entscheidet. Neben den reinen Mannschaftsrennen werden bei Straßenrennen über mehrere Etappen häufig die Tagesplazierungen der einzelnen Teilnehmer in einer Wertung zusammengefaßt, die am Schluß eine Mannschaftswertung ergibt.

Mantel; umgangssprachlich für *Reifen.*

Marcelli, Vittorio; Radrennfahrer, Italien. Straßen-Weltmeister der Amateure 1968 in Montevideo/Uruguay.

Marham, Fred; Radrennfahrer, USA. Er stellte mit einem stromlinienverkleideten Fahrrad am 11. 05. 1986 einen Weltrekord über 200 m mit 6,832 Sek. ohne Schrittmacher mit fliegendem Start auf. Das entspricht einer Durchschnittsgeschwindigkeit von 105,386 km/h.

Markenfahrrad; Bezeichnung für ein Fahrrad, bei dem an seinem Namen deutlich die Herkunft von einem renommierten Hersteller zu erkennen ist. Im Gegensatz zu Billig-Rädern, die mit irgendwelchen Phantasienamen angeboten werden und deren Herkunft dadurch verschleiert wird. Bei M. kann man sicher sein, daß vom Hersteller, im Rahmen der gesetzlichen Bestimmungen, alle Garantieleistungen erbracht werden und ein dichtes Kundendienstnetz besteht.

Marklein, Heike; *02. 11. 1967. Kunstradfahrerin, Deutschland. Zweimalige Weltmeisterin, 1986 und 1989, Vize-Weltmeisterin 1987 und 1988.

Marsal, Cathèrine; *20. 01. 1971. Radrennfahrerin, Frankreich. Straßen-Weltmeisterin der Junioren 1987, der Frauen 1990, Vize-Weltmeisterin 1989. Weltmeisterin im Mannschafts-Zeitfahren 1991.

Marsell, Karl Heinz; Radrennfahrer, Deutschland. Steher-Weltmeister der Berufsfahrer 1961 in Zürich (CH).

Marsh, Dave; Radrennfahrer, Großbritannien. Straßen-Weltmeister der Amateure 1922 in Shrewsbury (GB).

Martano, Guiseppe; Radrennfahrer, Italien. Zweimal Straßen-Weltmeister der Amateure 1930 in Lüttich (B) und 1932 in Rom (I).

Marten, Marianne; Radrennfahrerin, USA. Siegerin der ersten Tour de France Féminin (der Damen) 1984.

Martinetti, Avanti; Radrennfahrer, Italien. Sprint-Weltmeister der Amateure 1926 in Mailand (I).

Marx, Michael; *07. 02. 1960. Weltmeister in der Mannschafts-Verfolgung 1983 in Zürich (CH), Vize-Weltmeister 1982 in Leicester (GB), Bronzemedaillengewinner der Olympischen Spiele 1984 in Los Angeles (USA). Deutscher Meister im Vierer-Mannschaftsfahren auf der Straße und im Dernyrennen. Heute ist er Leiter des Geschäftsbereiches Zweirad der Continental AG, dem bekannten Reifenhersteller.

Mas, Miguel; Radrennfahrer, Spanien. Steher-Weltmeister der Amateure 1965 in San Sebastian (E).

Maspes, Antonio; *14. 01. 1932. Radrennfahrer, Italien. Siebenmaliger Sprint-Weltmeister der Berufsfahrer 1955/56, 1959–1962 und 1964, Vize-Weltmeister 1963.

Massagemittel; besonders geeignet sind Massageöle, die häufig leicht durchblutungsfördernde Zusätze enthalten, aber einfaches Babyöl tut es auch. Nach der Massage sollte man das Öl mit Alkohol oder Franzbranntwein wieder abwischen, damit die Poren der Haut nicht verstopft werden. Je nach der Witterung wird man vor dem Rennen entweder eine Schicht leicht wärmendes Öl auftragen oder sogar eine dickere Massagecreme benutzen, die man auf der Haut läßt. Bei hohen Temperaturen reicht Babyöl zur Massage aus.

Maßanfertigung; Herstellung eines Fahrrdrahmens nach den individuellen Maßen des Auftraggebers. Bei einigen exklusiven, häufig kleinen Firmen, kann man Fahrräder nach M. bekommen. Die Art des Maßnehmens ist unterschiedlich. Manche bitten, die Körpermaße auf einem Vordruck einzutragen, Andere laden ihre Kunden ein, um die Messungen selbst vorzunehmen. Nötig sind vor allem die Maße der gesamten Körpergröße, der Schrittlänge, der Länge der Arme und noch einige Andere. Von den Angaben hängt die Rahmenhöhe, die Länge des Oberrohres und die Neigung von Sitzrohr und Steuerkopf ab. Auf diese Art hergestellte

Massenspurt

Rahmen sind meistens ein wenig teurer, als industriell gefertigte. Dafür sind es Einzelstücke, die sehr sorgfältig in Handarbeit nach individuellen Wünschen hergestellt werden.

Massenspurt; Spurt eines großen Fahrerfeldes um den Sieg oder Punkte einer Wertung bei einem Radrennen. Bei M. besteht eine erhöhte Sturzgefahr. Die Ermittlung des Siegers und der Plazierten ist häufig nur durch eine Zielkamera möglich.

Materialdepot; von der Rennleitung bestimmter Platz, an dem sich die Betreuer mit dem Ersatzmaterial der Teilnehmer aufhalten. Nur dort darf bei Schäden das Rennrad gewechselt werden. M. werden häufig bei Querfeldein-, aber auch bei Rundstreckenrennen eingerichtet.

Materialwagen; Begleitfahrzeug bei Straßenrennen, mit dem Ersatzfahrräder, einzelne Laufräder und Ersatzteile mitgeführt werden, die bei Defekten an den Rädern der Teilnehmer ausgewechselt werden dürfen. Neben dem Fahrer befindet sich auch ein Mechaniker im Wagen. Es gibt neutrale M., die keiner Mannschaft zugeordnet sind und im Bedarfsfall jedem helfen, der technische Probleme hat, und andere, die jeweils einer bestimmten Mannschaft zugeordnet sind, sie werden Mannschaftswagen genannt.

Materialwart; Vereinsmitglied, das vereinseigenes Material, Fahrräder, Rahmen, Laufräder usw. pflegt und verwaltet.

Maute, Dieter; *21. 06. 1967. Kunstradfahrer, Deutschland. Weltmeister 1986 und 1987, Vize-Weltmeister 1989.

Maxim-Reifen; 1889. Bestand aus vielen Vollgummi-Noppen, die direkt auf der Felge befestigt wurden, weshalb er auch Gumminoppen-Reifen genannt wurde.

Mays, J. A.; England. Baute 1869 zusammen mit W. F. Reynolds das *Phantom-Rad*, ein Tretkurbelrad mit Frontantrieb.

Mazairac, Antoine; Radrennfahrer, Frankreich. Sprint-Weltmeister der Amateure 1929 in Zürich (CH).

McCarthy, Mike; Radrennfahrer, USA. Verfolgungs-Weltmeister der Berufsfahrer 1992.

McDougall, Donald; Radrennfahrer, USA. Sprint-Weltmeister der Amateure 1912 in Newark (USA).

McElmury, Audrey; Radrennfahrerin, USA. Straßen-Weltmeisterin 1969 in Brünn (CSFR).

McMahon, William; Erfinder, USA. Konstruierte 1885 zusammen mit Wills das sogenannte *Ringvelo*, ein überdimensionales Einrad.

Mehrgangnabe; Hinterradnabe mit einem eingebauten Schaltgetriebe. Die erste M. erfand 1877 der Engländer G. Walker. Sie hatte zwei Gänge.

Meijer, Jacobus; Radrennfahrer, Niederlande. Sprint-Weltmeister der Amateure 1925 in Amsterdam (NL).

Meintjens, Laurence; Radrennfahrer, Südafrika. Erster Steher-Weltmeister in der Geschichte des Radsports, 1893 in Chicago (USA).

Meister, Lothar; Radrennfahrer, Deutschland. Steher-Weltmeister der Amateure 1958, Dritter 1959.

Meisterschaft; Wettbewerb zur Ermittlung des Besten in einer sportlichen Disziplin. Der Sieger erhält den Titel Meister mit dem Zusatz des Gültigkeitsbereiches und der Disziplin. Z. B. ›Bezirksmeister im Straßenfahren‹ oder ›Deutscher Meister im Sprint‹.

Meisterschaftsdisziplinen; Wettkampfarten, in denen Meisterschaften ausgetragen werden. Im Straßenrennen sind es: *Einer-Straßenfahren, Mannschaftsrennen, Einzelzeitfahren, Bergzeitfahren* und *Querfeldeinfahren*. Im Bahrennsport: *Sprint, Einer-Verfolgung, Zeitfahren, Punkte-*

fahren, Tandem-, Steher-, Dernyrennen, Vierer-Mannschaftsverfolgung und *Zweier-Mannschaftsrennen.*

Meisterschaft von Zürich; bedeutendstes klassisches Eintagesrennen der Schweiz. Es wird seit 1914 ausgetragen. Der erste Sieger war Henri Rheinwald. 1923 gewann Adolf Huschke und 1987 siegte Rolf Gölz.

Meistertrikot; Trikot, das dem Sieger einer nationalen Meisterschaft überreicht wird und ihn als Meister ausweist. Ein M. darf nur solange bei Wettbewerben getragen werden, bis ein neuer Meister feststeht. In der Regel beträgt dieser Zeitraum ein Jahr.

Mercier; Frankreich. Konzipierte 1900 eine veränderliche Tretlagerübersetzung. Später wurden Fahrräder der Marke M. weltbekannt.

Merckx, Eddy; *17. 06. 1945 in Meensel-Kiezegem, Belgien. Gilt als erfolgreichster Radrennfahrer aller Zeiten. Straßen-Weltmeister der Amateure 1964 in Sallanches (F). Dreimaliger Straßen-Weltmeister der Berufsfahrer 1967, 1971 und 1974. Fünfmal Sieger der Tour de France, 1969–1972 und 1974, Zweiter 1975. Ebenfalls fünfmal gewann er den Giro d'Italia, 1968, 1970, 1972–1974. Ihm gelang es gleich dreimal (1970, 1972, 1974), den Giro d'Italia und die Tour de France, im gleichen Jahr zu gewinnen. 1974 wurde er dazu auch noch Weltmeister, was nach ihm bisher nur Stephen Roche (Irl) gelang. Inhaber des Stundenweltrekords 1972 mit 49,408 km. Er verbesserte die Marke seines Vorgängers Ole *Ritter* (DK) von 1968 um 755 m.

Meredith, Leon; *02. 02. 1883, † 02. 02. 1930. Radrennfahrer, Großbritannien. Siebenmal Amateur-Weltmeister der Steher in den Jahren 1904, 1905, 1907–1909, 1911 und 1913. Olympiasieger in der Mannschafts-Verfolgung 1908. Damit gehört er zu den erfolgreichsten Radsportlern aller Zeiten.

Mergomobil; Kinderfahrrad mit einem Seilzugantrieb. Es wurde um 1920 in Deutschland aus Brettern und Draht hergestellt.

Merkens, Toni; *21. 06. 1912, † 20. 07. 1944. Radrennfahrer, Deutschland. Sprint-Weltmeister der Amateure 1935 in Brüssel (B), Olympiasieger 1936.

Messina, Guido; *05. 01. 1931. Radrennfahrer, Italien. Zweimal Verfolgungs-Weltmeister der Amateure, 1948 und 1953, dreimal der Berufsfahrer 1954–1956. Olympiasieger in der Verfolgung 1952.

Meßlinie; unterste schwarze (bei einem hellen) oder weiße (bei dunklem Untergrund) Linie einer Radrennbahn. Sie ist 20 cm oberhalb des Anfahrtsstreifens (Côte d'Azur) angebracht. Auf ihr sind, beginnend an der Ziellinie, alle 10 m senkrechte Markierungslinien und alle 5 m Markierungspunkte angebracht, neben denen die jeweilige Entfernung vom Ziel aufgemalt ist.

Meteor-Tricycle, (engl.); Name eines Dreirades, das von der Firma Starley & Sutton Meteor Works im Jahre 1878 hergestellt worden ist.

Metze, Erich; *07. 05. 1909, † 28. 07. 1952. Radrennfahrer, Deutschland. Zweimal Steher-Weltmeister der Berufsfahrer 1934 und 1938, Vize-Weltmeister 1935. Sieger der Deutschland-Rundfahrt 1931 und Achter der Tour de France des gleichen Jahres. Er starb durch einen Sturz während eines Rennens auf der Erfurter Radrennbahn.

Meulenberg, Eloi; *22. 09. 1912, † 26. 02. 1989. Radrennfahrer, Belgien. Straßen-Weltmeister der Berufsfahrer 1937 in Kopenhagen (DK) vor Kijewski (D) und Egli (CH).

Meyer, Christian; *12. 12. 1969. Radrennfahrer, Deutschland. Olympiasieger im Vierer-Mannschaftsrennen 1992. Seit einem Unfall im Giro d'Italia der Amateure 1994 querschnittgelähmt.

Meyers Schnee- und Eisrad; 1897 montierte Hugo Meyer aus Berlin Kufen an ein serienmäßiges Hochrad und bot es zum Kauf an. M. hatte allerdings nicht den erwarteten Verkaufserfolg.

Michael, Jimmy; *18. 08. 1877, † 21. 11. 1904. Radrennfahrer, Großbritannien. Erster Steher-Weltmeister der Berufsfahrer hinter Motoren 1895. Mehrfacher Weltrekordhalter.

Michard, Lucien; *17. 11. 1903., † 31. 10. 1985. Radrennfahrer, Frankreich. Zweimal Sprint-Weltmeister der Amateure, 1923 und 1924 und viermal der Berufsfahrer, 1927–1930, Vize-Weltmeister 1931–1933. Olypiasieger im Sprint 1924.

Michaux, Pierre; *1813, † 1883. Frankreich. Konstruierte 1861 einen Kurbelantrieb. Sein Sohn Ernest baute und montierte ihn an eine Draisine. Später setzte sich der Name Michaux-Rad oder Michauxline für Räder mit diesem Antrieb durch.

Michaux-Antrieb; Tretkurbelantrieb am Vorderrad, 1861 durch Pierre Michaux erdacht. Vor ihm hatte 1853 schon der Deutsche Moritz Fischer aus Schweinfurt die gleiche Erfindung gemacht, die aber in Vergessenheit geraten war.

Michauxlinen-Bremse; von Pierre Michaux (F) konstruierte Bremse, bei der durch Drehen der Lenkstange eine Schnur aufgerollt und dadurch ein Bremsschuh direkt auf das Hinterrad gepreßt wurde. Diese Bremse wurde 1868 patentiert und an die *Michauxlinen* (damals sehr populärer Fahrradtyp) montiert.

Michelin, Edouard Etienne; *1859, † 1940. Französischer Pionier des Luftreifens. Seine Firma entwickelte 1890 den Schlauchreifen, der heute noch bei den Saalsporträdern und bei den Straßen- und Bahnrennrädern gebräuchlich ist. Es handelt sich um einen Reifen, der in seinem Aufbau einem Schlauch ähnelt und keinen extra Mantel benötigt. Er wird auf einer speziellen Schlauchreifenfelge aufgeklebt.

Michelin-Preis; Preis, der von den Michelin Werken (F) für einen Flug mit einem Fahrrad ausgesetzt worden war. Er wurde am 21. Dezember 1912 von dem französischen Radrennfahrer Léon Didier gewonnen, indem er mit seinem ›fliegenden Fahrrad‹ über 5,5 m und 5,32 m geflogen war.

Microfusionsmuffen; im Feingußverfahren hergestellte Muffen zur Verbindung der Rahmenrohre. M. zeichnen sich durch hohe Stabilität und Maßgenauigkeit aus.

Middelkamp, Theofiel; *23. 02. 1914. Radrennfahrer, Niederlande. Straßen-Weltmeister der Berufsfahrer 1947 in Reims (F) vor Albert Sercu (B) und Sjef Jansen (NL), Vize-Weltmeister 1950 und Dritter 1936.

middle cage, (engl.); Bezeichnung für ein Schaltwerk mit einem mittellangen Kettenkäfig, wie man es für Mountain Bikes mit einem Kompaktantrieb benötigt.

Militärfahrrad; schon um 1819 warf das Militär verschiedener Staaten sein Augenmerk auf das Fahrrad. Aber erst 1888 wurde in England das erste Radfahrcorps gegründet. Allerdings waren schon 1851 Laufräder im Militäreinsatz. Die britische Armee setzte sie in Neuseeland ein. 1894 ist das M. in vielen Armeen der Welt eingeführt. Der bislang letzte und wohl auch spektakulärste Einsatz von M. fand im Vietnam-Krieg auf Seiten des Vietcong statt. Dort wurde fast der gesamte Nachschub auf Fahrrädern transportiert.

Miller, Charly; Radrennfahrer, USA. Siegte zusammen mit seinem Partner Waller im ersten Mannschafts-Sechstagerennen in der Geschichte des Radsports, das 1899 in New York ausgetragen wurde. Es wurden dabei 4398 km zurückgelegt.

Miller, Samuel; brachte 1882 als erster den Kardanantrieb zum Einsatz. Er montierte ihn an einem Dreirad.

Minneboo, Gabriel; Radrennfahrer, Niederlande. Fünfmal Steher-Weltmeister der Amateure in den Jahren 1975–1977, 1980 und 1982.

Mittelzug-Felgenbremse; auch einfach Mittelzugbremse. Eine Bremse, deren beide Schenkel mittig durch einen Bowdenzug gleichmäßig bewegt werden. Vorausgesetzt, das Laufrad ist mittig zentriert, führt das dazu, daß sich die Bremsklötze gleichzeitig und mit gleicher Kraft auf die Felge pressen und dadurch die Verringerung der Geschwindigkeit herbeiführen.

Mixte-Rahmen; besondere Rahmenform für Leichtlaufräder. Das geteilte Oberrohr verläuft dabei in gerader Linie, vom Steuerkopf abwärts, rechts und links des Sitzrohres bis zu den Ausfallenden.

Moeskops, Pieter Daniel; *14. 11. 1893, † 16. 11. 1964. Radrennfahrer, Niederlande. Fünfmaliger Sprint-Weltmeister der Berufsfahrer 1921–1924 und 1926, Vize-Weltmeister 1929 und 1930.

Möller, Erich; *05. 03. 1905, † 23. 05. 1964. Radrennfahrer, Deutschland. Steher-Weltmeister der Berufsfahrer 1930, Vize-Weltmeister 1931, Dritter 1932.

Mobiler Montageständer im Einsatz. Hier legt Weltmeisterin Giovanna Bonazzi vor dem Weltcuprennen auf Elba selbst Hand an

Molyneux, R. G.; war Mitglied des britischen Parlaments. Gründete 1882 in Großbritannien ein Freiwilligen-Korps der Armee mit Radfahrern.

Monarch; formschlüssiger Freilauftyp der Firma Monarch Tricycle Co., Birmingham (GB) um ca. 1880.

Monocoque-Rahmen; Fahrradrahmen aus einem Stück.

Monorad; *Einrad.*

Monseré, Jean-Pierre; *08. 09. 1948, † 15. 03. 1971. Radrennfahrer, Belgien. Vize-Weltmeister im Straßenrennen der Amateure 1969. Straßen-Weltmeister der Berufsfahrer 1970 in Leicester (GB) vor Mortensen (DK) und Gimondi (I). Er kam bei einem Rundstreckenrennen in Belgien durch ein entgegenkommendes Auto ums Leben.

Mont Ventoux; Bergmassiv der französischen Alpen nordöstlich von Avignon. Der M. ist einer der gefürchtetsten Berge der Tour de France. Auf dem Anstieg durch die glühende Steinwüste zu seinem Gipfel spielten sich schon manche Dramen ab. Das schlimmste ereignete sich während der Tour 1967, als der britische Straßen-Weltmeister Tom *Simpson* kurz vor dem Gipfel einen Schwächeanfall erlitt und in Folge der Einnahme von Dopingmitteln verstarb.

Montageständer; Gestell, in das der Fahrradrahmen fest eingespannt wird, um die zu montierenden Teile bequem anbringen zu können. M. gibt es in leichten, preiswerten Ausführungen, die sich mühelos zusammenlegen und transportieren lassen, bis zu schweren, teuren, die festverschraubt in der Profiwerkstatt stehen.

Montierhebel; Hilfswerkzeug zum Montieren von Fahrradreifen. Vor allem bei den Hochdruckreifen der Rennräder erleichtern M. die Arbeit sehr.

Moore, James; *14. 01. 1849, † 17. 07. 1935. Radrennfahrer, Großbritannien. Sieger des ersten Bahnrennens der Welt 1868 in Paris im Parc de St.-Claude über 1200 m in der Zeit von 3 Min. 50 Sek. Ein Jahr später gewann er auch das erste internationale Städterennen Paris-Rouen.

Moosgummigriff; Lenkergriff aus einem besonders weichen und damit auch besonders handfreundlichem Gummi.

Moran, Jim; Radrennfahrer, USA. Er wurde mit seinem Partner MacFarland Sieger des ersten Sechstagerennens auf dem europäischen Kontinent, das 1909 in Berlin veranstaltet wurde.

Moreau, Francis; Radrennfahrer, Frankreich. Verfolgungs-Weltmeister der Berufsfahrer 1991.

Morelon, Daniel; *24. 07. 1944. Radrennfahrer, Frankreich. Siebenmaliger Sprint-Weltmeister der Amateure 1966, 1967, 1969–1971, 1973 und 1975. Weltmeister im Tandem 1966, Vize-Weltmeister 1967. Bei den Olympischen Spielen errang er 1968 zwei Gold-und eine Silbermedaille, 1976 eine Silbermedaille, 1964 holte er sich Bronze. Vize-Weltmeister im Keirin 1980. Mit diesen außerordentlichen Leistungen ist er zweifelsohne weltweit einer der erfolgreichsten Radsportler aller Zeiten.

Moreno, José-Manuel; Radrennfahrer, Spanien. Weltmeister im 1000-m-Zeitfahren 1991 und Olympiasieger 1992.

Morettini, Marino; Radrennfahrer, Italien. Sprint-Weltmeister der Amateure 1953 in Zürich (CH).

Morrow, A. P.; ließ sich vom 1. August 1899 bis zum 6. Februar 1900 in Elmira (USA) als erster sechs Patente auf Naben mit intergrierter Rücktrittbremse eintragen. Bekannt wurde vor allem die New Departure-Nabe, die auch Bendix-Nabe genannt wurde. Der spätere Erfinder der Torpedo-Nabe, Ernst Sachs (D) erwarb 1909 die Patentrechte zu dieser Nabe für drei Millionen Mark.

Mortensen, Leif; Radrennfahrer, Dänemark. Straßen-Weltmeister der Amateure 1969 in Brünn (CSSR).

Moser, Francesco; *19. 06. 1951. Radrennfahrer, Italien. Straßen-Weltmeister der Berufsfahrer 1977 in San Cristobal/Venezuela vor Thurau (D) und Bitossi (I), Vize-Weltmeister 1976 und 1978. Verfolgungs-Weltmeister 1976. Inhaber des Stundenweltrekordes 1984, 1986 und 1988. Sieger in 15 Sechstagerennen. 1994 unternahm er im Alter von 42 Jahren noch einmal einen Angriff auf diesen Rekord, der mittlerweile auf 52,270 km hochgeschraubt worden war. Er verfehlte diese Marke mit 51,840 km nur um 430 m und Überbot seinen eigenen Rekord um 330 m. Diese Leistung ist einzigartig und wird wohl nie mehr erreicht werden. Er ist neben Eddy *Merckx* und Fausto *Coppi* einer der erfolgreichsten Radrennfahrer aller Zeiten.

Moulton-Rad; modernes Klapprad aus England. Es zeichnet sich durch niedriges Gewicht, hochwertige Ausstattung, aber auch hohen Preis aus. Das M. wird wegen seines geringen Stauplatzes gern auf Yachten und in Privatflugzeugen mitgeführt.

Mount Tamalpais: Berg in Kalifornien/USA nahe der Stadt Fairfax. Dort wurden zu Beginn der Mountain

Technobull-Sherpa, das erste deutsche Mountain Bike

Bike Bewegung um 1974 Abfahrtsrennen mit den ›Fat Tire Bikes‹, Vorläufern des Mountain Bikes, gefahren. Gary *Fisher*, Charles *Kelly* und Joe *Breeze* waren damals die Vorreiter der heutigen *Down Hill Rennen.*

Mountain Bike, (engl.); Bergfahrrad. Abk.: MTB. Allgemein gebräuchliche Bezeichnung für einen Fahrradtyp, der sich durch 26-Zoll-Räder, 21- oder 24-Gang-Schaltung und Cantilever-Bremsen auszeichnet. M. sind sehr gut für den Einsatz im Gelände geeignet. Die Vorläufer der M. waren die *Balloon-Tire-Bikes* aus den USA der dreißiger Jahre, mit denen Gary *Fisher*, Charles *Kelly* und Joe *Breeze* 1974 die ersten *Repack-Rennen* vom Gipfel des Mount Tamalpais hinunter in die Ebene vor Fairfax/Kalifornien organisierten. Joe Breeze war es auch, der den ersten echten Mountain Bike Rahmen baute. Deshalb wurde dieser Fahrradtyp zunächst auch Breezer genannt. In Deutschland wurde 1982 das erste M. von Günter Sattler (D) unter seiner Edelmarke ›Technobull‹ gebaut. Es war das TB-Sherpa.

Mountain-Bike-Rahmen; Fahrradrahmen mit unterschiedlicher Bauform, der aus verschiedenen Materialien hergestellt wird. Es gibt Rahmen aus Stahl, Aluminium, Titan und solche in Mischbauweise aus Aluminiummuffen und Karbon-Rohren und sogar welche in Monocoque-Bauweise aus Karbon. Allen gemeinsam ist ein hoch liegendes Tretlagergehäuse und Anbausockel für Cantilever-

Bremsen, aber auch hier gibt es Ausnahmen, seit die Scheibenbremsen eingeführt wurden. M. werden in vielen verschiedenen Rahmenhöhen für Kinder genauso wie für Männer und Frauen gebaut. Es gibt neben den Ultrasport-Ausführungen auch solche, an denen Schutzbleche und Lichtanlagen montiert werden können.

Mountain-Bike-Rennen; Wettbewerbe mit Massenstart, die mit *Mountain Bikes* auf Rundstrecken abseits befestigter Straßen durchgeführt werden. Eine besondere Variante sind die *Downhill Rennen*. Es handelt sich um reine Abfahrtsrennen auf häufig spektakulären Strekken. Sieger ist der Zeitschnellste. Daneben gibt es noch den Dual Slalom, bei dem zwei Fahrer auf nebeneinanderligenden Strecken zu gleicher Zeit starten.

Mountain Biking

Mountain Biking, (engl.); fahren mit einem Mountain Bike. Gemeint ist allerdings mehr: Es ist eine Art Weltanschauung. Dahinter verbirgt sich die Kombination von Freiheit, Abenteuer, Naturerlebnis und Sport.

MTB, (Abk.); *Mountain Bike.*

Mudguard, (engl.); *Schutzblech.*

Muffe; Rahmenbauteil aus Stahlblech, Feinguß oder Aluminium zur Verbindung der Rahmenrohre. M. werden mit den Rohren verschweißt, hartverlötet oder geklebt.

muffenlos; ohne *Muffen*. Bezeichnung für die Bauweise eines Fahrradrahmens, bei dem die Rohre ohne die Verwendung von Muffen miteinander verbunden sind. Sie werden dann stumpf gelötet oder verschweißt.

Müller, Heinz; *16. 09. 1924, † 25. 09. 1975. Radrennfahrer, Schwenningen/Deutschland. Straßen-Weltmeister der Berufsfahrer 1952 in Luxemburg vor Weilenmann (CH) und Hörmann (D). Deutscher Straßenmeister 1953.

Münchnerbrems; anderer Name für die 1898/99 von Ernst *Sachs*, Schweinfurt, konstruierte Tellerbremse, die auf der Hinterradachse montiert wurde.

Myrah, Don; Radrennfahrer, USA. Querfeldein-Weltmeister der Amateure 1989.

N

Nabe; Mittelteil eines Laufrades. *Hinterradnabe, Vorderradnabe.*

Nabenbremse; Bremse, die in einer Nabe eingebaut ist. 1899 erstmalig von A. P. Morrow, USA, zum Patent angemeldet. *Rücktrittbremse.*

Nabendynamo; Lichtmaschine, die in der Vorderradnabe eingebaut ist und durch deren Umdrehung angetrieben wird.

Nabenhülse; Teil der Nabe. Rohr, an dessen beiden Enden die Flansche mit den Speichenbohrungen aufgepreßt sind. Rechts und links in der N. werden die Radlager, durch die die Achse geführt wird, eingebaut. N. werden aus Stahl, Aluminium und auch aus Kunststoff hergestellt.

Nabenkörper; Teil der Nabe. Bei einem N. sind Nabenhülse und Nabenflansche aus einem Stück hergestellt. Durch den N. wird die Achse geführt. Rechts und links im N. sind die Radlager eingebaut.

Nabenputzring; biegsamer Draht, um den Nylon- oder Stoff gewickelt ist. Er wird lose um die Nabe gelegt und verhindert durch seine Reibung beim Drehen der Nabe deren Verschmutzung.

Nabenschaltung; Gangschaltung, bei der sich das Übersetzungsgetriebe im Innern der Hinterradnabe befindet. Es gibt N. mit zwei bis sieben Gängen. Andere mit noch größerer Übersetzungsauswahl sind schon konzipiert.

Nabentyp; es gibt verschiedene Arten von Naben. Abgesehen von der einfachen Einteilung in *Vorder-* und *Hinterradnaben* unterscheiden sie sich auch nach ihrer Bauart in *Nieder-* und *Hochflanschnaben* und nach dem verwendeten Material in Stahl-, Aluminium oder Kunststoffnaben. Bei den Hinterradnaben gibt es Freilauf- und *Getriebenaben.* Ist eine Bremse eingebaut, dann bezeichnet man sie auch als Brems- oder Rücktrittnaben. Eine starre Nabe läßt keinen Freilauf zu.

Nachlauf; Maß der Lenkgeometrie eines Fahrrades. Abstand zwischen der gedachten Verlängerung der Achse des Steuerrohres bis zum Punkt senkrecht unter der Achse des Vorderrades. Das Maß variiert bei den verschiedenen Fahrradtypen durch die Neigung des Steuerrohres im Rahmens und die Biegung der Gabel. Der N. hat einen erheblichen Einfluß auf die Lenkeigenschaften eines Fahrrades.

Nadellager; Wälzlager, bei dem statt der sonst üblichen Kugeln schlanke Stahlrollen, die Nadeln als Wälzkörper zwischen den Laufflächen rotieren.

Nagelreißer; kleiner Drahtbügel, der direkt über der Lauffläche eines Reifens, meistens an der Bremse, montiert wird und dort vom Reifen mitgenommene Fremdkörper abstreift.

nahtlos gezogene Rohre; Stahlrohre, die im Schrägwalzverfahren nach *Mannesmann* produziert sind. Sie werden zur Herstellung von Fahrradrahmen verwendet.

Nahtschutzband; Leinenband, das bei Schlauchreifen die Naht, mit der sie auf der Unterseite vernäht sind, abdeckt und damit eine Beschädigung der Naht verhindert.

Nakano, Koichi; *14. 11. 1955. Radrennfahrer, Japan. Sprint-Weltmeister der Berufsfahrer, 1977–1986. Bisher einziger Radrennfahrer, dem es gelungen ist zehnmal hintereinander Weltmeister zu werden.

Nasenscheibe; Beilagscheibe, deren Öffnung so ausgestanzt ist, daß ein kleiner Zapfen, die Nase, nach innen steht. Sie wird nach den Konen über die Achsen der Naben geschoben und dort mit ihrer Nase in einer Nut geführt, anschließend wird die Kontermutter dagegen festgezogen. Die Nase verhindert, daß sich der Konus durch das Kontern verstellt.

Naturkautschuk; milchiger Saft der Kautschukpflanze, aus dem durch Vulkanisation Gummi, der Rohstoff zur Reifenherstellung, gewonnen wird.

Naturschutz; in unserer Welt ist die Natur überall gefährdet, deshalb sollten Radfahrer besondere Rücksicht nehmen und Grenzen und Verbote respektieren. Wege sollten nicht verlassen, Pflanzen nicht unbedacht gepflückt oder gar abgerissen werden. Und man sollte sich in der Natur ruhig verhalten, um den ohnehin schon stark begrenzten Lebensraum der Tiere nicht unnötig zusätzlich zu belasten.

Neiwand, Gary; Radrennfahrer, Australien. Weltmeister der Berufsfahrer im Sprint und Keirin 1993 in Hamar (N).

Nelson, James A.; Radrennfahrer, USA. Steher-Weltmeister der Amateure 1899 in Montreal (CAN).

Nencini, Gastone; *01. 03. 1930, † 01. 02. 1980. Radrennfahrer, Italien. Vize-Weltmeister im Straßenrennen der Amateure 1953. Sieger des Giro d'Italia 1957, Zweiter 1960, Dritter 1955. Sieger der Tour de France 1960 vor Battistini (I) und Adriaenssens (B), fünfter 1958.

Netzrahmen; auch Gitter-, oder Gitterrohrrahmen. Fahrradrahmen, der aus dünnen Rohren, die gitterähnlich angeordnet sind, gebaut ist.

Neutralisation; bei Straßenrennen wird häufig zur Vermeidung von Unfällen nach dem Start eine gewisse Strecke bis zur offiziellen Freigabe des Rennens zurückgelegt. Während der Fahrt in der N. darf das Führungsfahrzeug nicht überholt werden. Die Strecke der N. darf nicht länger, als 10 km sein.

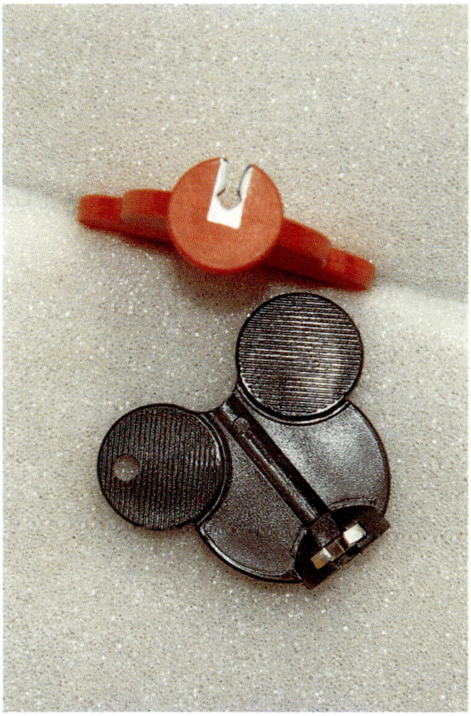

Nippelspanner

New Departure-Nabe; auch Bendix-Nabe genannte Rücktrittnabe, die von dem Amerikaner A. P. Morrow 1899 erfunden wurde. Ernst Sachs (D) kaufte 1909 die Patentrechte an dieser Nabe für drei Millionen Mark.

Niederflanschnabe; Nabe, bei der der Durchmesser des Nabenflansches nur so groß ist, daß die Speichenbohrungen im Flansch angebracht werden können. Die Herstellkosten einer N. sind im Vergleich zu einer Hochflanschnabe deutlich niedriger. Durch Felgen, deren Flanken immer tiefer heruntergezogen werden, sind die Räder immer härter und stabiler geworden und Hochflanschnaben damit weitgehend überflüssig.

Niederrad; Bezeichnung für unsere heutigen Fahrräder mit zwei gleich großen Rädern. Nachdem ab 1871 die Hochräder die Straßen beherrschten, begann ab 1888 die Zeit der N., die ihren Durchbruch dem Hinterradantrieb und dem Luftreifen verdankten.

niedriger Durchstieg; bei den Damenrädern ist das Oberrohr des Rahmens tief heruntergezogen, um das Aufsteigen mit Rock oder Kleid auf das Rad möglichst komfortabel zu machen. Rahmen mit einem n. wurden schon 1884 gebaut.

Nijdam, Henk; *26. 09. 1935. Radrennfahrer, Niederlande. Verfolgungs-Weltmeister der Amateure 1961, Vize-Weltmeister 1960. Sprint-Weltmeister der Amateure 1961. Verfolgungs-Weltmeister der Berufsfahrer 1962. Niederländischer Straßenmeister 1963.

Nippel; a) *Speichennippel* b) *Schmiernippel.*

Nippelspanner; Spezialwerkzeug zum Anziehen der Speichennippel.

NIRO; Abk. nichtrostender Stahl. Er wird zur Herstellung von Speichen, Felgen, Lenkern und sogar Fahrradrahmen verwendet.

Nirospeiche; Kz. für Speiche aus nicht rostendem Stahl.

Noppenprofil; mit Gumminoppen besetzte Oberfläche eines Reifens. Es gibt Reifen mit grobem und feinem N., die je nach dem Einsatzzweck des Fahrrades ausgesucht werden.

NORBA; Abk. National Off-Road Bike Association. Mountain Bike Verband der USA.

Normalreifen; Standard-Fahrradreifen, der aus Reifen und Schlauch besteht. N. sind Niederdruckreifen, wegen des recht großen Querschnittes können sie nur mit ca. 1,8 – 2 bar aufgepumpt werden.

Nummerngalgen; Gestell im Innenraum einer Radrennbahn, an dem gut sichtbar die Runden, die im Rennen noch zurückgelegt werden müssen, angezeigt werden. Dazu werden Schilder mit den entsprechenden Nummer daran aufgehängt.

Nummerntafel; Schiefertafel, auf der gut sichtbar die Zahl der noch zurückzulegenden Runden eines Rennens angezeigt werden.

Nürburgring; weltbekannte Autorennstrecke in der Eifel. Der N. war zweimal Austragungsort von Radweltmeisterschaften. Das erste Mal, 1927 im Jahr seiner Einweihung, siegte Alfredo *Binda*. Rudi *Altig* wurde dort 1966 Straßenweltmeister der Berufsfahrer.

O

Oberflächenschutz; die Oberflächen vieler Teile des Fahrrades werden mit den unterschiedlichsten Materialien zu ihrem Schutz oder aus Designgründen versehen. Je nach dem Material geschieht das auf verschiede Weise. Sie werden lackiert, verchromt, vernickelt, kunststoffbeschichtet, eloxiert, mit Keramik überzogen usw.

Oberrohr; eines der Hauptrohre des Fahrradrahmens. Das O. verbindet das *Steuerrohr* mit dem *Sitzrohr*. Zusammen mit dem Steuer-, Unter- und Sitzrohr bildet es den Trapezrahmen. Es wird bei Herrenrädern üblicherweise waagerecht eingebaut, bei Damenrädern mehr oder weniger stark nach hinten abgesenkt. Bei Mountain Bikes findet man neben dem waagerechten ebenfalls ein leicht nach hinten abfallendes O. Rennräder haben normalerweise ein waagerechtes O. Allerdings gibt es bei speziellen Rahmen für Zeitfahren, genauso wie bei Triathlon-Rädern, häufig ein nach vorn abgesenktes O.

Oberrohrlänge; die Länge des Oberrohres wird in seinem Verlauf von der Mitte des *Steuerrohres* bis zur Mitte des *Sitzrohres* gemessen. Sie unterscheidet sich bei den verschiedenen Fahrradtypen zum Teil beträchtlich. Während sie bei Tourenrädern und Mountain Bikes meistens länger als das Oberrohr ist, ist sie bei Rennrädern häufig kürzer.

Obree, Graham; Radrennfahrer, Schottland (GB). Verfolgungs-Weltmeister der Berufsfahrer 1993 in Hamar (N). Dabei stellte er mit 4:20:894 einen Weltrekord auf. Inhaber des Stundenweltrekords 1993 mit 51,596 km und 1994 mit 52,713 km. Er startete mit einem selbstgebauten Fahrrad. Der Rahmen kam mit dem schrägen Hauptrohr und seiner einfachen Lenkstange dem eines Damenrades sehr nahe. Aussehen und Lenkverhalten dieses Rades waren sehr gewöhnungsbedürftig, aber die Aerodynamik durch die zusammengekauerte Haltung des Fahrers äußerst wirksam. Nach den Weltmeisterschaften 1994 wurden die Bestimmungen durch die UCI geändert und es darf nicht mehr mit solchen Rädern gefahren werden.

Ocania, Louis; *09. 06. 1945, † 1994. Radrennfahrer, Spanien. Sieger der Tour de France 1973 vor Thévenet (F) und Fuente (E). Starb durch Selbstmord.

Ockers, Constant (Stan); *03. 02. 1920, † 01. 10. 1956. Radrennfahrer, Belgien. Straßen-Weltmeister der Berufsfahrer 1955 in Frascati (I) vor Schmitz (L) und Derijcke (B), Dritter 1953. Zweiter der Tour de France 1950 und 1952, Dritter 1955, Fünfter 1951.

offizielles Trikot; international anerkannte Trikots, wie die der nationalen Verbände (Nationaltrikot), das Weltmeister-Trikot und solche, die den Spitzenreitern von Rundfahrten (Gelbes Trikot der Tour de France) und Sonderwertungen (Bergtrikot, usw.) verliehen werden.

Ogna, Guiseppe; Radrennfahrer, Italien. Sprint-Weltmeister der Amateure 1955 in Mailand (I).

Ölbadkettenkasten; geschlossener, gut abgedichteter Kettenkasten, der zum Teil mit Öl gefüllt ist, durch das die Kette beim Treten hindurchläuft. Auf diese Weise ist sie optimal geschmiert und gegen Schmutz geschützt. Allerdings ist dieses System sehr aufwendig und teuer und deshalb heute nicht mehr anzutreffen.

Öler; Nippel, über den Öl in ein Lager eingebracht werden kann. Man sieht sie z. B. an der Nabe oder am Tretlagergehäuse, vor allem älterer Tourenräder.

Olmo, Guiseppe; *22. 11. 1911, † 06. 03. 1992. Radrennfahrer, Italien. Inhaber des Stundenweltrekordes 1935, den er am 31.10. mit 45,09 km auf der Mailänder Vigorelli Bahn aufstellte. Er überbot den bestehenden Rekord seines Vorgängers Richard (F) um 313 m.

Omnium; Wettbewerb, der sich aus mehreren Disziplinen zusammensetzt. O. werden als Einzel-, aber auch als Mannschafts-Wettbewerbe veranstaltet. Die einzelnen Disziplinen werden jede mit gleicher Punktzahl bewertet. Sieger ist, wer die meisten Punkte erringt.

Oosterbosch, Bert; *30. 07. 1957. Radrennfahrer, Niederlande. Verfolgungs-Weltmeister der Berufsfahrer 1979.

Ordinary-Bicycle, (engl.); Bezeichnung für Räder nach dem Ariel-Grundtyp. *Ariel-Rad.*

Örsted, Hans-Henrik; *13. 12. 1954. Radrennfahrer, Dänemark. Dreimaliger Verfolgungs-Weltmeister der Berufsfahrer, 1984, 1985 und 1987.

ÖRV, (Abk.); *Östereichischer Radsport Verband.*

Östereichische Radsportkommission; 1947 bis 1973 Dachverband der Radsportvereine Österreichs. Danach im Östereichischen Radsport Verband aufgegangen.

Östereichischer Radsport Verband; seit 1973 Dachverband der Radsportvereine Östereichs.

Ottenbros, Harm; *27. 06. 1943. Radrennfahrer, Niederlande. Straßen-Weltmeister der Berufsfahrer 1969 in Zolder/Belgien vor Stevens (B) und Dancelli (I).

Otto, Edouard Carl Friedrich; Großbritannien. Baute ab 1879 Doppelräder, die sog. *Dicycles.*

Otto-Rad; ein 1879 nach seinem Konstrukteur Edouard Carl Friedrich Otto genanntes *Doppelrad*, bei dem der Fahrer zwischen den beiden nebeneinander angeordneten Rädern saß. Das O. war das am weitesten verbreitete *Dicyle.*

Oudkerk, Jacobus; Radrennfahrer, Niederlande. Steher-Weltmeister der Amateure 1964 in Paris (F), und der Berufsfahrer 1969, Vize-Weltmeister 1971.

Ovalrohr; Bezeichnung für nicht runde Rahmenrohre. Rohr mit einem ovalen Profil, das zum Bau aerodynamisch günstiger Rennrahmen verwendet wird.

Overend, Ned; *1955. Radrennfahrer, USA. Zweifacher Mountain Bike Weltmeister im Cross Country, 1988 und 1990 in Durango, USA.

Oversize, (engl.); Übermaß. Rahmenrohre mit sehr großen Durchmessern nennt man O.-Rohre. Sie werden zur Erhöhung der Verwindungssteifigkeit bei Rennrahmen, vor allem aber bei Mountain Bikes eingesetzt. Durch den großen Querschnitt kann man die Wandstärke der Rohre gering halten. O.-Rahmen sind sehr stabil und dennoch leicht.

Oversize-Steuersatz; *Steuersatz* für die Montage in Oversize-Rahmen. Der O. ist entsprechend größer dimensioniert.

Oversize-Unicrown-Gabel; Fahrradgabel, deren Gabelscheiden aus Rohren mit sehr großem Durchmesser bestehen, die direkt am Gabelschaft ohne Gabelkopf angeschweißt werden.

Ovion, Régis; Radrennfahrer, Frankreich. Straßen-Weltmeister der Amateure 1971 in Mendrisio (CH).

P

Paarzeitfahren; Rennen gegen die Uhr, bei dem zwei Fahrer eine Mannschaft bilden. Sie müssen eine bestimmte Strecke in möglichst kurzer Zeit zurücklegen. Das erste P. wurde 1917 in Italien unter dem Namen ›Rundfahrt der Provinz Mailand‹ ausgetragen. Es siegten die beiden Italiener Gaetano Belloni und Alfredo Sivocci. Sie legten die 101,7 km in 2:43 h zurück, das entsprach einem Schnitt von 37,45 km/h. Dieses Rennen wurde bis 1943 sechsundzwanzig mal durchgeführt. Danach trat ab 1949 das ›*Baracchi*-Zeitfahren‹ an seine Stelle, das Rudi *Altig* 1962 zusammen mit Jacques *Anquetil* gewann. Es wurde 1990 zum letzten Mal ausgetragen. Sieger waren Rolf *Gölz* und Tom Cordes (NL). In Baden-Baden wird seit 1991 ein P. veranstaltet, in Hannover seit 1994.

Packtasche; Tasche, die man einzeln rechts oder links am Gepäckträger des Hinterrades oder vorn an einem *Low Rider* befestigt. Es gibt auch Ausführungen, die mit einem Mittelstück zusammengenäht sind, so daß die rechte und linke Tasche ein Stück bilden. Andere Versionen haben eine weitere Tasche auf eben diesem Mittelstück, die dann oben senkrecht auf dem Gepäckräger aufliegt, es sind sog. Dreifachtaschen.

Paillard, Georges; Radrennfahrer, Frankreich. Steher-Weltmeister der Berufsfahrer 1929 und 1932.

Paket-Faltrad; kleines Fahrrad, das sich auf die Größe eines Paketes zusammenfalten läßt. Es wurde 1962 von Trawniczek erfunden.

Palmcrantz, H. P.; Schweden. Baute 1893 das *Swea-Rad* mit Winkelhebelantrieb.

Palmer, John Fullerton; USA. Er schlug 1889 vor, Cordgewebe statt des Baumwollkreuz-Gewebes zur Herstellung des Fahrradmantels zu benutzen. Diese Idee wurde aber erst 1905 umgesetzt.

Palmer, Reginald; Radrennfahrer, Großbritannien. Er sorgte bei den Rad-Weltmeisterschaften 1898 in Wien für einiges Aufsehen, als er als einziger Teilnehmer die 100 km des Steherrennens absolvierte und Weltmeister wurde. Diese Situation war durch ein Verbot mechanischer Schrittmachermaschinen entstanden. Nur P. hatte Radfahrer als Schrittmacher mitgebracht und konnte damit die vom Reglement gestellten Bedingungen erfüllen.

Pantograph-Schaltwerk; Teil der Kettenschaltung. Kettenwechsler, bei dem sich der Kettenkäfig während des Schaltens parallel zur Fahrtrichtung und gleichzeitig schräg vor- oder rückwärts zu ihr bewegt, wobei der Abstand zwischen der Kettenleitrolle und dem Ritzel in jedem Gang immer gleich bleibt.

Olaf Ludwig beim Rennen »Paris-Roubaix«

Papendiek, Richard E.; Neumarkt/Oberpfalz (D). Bekam 1884 ein Patent auf ein ›Rennvolociped‹, bei dem ein Hochrad in einem riesigen Ring lief, den er besser gleich weggelassen hätte.

Parapulbremse; auch Syncronbremse. Seitenzugbremse, bei der sich beide Bremsschenkel gleichmäßig bewegen.

Parent, Georges; Radrennfahrer, Frankreich. Dreimal Steher-Weltmeister der Berufsfahrer, 1909–1911.

Paris-Roubaix; das wohl bekannteste der großen klassischen Radrennen wurde zum ersten Mal 1896 ausgetragen. Der Sieger hieß Josef Fischer (D). Er ist bisher der einzige Deutsche Sieger geblieben. Das Rennen wird bis heute jährlich unter großer Anteilnahme der Bevölkerung ausgetragen. Wegen seiner gefürchteten Kopfsteinpflasterabschnitte trägt es den Beinamen ›Hölle des Nordens‹.

Paris-Rouen; erstes Langstreckenrennen in der Geschichte des Radsports. Es fand am 7. November 1869 statt. Die Streckenlänge betrug 124 km. Sieger wurde James Moore, England, in 10 Std. 45 Min. Am Start waren 198 Teilnehmer, darunter 5 Frauen.

Pate, Stephen; Radrennfahrer, Australien. Sprint-Weltmeister der Berufsfahrer 1988.

Patent-Gebirgsbremse; *Gebirgsbremse.*

Patentventil; auch Blitzventil. Damit läßt sich Luft mühelos in den Reifen pumpen.

Patrick, Thomas; Großbritannien. Baute 1975 ein Liegerad, mit dem der damals schon Siebzigjährige, es im Stadtverkehr mit den Autos aufnehmen konnte. Er lag dabei während der Fahrt auf dem Bauch.

Patterson, Sidney; Radrennfahrer, Australien. Sprint-Weltmeister der Amateure 1949 in Kopenhagen (DK). Verfolgungs-Weltmeister 1950 und zweimal bei den Berufsfahrern, 1952 und 1953.

Peacock, Cyril; Radrennfahrer, Großbritannien. Sprint-Weltmeister der Amateure 1954 in Köln (D).

Pedal; Teil des Fahrradantriebs. Kugelgelagerte Fußaufnahme, die in die Tretkurbel geschraubt wird. Das P. wandelt die Stoßbewegung der Beine in eine Kreisbewegung um.

Pedalachse; Teil des Pedals. Um die P. dreht sich der Pedalkörper auf Kugel- oder Nadellagern. P. werden am häufigsten aus Stahl, aber auch aus Aluminium und Titan hergestellt. Von der Verwendung von Aluminiumachsen sollte man aus Sicherheitsgründen Abstand nehmen, denn bei jedem Tritt wird die Achse ruckartig mit dem vollem Körpergewicht und der investierten Kraft belastet.

Pedalarm; rechte und linke Tretkurbel des Tretlagers, in die die Pedale hineingeschraubt werden.

Pedalgewinde; a) Gewinde auf der Achse eines Pedals, mit dem es in die Tretkurbel hineingeschraubt wird. b) Gewinde in der Tretkurbel, in das die Pedalachse hineingeschraubt wird.

Pedalhaken; auch Fußhaken. Rahmen aus Metall oder Kunststoff, der an ein Pedal geschraubt wird, um dem Fuß festen Halt zu geben. Mit der Einführung von Sicherheits- oder Clippless-Pedalen haben die P. an Bedeutung verloren.

Pedalieren; Vorgang des rhythmisch runden Tretens während des Radfahrens. *Runder Tritt.*

Pedalrahmen; Teil des Pedalkörpers. Durch oder unter den P. ist die Pedalachse geführt, seine Oberfläche bildet die Trittfläche eines Pedals.

Pedalreflektor; auch Pedalstrahler. *Katzenauge*, das vorn und hinten am Pedalrahmen angebracht ist. Es reflektiert das Licht anderer Fahrzeuge und trägt so zur Sicherheit bei.

Pedalriemen; auch Fußriemen. Riemen aus Leder oder Kunststoff, der durch das Pedal gezogen und mit dem Fußhaken verbunden wird. Der Fuß wird dadurch im Pedal fixiert. P. wurden vor allem bei Rennrädern verwendet. Nach Einführung von Sicherheits- oder Clippless-Pedalen haben sie weitgehend ihre Bedeutung verloren.

Pedalsystem; es gibt unterschiedliche Systeme. Am weitesten verbreitet sind einfache Pedale, die mit jeder Art von Schuh betreten werden können. Man findet sie an allen einfachen Fahrrädern. Bei Rennrädern wurden früher Rennpedale mit Fußhaken und Riemen in Verbindung mit Rennschuhen, an deren Sohle Schuhklammern befestigt waren, verwendet. Sie sind weitgehend von Sicherheits- oder Clippless-Pedalen abgelöst, die nur zusammen mit Rennschuhen und speziellen Bindungen an deren Sohle funktionieren. Bei den Mountain Bikes gibt es ähnliche Pedale, die auch mit speziellen Schuhen und Bindungen benutzt werden.

Pedalumdrehung; Umdrehung eines Pedals um seine Achse. Die P. wird häufig mit der *Kurbelumdrehung* verwechselt.

Pedalversetzer; Vorrichtung, die an Tretkurbeln angebracht wird, um das Pedalgewinde näher zur Achse zu

Peloton

versetzen. Damit wird praktisch die Tretkurbel verkürzt. P. werden bei Fahrrädern für Kinder verwendet, wenn das Rad noch zu groß ist und die Schrittlänge noch nicht ausreicht.

Pedersen-Rad; *Dursley-Pedersen-Rad.*

Pedestrien Curricle or Velocipede, (engl.); unter diesem Namen meldete 1818 der Drais-Lizensnehmer Denis Johnson aus Long Acre/Grafschaft Middlesex (GB) ein Patent auf *Draisinen* in England an.

Pédocaédre, Le (frz.); erstes Einrad in der Geschichte des Fahrrades. Das französische Patent seines Erfinders M. Davis aus England stammt aus dem Jahre 1853. Das riesige Rad, dessen Achse weit nach rechts und links überstand und so gebogen war, daß am unteren Ende je ein Sitz befestigt werden konnte, hatte oben eine einfache Stange als Griff. Es war nur als Tandem zu benutzen, weil es sonst umgefallen wäre. Rechts und links auf einem Sitz saß der Fahrer, der sich mit den Füßen vom Erdboden abstieß. Im Grunde genommen handelte es sich sogar um ein Sicherheitsrad, schließlich konnte niemand herunterfallen. Auf der Weltausstellung 1855 in Paris war es eine der Attraktionen.

Peeters, Gerrit; Radrennfahrer, Niederlande. Verfolgungs-Weltmeister der Berufsfahrer 1946.

Peeters, Maurice; Radrennfahrer, Niederlande. Sprint-Weltmeister der Amateure 1920 in Antwerpen (B).

Peffgen, Wilfried; *01. 10. 1942. Radrennfahrer, Deutschland. Dreimaliger Steher-Weltmeister der Berufsfahrer 1976, 1978 und 1980, Vize-Weltmeister 1977, 1979, 1982.

Pelchat, Michel; Radrennfahrer, Frankreich. Querfeldein-Weltmeister der Amateure 1967.

Pèlissier, Henri; *05. 07. 1890, † 01. 05. 1936. Radrennfahrer, Frankreich. Sieger der Tour de France 1923 vor Botecchia (I) und Bellenger (F), Zweiter 1914. Sieger bei Paris-Roubaix 1919 und 1921, ebenfalls bei Bordaux-Paris 1919.

Pellenaars, Kees; Radrennfahrer, Niederlande. Straßen-Weltmeister der Amateure 1934 in Leipzig (D).

Peloton, (frz.); geschlossenes Fahrerfeld eines Radrennens.

Pendelantrieb; dabei müssen Hebel per Hand oder Fuß hin und her bewegt werden, um die Kraft auf die Räder zu übertragen. *Hebelantrieb.*

Penny-Farthing, (engl.); P. und F. sind beides englische Geldstücke mit verschiedenem Durchmesser. Nach 1884 belächelten die Fahrer der ›modernen‹ *Rover* die Hochräder und belegten sie mit diesem Ausdruck.

Penosto, G.; Radrennfahrer, Italien. Steher-Weltmeister der Berufsfahrer 1989.

Perrodil, Edouart v.; Sieger der Radfernfahrt Paris-Mailand, 1895. Er fuhr damals mit einem durch eine *Kardanwelle* angetrieben Rad.

Peschel, Uwe; *04. 11. 1968. Radrennfahrer, Deutschland. Olympiasieger im Mannschafts-Zeitfahren 1982.

Petit-Breton, Lucien; *18. 10. 1882, † 20. 12. 1917. Radrennfahrer, Frankreich. Zweimal Sieger der Tour de France, 1907 und 1908. Sieger der ersten Austragung des klassischen Rennens Mailand-San Remo 1907. Inhaber des Stundenweltrekords 1905 mit 41,110 km. Er verbesserte die inoffizielle Marke seines Vorgängers Hamilton (USA) von 1898 um 329 m.

Peugeot-Preis; ausgesetzt für Luftsprünge, dotiert mit 10 000 Goldfranken. Wurde am 9. Juli 1912 durch den früheren Sprint-Weltmeister Gabriel Poulain (F) mit einem Fahrrad, das wie ein Doppeldecker mit 15 qm Tragfläche ausgestattet war, gewonnen.

Pfeiffer, Heinz; *08. 05. 1932. Kunstradfahrer, Deutschland. Zweimaliger Weltmeister, 1958 und 1959. Siebenmal Deutscher Meister. Nach seiner aktiven Zeit Bundestrainer.

Phakadze, Omar; Radrennfahrer, UDSSR. Sprint-Weltmeister der Amateure 1965 in San Sebastian (E). Von ihm wird erzählt, daß er beim Zieleinlauf einen Rennlenker aus Stahl mit der Kraft seiner Arme zusammengebogen hätte.

Phantom-Rad; 1869 von den Engländern Reynolds und Mays konstruiertes Fahrrad mit einem Rahmen aus Eisenstangen und Rädern mit Drahtspeichen und eisenbereiften Holzfelgen.

Piard, Charles; Radrennfahrer, Frankreich. Sprint-Weltmeister der Amateure 1902 in Rom (I).

Piasecki, Lech; *13. 11. 1961. Radrennfahrer, Polen. Straßen-Weltmeister der Amateure und Sieger der Friedensfahrt 1985. Verfolgungs-Weltmeister der Berufsfahrer 1988.

Pickering, Thomas R.; USA. Ließ sich 1869 ein Fahrrad mit Rahmen und Gabel aus Stahlrohr patentieren. Es war leichter, stabiler und preiswerter, als die bis dahin üblichen Michauxlinen. Es wurde nach ihm Pickering-Rad genannt.

Pierce; Fahrrad mit Kardan-Antrieb. Es wurde 1900 von der Pierce Cycle & Co. in Buffalo (USA) gebaut.

Pijnen, René; *03. 09. 1946. Radrennfahrer, Niederlande. Dritter der Straßen-Weltmeisterschaft der Amateure 1967. Olympiasieger im Mannschafts-Zeitfahren 1968. Vize-Weltmeister in der Verfolgung 1973. Siegte in 72 Sechstagerennen bei 233 Starts. Damit ist er einer der Sechstagekaiser und der Radrennfahrer mit den meisten Starts bei Sechstagerennen überhaupt.

Planetengetriebe; erstmals in den Crypto- und Bantam-Rädern (Militärfahrräder, 1892) eingesetzte Fahrradübersetzung am Vorderrad.

Planetenrad; Teil eines Schaltgetriebes einer Nabenschaltung. Ein Zahnrad, das sich um ein *Sonnenrad* dreht.

Plastiksattel; Sattel aus Kunststoff. P. kamen um 1964 auf. Zuerst wurden sie bei Rennrädern verwendet, wurden aber bald mit Leder überzogen und gepolstert. Als reine P. findet man sie heute noch bei Kinderrädern, wo sie wegen des geringen Gewichts der kleinen Radfahrer auch zu vertreten sind. Allerdings gibt es auch für sie preiswerte, gepolsterte Kunststoffsättel.

Plattner, Oscar; *17. 05. 1922. Radrennfahrer, Schweiz. Sprint-Weltmeister der Amateure 1946 und der Berufsfahrer 1952. Er war in den 70er Jahren Nationaltrainer der Schweizer Bahnfahrer.

Plazierung; Position eines Rennfahrers im Ergebnis eines Radrennens. Bei den Amateuren ein Platz unter den ersten zehn, bei einigen Rennen auch einer unter den ersten zwanzig. Bei den Berufsfahrern gelten normalerweise die ersten dreißig als plaziert. Rennfahrer, die nach den Plazierten durch das Ziel fahren, gelten als durchgefahren.

Pneu; luftgefüllter Reifen. Die erste Firma, die P. herstellte war die Pneumatic Tyre Company in Belfast. *Luftreifen.*

Pneumatic; nannte man früher die von der Firma Michelin in Frankreich hergestellten Schlauchreifen, bei denen es sich um einen Luftschlauch ohne Mantel handelt. Er wird heute noch bei Rennrädern verwendet und einfach auf die Felge aufgeklebt.

Pneumatic Cycle Brake, (engl.); Pneumatische Fahrrad Bremse. Sie wurde 1890 erfunden. Durch Druck auf einen Gummiball am Lenker wird über einen Schlauch Luft in einen dehnbaren ›Bremskörper‹ gepumpt, der sich dadurch aufbläht und auf den Reifen drückt. Durch Druck auf ein Auslaßventil entweicht die Luft wieder. Diese Bremse setzte sich nicht durch, weil sie zu schwach war und mit zu großer Verzögerung wirkte.

Pneu-Rad; Bezeichnung für die ersten Fahrräder mit Luftbereifung.

Podlesch, Carsten; *06. 09. 1969. Radrennfahrer, Deutschland. Steher-Weltmeister der Amateure 1992, Dritter 1991. Sohn von Rainer.

Podlesch, Rainer; *04. 10. 1944. Radrennfahrer, Deutschland. Zweimal Steher-Weltmeister, 1978 und 1983,

Carsten Podlesch, Steher-Weltmeister 1994

Vize-Weltmeister 1971, 1973 und 1981. Vater von Carsten.

Pola, Benedetto; Radrennfahrer, Italien. Sprint-Weltmeister der Amateure 1934 in Leipzig (D).

Polorad; dieser Typ eines Kinderrades war in den siebziger Jahren sehr populär. Seine Besonderheiten waren der *Bananensattel* und ein hochgezogener Lenker, die dem P. zusammen mit dem Schaltknüppel ein motorradähnliches Aussehen verliehen.

Polsterreifen; auch Kissenreifen. Um ca. 1896 versuchten viele Hersteller das Dunlop-Patent für Luftreifen zu umgehen. Der P. war ein Ergebnis dieser Versuche. Es war ein Gummireifen, der im Innern Hohlräume besaß. Diese Luftkissen gaben ihm den Namen. Er war ein Flop, denn durch den unregelmäßigen Aufbau verschlissen die P. schnell und die Reklamationsrate war hoch.

Ponscarme; Ferdinand; Radrennfahrer, Frankreich. Steher-Weltmeister der Amateure 1896 in Kopenhagen (DK).

Pontoni, Daniele; Radrennfahrer, Italien. Querfeldein-Weltmeister der Amateure 1992.

Pony-Rad; Klapprad, das auch ›National-Mini‹ genannt wurde. Es besaß einen Zentralrohrrahmen und Klappedale. Das P. wurde 1969 von der ungarischen Firma Pannonia gebaut.

Porter, Hugh; Radrennfahrer, Großbritannien. Viermaliger Verfolgungs-Weltmeister der Berufsfahrer, 1968, 1970, 1972 und 1973.

Position; a) Platz eines Fahrers in einem Radrennen während dessen Verlauf. b) Sitzposition. Haltung des Fahrers auf dem Fahrrad.

positionierende Kettenschaltung; K., die durch ihre Konstruktion die Kette exakt von einem Ritzel des Zahnkranzes zum anderen transportiert, ohne daß am Schalthebel nachjustiert werden muß. Sie wird auch *Index-* oder *Rasterschaltung* genannt.

Positionsbau; Einstellung eines Fahrrades auf die Körpermaße des Fahrers. Dabei wird die Vorbaulänge sowie die Sattelhöhe und Neigung und die Position des Sattels mit seiner Spitze hinter dem Tretlagergehäuse eingestellt. Vorraussetzung für den P. ist die richtige Rahmenhöhe. Bei den ersten Ausfahrten sollte immer das nötige Werkzeug mitgenommen werden, um die Einstellungen noch feiner anzupassen.

Pospisil, Gebrüder; Jan, *25. 04. 1945, und Jindrich, *23. 03. 1942. Radballspieler, Tschechoslowakei. Mit 20 Weltmeistertiteln in den Jahren 1965–1988 die erfolgreichsten Radballspieler aller Zeiten.

Post, Peter; *12. 11. 1933. Radrennfahrer, Niederlande. Mit 65 Siegen einer der erfolgreichsten Sechs-Tage-Fahrer aller Zeiten. 1964 siegte er in dem klassischen Straßenrennen Paris-Roubaix mit der höchsten Durchschnittsgeschwindigkeit, die je in einem Klassiker erzielt wurde. Sieger vieler bedeutender Rennen. Nach seinem Abschied aus dem aktiven Sport war er bis 1994 sehr erfolgreich als sportlicher Leiter mehrerer Sportgruppen tätig. Unter anderem fuhren Didi Thurau und Klaus-Peter Thaler bei ihm.

Postrad; Dienstfahrrad der Post. Wird von den Briefzustellern, vor allem auf dem Lande benutzt.

Pothier, René; *05. 06. 1879, † 25. 01. 1907. Radrennfahrer, Frankreich. Sieger der Tour de France 1906 vor Passerieux (F) und Trousselier (F), Zweiter der ersten Tour 1903 hinter Garin (F).

Potzernheim, Werner; *08. 03. 1927. Radrennfahrer, Deutschland. Fünfmal Deutscher Meister im Sprint der Amateure, zehnmal bei den Berufsfahrern. Dritter der Olympischen

Spiele in Helsinki 1952 und bei den Weltmeisterschaften 1953.

Poulain, Gabriel; Radrennfahrer, Frankreich. Er war viermal Vize-Weltmeister im Spint, 1906/08/09 und 1923. Am 9. Juli 1912 gewann er den Peugeot-Preis über 10000 Goldfranken, indem er mit einem ›fliegenden Fahrrad‹ mit Doppeldecker-Tragflächen einen 11,89 m weiten Luftsprung in 1,5 m Höhe machte.

Poulidor, Raymond; *15. 04. 1936. Radrennfahrer, Frankreich. Einer der populärsten Rennfahrer der 60er und 70er Jahre. Seine Fans gaben ihm den liebevollen Beinamen Pou-Pou. Er ging als ›ewiger Zweiter‹ in die Geschichte ein. Sein Kampfgeist und auch die vielen dramatischen Niederlagen brachten ihm die Sympathien des ganzen französischen Volkes und die Achtung seiner ausländischen Kollegen ein. 1974 wurde er Vize-Weltmeister im Straßenrennen der Berufsfahrer und es gelang ihm noch dreimal bei einer Straßen-Weltmeisterschaft den dritten Platz zu erzielen. Er starte 14 mal bei der Tour de France, gewann nie, aber dreimal, 1964, 1965, 1974 beendete er sie auf dem zweiten Platz. Dritter wurde er sogar fünfmal, 1962, 1966, 1969 1972 und 1976. Natürlich hat er auch große Rennen gewonnen, wie z. B. die Spanienrundfahrt 1964 und viele andere mehr.

Preßstahlrahmen; Fahrradrahmen, bei dem die Hauptkonstruktion aus in eine Form gepreßten und anschließend miteinander verschweißten Blechteilen besteht.

Prinzenparkstadion; a) berühmte Radrennbahn in Paris im Bois de Boulogne. b) Fußballstadion in Braunschweig. Dort findet alljährlich Pfingsten das Radrennen ›Rund um den Prinzenpark‹ statt.

Produkthaftung; Hersteller sind gesetzlich verpflichtet, für die Qualität und Haltbarkeit ihrer Produkte zu haften. Bei materiellen und körperlichen Schäden, die durch die Benutzung eines fehlerhaften Produktes entstehen, müssen sie den Nachweis ihrer ›Nichtschuld‹ führen, um aus der P. entlassen zu werden. Gelingt ihnen dieser Nachweis nicht, dann sind sie zum Schadenersatz verpflichtet.

Prolog; Auftaktveranstaltung eines Etappenrennens. Darin wird der Träger des Spitzenreitertrikots für die erste Etappe ermittelt. Das Ergebnis wird nicht zur Wertung des Rennens hinzugezogen.

Pronk, Jan; Radrennfahrer, Niederlande. Steher-Weltmeister der Berufsfahrer 1951 in Mailand (I).

Pronk, M.; Radrennfahrer, Niederlande. Steher-Weltmeister der Amateure 1981.

Proost, Leo; Radrennfahrer, Niederlande. Viermal Steher-Weltmeister der Berufsfahrer, 1963, 1967 und 1968, Zweiter 1964, Dritter 1966.

Proost, Louis; Radrennfahrer, Belgien. Straßen-Weltmeister der Amateure 1957 in Waregem (B).

Protektor; von Protektion: Schutz. Gummi-Lauffläche eines Reifens. An ihrer Oberfläche befindet sich das Profil. Der P. schützt den Reifen vor Beschädigungen.

Protin, Robert; *10. 11. 1872. Radrennfahrer, Belgien. Erster Sprint-Weltmeister der Berufsfahrer 1895 in Athen.

psi; engl. Abk. für eine Maßeinheit des Reifendrucks: Pound per quare inch.

Psycho-Dreirad; 1885 auf der Stanley Show in London von der Firma Starley Brothers ausgestelltes Dreirad. Es erhielt eine Auszeichnung der Königin Victoria.

Publikum; die Gesamtheit der Zuschauer einer Veranstaltung.

Pulsfrequenz; *Herzfrequenz.*

Pulsmessgerät; *Herzfrequenzmesser.*

Pulverbeschichtung; Verfahren zur Oberflächenbehandlung von Metallteilen. Die P. kann auf elektrostatischem Wege oder im Schmelzverfahren aufgetragen werden. In beiden Fällen ergibt sich ein sehr schlagfester und gut haftender Oberflächenschutz mit langer Lebensdauer.

Pumpengummi; Teil der Luftpumpe. Das P. sitzt im Pumpenkopf und stellt nach dem Aufstecken der Pumpe eine Dichtung zwischen dem Ventil und der Pumpe her; dadurch verhindert es den Luftaustritt am Ventil vorbei.

Pumpenkolben; Teil der Luftpumpe. Stange, an deren Ende die Pumpenmanschette aus Gummi oder Leder befestigt ist, mit deren Hilfe die Luft im Zylinder zusammen- und in das Ventil gepreßt wird. Am anderen Ende befindet sich der Griff oder die Anflanschung an einen Hebel (z. B. bei der Fußpumpe).

Pumpenspitze; Anlötteil, das am Rahmen zum Befestigen einer Luftpumpe angelötet wird. *Pumpenhalter.*

Punktefahren; Bahnrennen mit Massenstart und Zwischenwertungen, sog. Wertungssprints, in denen jeweils die ersten vier Fahrer 5, 3, 2 und 1 Punkt erwerben können, wobei die Schlußwertung doppelt zählt. Sieger ist derjenige, der am Schluß die meisten Punkte in den Wertungssprints erzielt hat. Allerdings kann man auch mit Rundenvorsprung, ohne Punkte gewonnen zu haben, siegen, denn Rundengewinn geht vor Punktgewinn.

Punktergebnis; Endergebnis eines *Kriteriums* oder *Punktefahrens.* Dabei ergibt die Anzahl der in den Wertungssprints gewonnenen Punkte der einzelnen Fahrer die Reihenfolge ihrer Plazierung.

Punktsieg; Sieg durch die Anzahl der in den Wertungssprints erzielten Punkte. Hierbei ist es gleichgültig, ob der Fahrer beim Schlußsprint vorn ist. Theoretisch könnte also auch der letzte Fahrer, der die Ziellinie überquert, der Sieger sein, wenn die Anzahl der Punkte, die er in den übrigen Wertungssprints sammeln konnte, die höchste ist, die insgesamt erreicht wurde.

Punktwertung; Zwischensprint, bei dem Punkte für das Endergebnis erworben werden können. Bei Punktefahren und Kriterien ist die P. obligatorisch.

Putzring; *Nabenputzring.*

Q

Quadriathlon; Vierkampf, ähnlich dem Triathlon, nur mit zusätzlichem Kanufahren. Bei den Weltmeisterschaften müssen folgende Disziplinen bewältigt werden: 5 km Schwimmen, 20 km Kaunufahren, 100 km Radfahren und 21 km Laufen.

Quadruplet; sechsrädriges Gefährt der Brüder Pirzer, München, 1888. Vier Personen hatten Platz. Der Antrieb erfolgte über Pedale und Ketten.

Qualifikation; Eignungsnachweis, um z. B. in die Nationalmannschaft aufgenommen zu werden. Vor Bahnmeisterschaften müssen die Teilnehmer vorgegebene Zeiten über bestimmte Distanzen erreichen, um teilnehmen zu dürfen.

Qualifikationslauf; Einzelzeitfahren über 200 m mit fliegendem Start. Nach den dort erzielten Zeiten ergeben sich die Zusammensetzungen der nachfolgenden Sprinterläufe.

Qualifikationszeit; eine von einem Verband festgelegte Zeit über eine bestimmte Distanz, die von Sportlern als Befähigungsnachweis erreicht werden muß, um zur Teilnahme an bestimmten Rennen zugelassen zu werden.

Querfeldeinrad; spezielles Rennrad für den Einsatz bei Querfeldeinrennen. Besonderheiten sind: Cantilever-Bremsen, extreme Übersetzung, Lenkerendschalter oder Schaltbremsgriffe und grobstollige Reifen.

Querfeldeinrennen; auch Querfeldeinfahren. Radrennen, die auf Rundstrecken, deren größter Teil aus Wegen und Pfaden abseits von Straßen besteht, mit einem besonderen Rennrad, dem Cross- oder Querfeldeinrad, bestritten werden. Der Start erfolgt als Massenstart. Sieger ist, wer als erster die ausgeschriebene Distanz zurückgelegt, oder den Zielstrich nach der abgelaufenen Zeit als erster passiert hat.

Querfeldein-Weltmeisterschaft; jährlich stattfindender Wettbewerb zur Ermittlung des weltbesten Querfeldeinfahrers. Teilnehmer sind Mitglieder der Nationalmannschaften der gemeldeten Staaten. Der Sieger erhält den Titel ›Querfeldein-Weltmeister‹ und ein Weltmeistertrikot.

Quick Release, (engl.); *Schnellspanner.*

R

Raab, Uwe; *26. 07. 1962. Straßen-Weltmeister der Amateure 1983. Sechsmaliger DDR-Straßenmeister, zwischen 1981–1989.

RAAM, (Abk.); *Race Across Amerika.*

Raas, Jan; *08. 11. 1952. Radrennfahrer, Niederlande. Straßenweltmeister der Berufsfahrer 1979 in Valkenburg (NL) vor Thurau (D) und Bernaudeau (F). Dreimal Niederländischer Straßenmeister.

Raasch, Emanuel; *16. 11. 1955. Radrennfahrer, Deutschland. Zweimal Weltmeister im Tandem 1991 und 1992.

Rad; das R. ist schon sehr alt, vielleicht schon mehr als 10000 Jahre. Abbildungen aus Kleinasien datieren aus dem 4. Jtsd. vor unserer Zeitrechnung. Die ersten R. waren aus Brettern gezimmerte Holzscheiben. Erst ca. 2000 Jahre später tauchen in Ägypten Speichenräder auf. Mit Verbreitung des Eisens kam man darauf, das hölzerne R. mit einem Eisenreifen zu umgeben. Erste Veränderungen gab es 1839 mit dem von dem Briten Charles Goodyear hergestellten vulkanisierten Gummi.

Radball; gibt es als Sechser-, Fünfer- und Zweier-R. Fünfer- und Zweier-R. sind Saalsportarten und werden in Hallen gespielt. Dabei versuchen zwei Mannschaften, deren Spieler sich mit Fahrrädern auf dem Spielfeld bewegen, einen Ball über die Torauslinie des Gegners zu bringen. Sechser-R. wird im Freien gespielt und auch als Rasen-Radball bezeichnet.

Rad-Computer; auch Fahrradcomputer. Elektronisches Anzeigegerät, das Geschwindigkeit, zurückgelegte Fahrstrecke und vieles mehr anzeigt. Die R. haben die mech. Tachometer abgelöst.

Radeinführungshilfen; Draht- oder Kunststoffbügel, der entweder direkt am Bremsschuh sitzt, oder aber zusammen mit ihm am Bremsschenkel festgeschraubt wird. R. sind so geformt, daß das Laufrad mit seinem Reifen beim Hineinstecken in den Rahmen oder die Gabel durch sie mittig zwischen den Bremsklötzen geführt wird. Mit R. an den Bremsklötzen besteht keine Gefahr, daß die Klötze aus dem Bremsschuh heraus gestoßen werden.

Radfahrcorps; militärische Einheit, die Fahrräder als Transportmittel einsetzt. Das erste R., das 26. Middlesex Cyclist Volunteer Rifle Corps, wurde 1888 in England von A. T. Savil gegründet. Es bestand zu Beginn aus 121, später aus 361 Mann.

Radfahrkarte; Ausweis, der Ende der neunziger Jahre des 19. Jh. von den Radfahrern mitgeführt und auf Verlangen der Polizei vorgezeigt werden mußte. Nach ihrer Einführung durfte ohne R. auf öffentlichen Wegen nicht Rad gefahren werden. Dieser ›Führerschein für Radfahrer‹ konnte nach schweren Verfehlungen auch eingezogen werden. Die Auflagen, die mit dem Besitz einer R. verbunden waren, unterschieden sich regional. R. waren bis ca. 1920 gebräuchlich.

Radhose; Teil der Bekleidung. Die R. ist so geschnitten, daß sie hinten hoch bis über die Nieren reicht. Damit die Hose möglichst stabil sitzt, gehen die Hosenbeine bis kurz vor die Knie. Im Schritt ist ein Innen- oder auch Hosenleder eingenäht. Radrennfahrer fetten das Innenleder ein, am besten mit Lebertransalbe, weil damit das gefürchtete Wundreiben vermieden werden kann. Eine auf diese Art präparierte Hose scheuert nicht. Sie sitzt stabil, ohne zu rutschen, wenn man Hosenträger befestigt. Ideal sind Trägerhosen.

Radialspeiche; Fahrradspeiche, die auf Zug und Biegung beansprucht wird und deshalb besonders stabil sein muß. Alle Holzspeichenräder waren mit R. versehen. Sie wurden direkt von der Nabe auf kürzestem Weg zur Felge angebracht. 1829 erfand Th. Jones (GB) die Eisenspeiche. Sie wurde bis 1874 nur als R. eingesetzt. Danach ging man mehr und mehr zur *Tangentialspeiche* über. Bevor die modernen Scheibenräder den Radsport revolutionierten, wurden häufig die Laufräder von Zeitfahrrennrädern wegen des verringerten Gewichts und der günstigeren Aerodynamik radial eingespeicht. Moderne Hochleistungslaufräder mit Spezialfelgen aus Aluminium, Karbon usw. haben häufig wieder R.

Radlager; Kugellager, rechts und links in der Radnabe.

Radlagerachse; Achse des Vorder- und Hinterrades. *Vorderradachse, Hinterradachse.*

Radlagerschale; Lagerschale, die rechts und links in einer Nabe eingebaut ist. Zwischen ihr und dem Konus läuft das Kugellager.

Radläufer; nannte man früher den ›Fahrer‹ eines *Laufrades* oder einer *Draisine*. Der R. stieß sich mit den Füßen vom Untergrund ab und schob sich damit samt seinem Gefährt vorwärts.

Radmutter; Schraubenmutter zum Befestigen eines Laufrades im Rahmen. R. werden rechts und links auf das Gewinde der Nabenachse geschraubt und gegen das Ausfallende festgezogen.

Radpolo; eine der Saalsportarten des Frauenradsports. Im Prinzip ähnlich, wie *Radball*. Der Unterschied besteht darin, daß die Spielerinnen den Ball mit einem Polostock führen und schlagen. Er darf mit dem Rad nur gestoppt werden.

Radprofi, Abk.; Radprofessional. *Berufsfahrer.*

Radrennbahn; spezielle Fahrbahn für den *Bahnradsport*. Eine R. besteht aus zwei durch zwei Gerade verbundene überhöhte Kurven. Bei der Konstruktion wird darauf geachtet, daß die Form der Bahn, ihre Länge und die Kurvenüberhöhung so gestaltet sind, daß jeder Fahrer seine Chance ohne besondere Risiken und Gefahren wahrnehmen kann. Die Bahn kann aus Holz (Holzbahn) oder aus Beton (Betonbahn) gebaut sein. Es gibt auch Bahnen mit *Makadamdecke. Der Mindestdurchmesser der Kurven beträgt 16,5 m. Die Länge sollte so gewählt sein, daß sich durch die Multiplikation von halben oder ganzen Runden ein Maß von 1000 m ergibt. Radrennbahnen, auf denen Weltmeisterschaften ausgetragen werden, müssen mindestens 250m lang sein. Sommerbahn, Winterbahn.*

Radsport; Oberbegriff für alle Sportarten, die mit einem Fahrrad ausgeführt werden. Man unterscheidet Renn- und Saalsport.

Radsportabzeichen; *Deutsches Radsportabzeichen.*

Radsportarten; Sammelbegriff für die mit einem Fahrrad ausgeübten Sportarten. Man unterscheidet *Straßenrennsport, Bahnrennsport, Kunstradfahren, Radball* und *Radpolo.*

Radsportdisziplinen; sind die einzelnen Wettbewerbe, die sich in ihren Bedingungen voneinander unterscheiden. Man unterteilt in Disziplinen des Straßenrennsports, des Bahnrennsports und des Saalsports.

Radstand; Maß von der Mitte der Vorderrad- bis zur Mitte der Hinterradachse.

Radtourenfahrten; ein Angebot des ›Bundes Deutscher Radfahrer‹ und der Radsportvereine, die sie organisieren. Dort treffen sich Gruppen, die gemeinsam Touren planen und durchführen.

Radtouristikfahrt; Abk.: RTF. Radsportart, die nicht zum Leistungssport zählt, aber dennoch Leistung abverlangt. Die R. zählt zum Breitensport. Dabei geht es nicht um erste Plätze, sondern ums Mitmachen. Allerdings gibt es Möglichkeiten des Leistungsvergleichs bei sportlichen Einlagen. Mittlerweile haben die R. schon Tradition und dementsprechend gibt es europaweit auch ein großes Angebot klassischer R., an denen in jedem Jahr Tausende teilnehmen. Am Ende eines Jahres wird die Anzahl der bei den Veranstaltungen gefahrenen Kilometern zusammengezählt und in einer Wertung erfaßt. Diejenigen, die die meisten Kilometer nachweisen können, werden Klassensieger ihrer Jahrgänge.

Radwanderweg; speziell ausgewiesener Wanderweg für Menschen, die mit dem Fahrrad hautnah Natur erleben wollen. In den Radfahrkarten sind diese speziellen Routen besonders gekennzeichnet.

Radwechsel; bei einem Defekt während eines Rennens wird oftmals das gesamte Rennrad getauscht. Dieser Wechsel geht sehr schnell vonstatten, so daß der Rennfahrer meistens rasch wieder Anschluß an das Feld gewinnt. Handelt es sich nur um einen Reifenschaden, wird das betreffende Laufrad getauscht, auch das geht sehr schnell, vor allem wenn es sich um das Vorderrad handelt. Beim R. während eines Rennens müssen aus Sicherheitsgründen einige Regeln eingehalten werden: Der R. darf nur am rechten Straßenrand stattfinden. Wird Ersatzmaterial von einem Begleitfahrzeug angenommen, dann muß unbedingt vor dem Auto gewechselt werden.

Radweg; Fahrstreifen, dessen Benutzung ausschließlich dem Fahrradverkehr vorbehalten ist. R. tragen zu einer Entflechtung des Großstadtverkehrs bei und erhöhen die Verkehrssicherheit für Radfahrer erheblich.

Radwegekarte; Landkarte, in der speziell die Radwege deutlich hervorgehoben sind.

Radwegenetz; bezeichnet die Gesamtheit von Radwegen einer Region.

Race Across America, (engl.); Rennen quer durch Amerika. Längstes Radrennen der Welt. Führt auf wechselnden Routen von der West- zur Ostküste nonstop über rund 5000 km. Sieger ist, wer als erster das Ziel erreicht, dabei gibt es keine vorgeschriebenen Pausen. 1991 zum ersten Mal durchgeführt.

Rahmen; Teil des Fahrrades. Es gibt R. für jeden Fahrradtyp, vom Kinder- über das Damen- und Sportrad bis hin zu High Tech Sportgeräten. Der R. hat die Funktion, die Fahrradteile aufzunehmen und miteinander zu verbinden. Vorn werden Lenker, Gabel und Vorderrad eingebaut. Im Hinterbau wird das Hinterrad befestigt. In das Tretlagergehäuse wird das Innenlager des Antriebs montiert. Die Sattelstütze steckt im Sitzrohr. Die gebräuchlichste Rahmenform ist der Trapez- oder *Diamantrahmen*. R. werden aus Stahl-und Aluminiumrohren oder solchen aus Verbundwerkstoffen in Verbindung mit Muffen gelötet oder geklebt. Muffenlos werden sie verschweißt. Eine besondere Form ist die des Monococrahmens, der aus Carbon-Kohlenstoffasern in einem Stück hergestellt wird.

Rahmenbaumaterial; damit sind alle zum Bau eines Fahrradrahmen nötigen Teile gemeint. Dazu gehören die Rohre, Muffen, Anlötteile und das zum Löten benötigte Lot, oder bei alternativer Fertigungstechnik der benötigte Kleber.

Rahmenbelastung; es gibt statische und dynamische Belastungen, die auf einen Fahrradrahmen wirken. Die statische besteht aus dem Eigengewicht und einer eventuellen Nutzlast (kann auch der Fahrer sein). Die dynamische Belastung tritt erst in der Bewegung auf. Sie wird durch das Beschleunigen, Verzögern und die Unebenheiten des Untergrundes verursacht. Die auftretenden Kräfte können als Druck-, Zug- und Biegekraft wirken und den Rahmen auf Zerreißen, Biegen, Knicken und Verwinden beanspruchen.

Rahmenbruch; unangenehmer und teurer Defekt. Unangenehm, weil bei einem R. der Fahrer häufig stürzt und Verletzungen die Folge sind. Teuer, weil nach einem R. das komplette Fahrrad auseinandergenommen und unter großem Aufwand mit einem neuen Rahmen wieder zusammengebaut werden muß. Die Ursachen für einen R. liegen entweder in seiner mangelhaften Verarbeitung oder in Überlastung, oft verursacht durch vorausgegangene Stürze, nach denen Schäden unbemerkt geblieben sind.

Rahmendreieck; damit ist der Hauptrahmen gemeint, der aus dem Ober-, Unter- und Sitzrohr gebildet wird. Da das Steuerrohr nicht dazuzählt, ist die Bezeichnung R. eigentlich nicht richtig, denn es handelt sich um ein Viereck. Nur bei Rahmen mit sehr kurzem Steuerohr kann es einmal vorkommen, daß man es mit einem Dreieck zu tun hat.

Rahmenhöhenermittlung; Abnehmen und Sammeln der Maße des Fahrers. Das kann mit Hilfe von Tabellen, in die man die Maße des Menschen einträgt, oder mit einem Meßrahmen auf den sich die Person setzt und von dem dann direkt die Maße abgelesen werden, erfolgen.

Rahmenlehre; Spezialwerkzeug zum Bauen und Vermessen eines Fahrradrahmens.

Rahmennummer; Nummer, die in den Rahmen eingestempelt wird. Man findet sie meistens unter dem Tretlagergehäuse, seltener am Ausfallende, am Sitz- oder Steuerrohr. Oft ist es eine Seriennummer des Herstellers, die Aufschluß über das Datum der Herstellung und über die Serie der Produktion gibt. Für die Polizei oft die einzige Möglichkeit zur Identifizierung nach einem Diebstahl. Deshalb sollte man sich die Rahmennummer seines Fahrrades notieren, um sie im Notfall angeben zu können. Zu diesem Zweck gibt es bei der Polizei und den Versicherungen einen Fahrradpaß.

Rahmenrohr; jedes zum Bau eines Fahrradrahmens notwendige Rohr. Ein Diamantrahmen besteht aus dem Rohren des Hauptrahmens, *Steuer-, Sitz-, Ober-* und *Unterrohr* und denen des Hinterbaus, zwei *Sitzstreben, Ketten-* und *Unterstrebe*. Insgesamt sind es acht.

Rahmenschloß; Schloß, das auf einer angelöteten oder angeschraubten Platte direkt am Hinterbau des Rahmens befestigt wird. Es kann ein Steck- oder ein Bügelschloß sein. Beide greifen sie in die Speichen des Hinterrades und blockieren sie.

Rahmensteg; kurzes Rohrstück, das hinter dem Tretlagergehäuse zur Verstärkung zwischen der rechten und linken Unterstrebe eingelötet wird.

Rahmenstrebe; die dünnen Rohre des Hinterbaus nennt man auch Streben. Es sind die Ketten- und Unterstrebe und die beiden Sattelstreben.

Raleigh; Erfinder, Großbritannien. Konzipierte 1897 einen Antrieb, bei dem durch Austausch der Kettenräder die Übersetzung verändert werden konnte. Die Fahrradmarke R. ist noch heute ein Begriff.

Ralley, (engl.); Sportveranstaltung,

bei der nicht nur die sportliche Leistung, sondern auch Geschicklichkeit und Wissen gefragt sind. Fahrradralleys sind ein beliebter Freizeitspaß für alle Altersgruppen.

Randonneur, (frz.); Lenkerform, die gern von Reiseradlern verwendet wird. Ähnlich einem Rennlenker, ist die obere Griffposition, rechts und links des Vorbaus um einige Zentimeter höher ausgeführt, so daß sich eine bequemere Haltung auf dem Rad ergibt.

Ranucci, Sante; Radrennfahrer, Italien. Straßen-Weltmeister der Amateure 1955 in Frascati (I).

Rapp, Eduard; Radrennfahrer, Sowjetunion. Weltmeister im 1000-m-Zeitfahren 1974.

Rasenradball; Form des *Radballs*, die im Freien gespielt wird.

Rasterschaltung; indexierte Kettenschaltung, bei der die Gänge nach Betätigung des Schalthebels einrasten. Man muß also nicht mit Gefühl schalten und die Gänge suchen.

Rasterung; ist bei indexierten Kettenschaltungen entweder am Schaltwerk oder im Schalthebel zu finden. Sie besteht meistens aus einem gezahnten Segment, in dessen ›Täler‹ eine Kugel greift. Die Distanz von einem ›Tal‹ zum anderen entspricht dabei dem Abstand der Ritzel des Zahnkranzes.

Rattrappedal; Sportpedal mit einem schmalen Kastenkäfig, dessen Metallkanten leicht gezahnt sind, damit die Füße besseren Halt finden und nicht abrutschen.

Raynaud, André; Radrennfahrer, Frankreich. Steher-Weltmeister der Berufsfahrer 1936 in Zürich (CH).

Reed, Arthur; Radrennfahrer, Großbritannien. Sprint-Weltmeister der Amateure 1903 in London (GB).

Reflektor; wirft eingestrahltes Licht zurück. Teil der Sicherheitseinrichtung eines Fahrrades. *Katzenauge.*

Reflektorpedal; Pedal, an dessen Käfig Reflektoren (Katzenaugen) angebracht sind.

Reflektorreifen; Reifen, an dessen Flanken rechts und links umlaufend ein lichtreflektierender Streifen angebracht ist. Diese Streifen sind vor allem in der Dunkelheit sehr gut zu erkennen und reflektieren das Licht sehr hell, wenn sie angestrahlt werden. Wenn R. am Fahrrad montiert sind, brauchen keine zusätzlichen Speichenstrahler angebaut werden.

Reflexfolie; Klebefolie mit reflektierender Oberfläche. Eignet sich sehr gut dazu, das Fahrrad damit zu bekleben, damit man bei Dunkelheit im Verkehr besser sichtbar ist.

Reformsattel; anderer Name für Gesundheitssattel.

Regele, Gudrun; *09. 02. 1962. Kunstradfahrerin, Deutschland. Weltmeisterin 1984.

Regenbogentrikot; Weltmeistertrikot. Weißes Trikot mit fünf Brustringen in den Regenbogenfarben, blau, rot, schwarz, gelb und grün. Die Sieger von Weltmeisterschaften bekommen dieses Trikot als sichtbares Zeichen ihrer Würde bei der Siegerehrung übergestreift. Sie dürfen es so lange tragen, bis neue Weltmeister in den jeweiligen Disziplinen gekürt werden.

Regenbremsgummis; Bremsklötze aus einer speziellen Gummimischung, die bei Regen recht gut bremsen. Bei Trockenheit ist ihre Wirkung nicht schlechter als die anderer Bremsgummis, allerdings bremsen sie sich schneller ab und müssen häufiger ersetzt werden.

Regenkleidung; es gibt ein recht großes Angebot an R. Ponchos oder Pelerinen sind für den Alltagsradler keine schlechte Wahl. Sie sind wasserdicht, der Körper bekommt gut Luft darunter, man kann sie gut verstauen und sie sind sehr preiswert. Wer viel Wert auf modisches Aussehen legt, der wird allerdings eher zu Regenjacken, oder in Verbindung mit einer Hose, zu einem Regenanzug greifen. In der Regel sind alle angebotenen Teile wasserdicht. Bei einigen von innen Gummibeschichteten löst sich allerdings nach einiger Zeit die Gummierung und mit der Dichte ist es vorbei. Außerdem schwitzt man nach kurzer Zeit unangenehm stark. Es lohnt sich also, etwas mehr zu investieren und sog. atmungsaktive R. zu kaufen. Sie besteht aus Klimafasern, die wind- und wasserdicht sind, aber gleichzeitig die Körperatmung nicht behindern.

Reibradantrieb; die Kraftübertragung geschieht über ein Gummirad, das von einem Kurbelgetriebe angetrieben, direkt auf den Reifen des Hinterrades wirkt. Der Holländer Borgert experimentierte damit 1970.

Reibrolle; Teil eines Dynamos. Sie läuft an der Flanke oder auf der Lauffläche des Reifens und wird durch diesen angetrieben.

Reibrollendynamo; Lichtmaschine, deren Reibrolle an der Flanke eines Reifens oder mittig auf seiner Oberfläche läuft und durch diesen angetrieben wird. R. werden meistens unten hinter dem Tretlagergehäuse des Fahrradrahmens befestigt.

Reibungsbremse; *Timberlake-Ratchet-Bremse.*

Reifen; die ersten Reifen waren Eisenringe, die man auf die Holzfelgen zog, um deren Haltbarkeit zu erhöhen. Nach den Erfindungen vulkanisierten Gummis durch Goodyear (GB) 1839, und einem Verfahren zur Herstellung von Hartgummi 1844 durch Hancock (GB), machte man sich dessen Flexiblität in bescheidenem Maße zunutze, indem man daraus Vollgummireifen herstellte. Kurz danach versah man sie im Innern mit Hohlräumen, um den Fahrkomfort zu erhöhen. Aber erst mit der erneuten Erfindung des Luftreifens (er war schon einmal, 1845 durch den Briten Thomson erfunden worden) durch Dunlop (GB) 1888, wurde der Durchbruch zu den uns heute bekannten R. erzielt.

Reifenbandage; Leinenstreifen, der mit Schellack über die Felge auf die Flanken des Reifens geklebt wird. In der Anfangszeit der Luftreifen befestigte man auf diese Art Reifen auf Holzfelgen. Noch heute werden die Reifen von Steherrennrädern auf diese Weise zusätzlich gesichert.

Reifenbremse; einfache Bremse, bei der ein Bremsklotz auf die Lauffläche des Reifens gepreßt und durch die so entstehende Reibung die Verzögerung erzielt wird. Bei Tourenrädern findet man heute noch R.

Reifendimension; Größen von Reifen hinsichtlich ihres Durchmessers und ihres Querschnitts. Es gibt viele verschiedene R., die sich je nach Fahrradtyp, -größe und Einsatzzweck unterscheiden. Die Maße sind in Zoll und mm angegeben und auf der Flanke des Reifens angebracht.

Reifendruck; um eine einwandfreie Funktion zu gewährleisten muß ein Reifen mit dem richtigen Luftdruck aufgepumpt sein. Bei Niederdruckreifen beträgt er zwischen 1,8 und 2 bar, Hochdruckreifen werden mit 6–7 bar, Schlauchreifen sogar mit 7–11 bar aufgepumpt.

Reifenheber; Spezialwerkzeug. Montierhebel zum Aufziehen des Reifens auf die Felge.

Reifenkitt; Kleber zum Aufkleben von Schlauchreifen auf die Schlauchreifenfelge. Früher benutzte man Schellack.

Reifenprofil; Oberflächenstruktur eines Reifens, von der seine Bodenhaftung, die Traktion und der Rollwiderstand abängt. Das R. kann sehr unterschiedlich aussehen und ein Reifen wird je nach seinem Verwendungszweck mit einem bestimmten Profil ausgesucht. Bei Reifen für ein Rennrad wählt man eine möglichst glatte Oberfläche, beim Mountain-Bike-Reifen dagegen meistens eine recht grobe.

Reifenschoner; Schutzhülle, die über den Reifen eines Laufrades gezogen wird um Beschädigungen beim Transport zu vermeiden. R. werden vor allem von Radsportlern für Schlauchreifenräder auf der Reise zu den Veranstaltungen verwendet.

Reifentasche; kleine Tasche für den Transport des Ersatzreifens während der Fahrt. Sie wird meistens unter dem Sattel befestigt.

Reilly, W.; Großbritannien. Ließ sich 1896 eine Nabe mit integriertem Zweiganggetriebe patentieren. Zweigangnaben gab es schon ab 1877, aber erst die von R. war unter kaufmännischen Gesichtspunkten ein Erfolg.

Reiserad; leichtes und stabiles Fahrrad, dessen Ausstattung es besonders geeignet macht, um damit auf Reisen zu gehen. Dabei kommt es auf die Funktionalität der verwendeten Teile genauso an, wie auf ihre Robustheit. Außerdem müssen stabile Gepäckträger vorhanden sein. Besonderen Wert sollte auf die richtige Sitzposition gelegt werden.

Reitrad; Fahrrad, das durch rhythmische Gewichtsverlagerung des Fahrers angetrieben wird. Diese Art des Antriebes nennt man auch Reitantrieb oder Gewichtsverlagerungsantrieb.

Renard, Victor; baute 1878 das größte Hochrad der Welt mit ca. 250 cm Vorderraddurchmesser und ca. 70 kg Gewicht. Er präsentierte es auf der Pariser Weltausstellung 1867.

Rennanzug; Sportbekleidung. Einteiler, bei dem Hose und Trikot zusammen ein Kleidungsstück bilden. R. werden bei Bahnrennen und kurzen Rundstreckenrennen auf der Straße gern getragen.

Rennfelge; besonders leichte und dabei doch stabile Felge für ein Rennrad. Es kann sich dabei um eine Hochdruck-, oder um eine Schlauchreifenfelge handeln. Rennfelgen sind im Gegensatz zur Trainingsfelgen besonders leicht.

Renngabel; Gabel eines Rennrades. Sie ist meistens aus besonders hochwertigem Material hergestellt. Die Biegung von R. ist flacher als die von Sportgabeln, da ihr *Nachlauf* geringer ist. Ihre Gabelscheiden sind kürzer, um eine höhere Stabilität zu erreichen.

Rennhandschuh; Handschuh, der sich aus dem *Bremshandschuh* entwickelt hat. Die Innenhand besteht meistens aus Leder, das Oberteil aus Lycra. Die Finger sind nicht bedeckt. Der R. verhindert das Abrutschen verschwitzter Hände vom Lenker und Verletzungen und Blasen an den Händen.

Rennhose; Teil der Radsportkleidung. Die. R. liegt eng am Körper an. Die Hosenbeine reichen bis kurz vor die Knie und das Gesäß ist durch ein eingenähtes Leder geschützt. Allerdings weicht das Leder mehr und mehr Ersatzstoffen, die leichter waschbar sind und auch sonst günstigere Eigenschaften haben sollen. Der obere Rand der R. reicht weit hinauf bis über die Nieren. Häufig werden auch Trägerrennhosen verwendet.

Rennlenker; tief nach unten gebogene Lenkstange eines Rennrades. Entgegen der landläufigen Meinung, daß man durch die Haltung auf einem R. Rückenbeschwerden bekommt, läßt sich sagen, daß der R. im Gegenteil sogar eine sehr bequeme Haltung auf dem Fahrrad ermöglicht. Wie sonst sollten wohl die Radrennfahrer über mehrere Stunden lang Höchstleistungen auf dem Fahrrad erbringen? Der R. ist meistens aus Aluminium hergestellt, bei Bahnrädern verwendet man, speziell im Sprint und bei den Stehern wegen der höheren Festigkeit, auch R. aus Stahl. Die spezielle Form des R. bietet dem Radfahrer vier verschiedene Griffmöglichkeiten: Im Unterlenker, auf den Bremsgriffen, über den Bremsgriffen und rechts und links neben dem Vorbau. Man kann also sehr einfach einen Haltungswechsel vornehmen, um sich zu entspannen.

Rennmaschine; *Rennrad.*

Rennmütze; einfache Kopfbedekkung aus Stoff, an der vorn ein kurzer Schirm angebracht ist. Die R. ist bei aller Einfachheit doch ein sehr durchdachtes Kleidungsstück, das mehrere Funktionen erfüllt: Zunächst einmal unterliegt ihr Äußeres modischen Einflüssen, was sich die Firmen zunutze machen, deren Werbung darauf gedruckt ist. Das Tragen der R. schützt an heißen Tagen vor einem Sonnenstich, ihr Schirm hilft als Blendschutz gegen die Sonne, bei Abfahrten gegen Insekten, die in die Augen geraten können. Außerdem saugt die R. den Schweiß auf, setzt man sie verkehrt herum auf den Kopf, dann tropft der Schweiß über den Schirm in den Nacken, statt vorn in die Augen zu laufen. Allerdings werden die R. heute fast ausschließlich zu Werbezwecken hergestellt, denn als Kopfbedeckung während des Radfahrens hat sich aus Gründen der Sicherheit der Helm durchgesetzt.

Rennposition; die tief über den Lenker gebeugte Haltung, die der Radrennfahrer im Radrennen bei hohen Geschwindigkeiten auf dem Fahrrad einnimmt. Durch die optimale Anpassung des Rahmens und die auf den einzelnen Fahrer genau abgestimmte Einstellung von Sattel und Lenker, empfinden die Radrennfahrer diese Haltung als sehr bequem und sind dadurch in der Lage, ihre Leistungen über einen langen Zeitraum zu erbringen.

Rennrad; Spezialfahrrad zur Ausübung des Radrennsports. *Straßenrennrad, Bahnrennrad.*

Rennrahmen; spezieller, meistens sehr leichter Fahrradrahmen, der zum Bau eines Rennrades verwendet wird. R. werden aus hochwertigen Stahlrohr, aus Aluminiumrohr, aus Magnesiumguß und aus Karbon-Rohren meistens in Verbindung mit Muffen hergestellt. Das Gewicht beträgt je nach seiner Größe und dem verwendeten Material zwischen 1,7 – 3 kg. Es gibt Bahn-, Straßen- und Crossrahmen, die sich alle in ihrer Geometrie und den verwendeten Anlötteilen voneinander unterscheiden.

Rennsattel; für den sportlichen Radfahrer ist der Sattel eines der wichtigsten Fahrradteile. Es gibt ein großes Angebot von R. in den verschiedensten Formen, breit, schmal, lang und kurz. Sie werden aus Leder und aus Kunststoff mit einem Lederüberzug angeboten, mit Schaumgummi und Luftpolstern. Vor dem Kauf sollte man verschiedene Sättel ausprobieren und beim Fahrradhändler Probe fahren. Heute haben sich allgemein die lederbezogenen Kunststoffsättel durchgesetzt. Sie sind sehr leicht, recht anspruchslos und durch ihre unterschiedlichen Karkassen in vielen Formen im Angebot. Die traditionellen Ledersättel sind bei entsprechender Pflege hervorragende Sitze. Allerdings müssen sie viel gefahren werden, damit sie sich an das Gesäß anpassen können und geschmeidig werden und bleiben. Sie müssen mit Lederfett getränkt werden und trocknen nach Regengüssen nur langsam. Haben Sie erst einmal den für Sie passenden Sattel gefunden, dann sollten Sie dabei bleiben, denn bei jedem Wechsel auf ein anderes Modell, verändert sich Ihre Sitzposition ein wenig.

Rennschuhe; dürfen nicht Drücken, müssen trotzdem stabil am Fuß sitzen und sie müssen zum Pedalsystem passen. Der R. hat die Aufgabe, den Druck mit der Sohle aufzunehmen und zu verteilen und die feste Verbindung zum Pedal herzustellen. An der Sohle sind oft Befestigungsmöglichkeiten für die Fußplatten unterschiedlicher Pedalsysteme angebracht. Sie werden aus Leder, Nylon oder aus einer Mischung aus beidem in vielen Formen und Farben unterschiedlicher Qualität zu verschiedenen Preisen angeboten.

Rennsocken; Strümpfe des Radrennfahrers. Sie waren früher immer weiß. Mittlerweile ist das Reglement aber soweit gelockert, daß niemand wegen seiner Socken gezwungen wird, aus einem Wettbewerb auszuscheiden.

Rennsportrad; Fahrradtyp, dem vor einigen Jahren noch die Gunst der Jugendlichen gehörte. Es handelt sich um ein Leichtlaufrad mit Kettenschaltung, schmaler Bereifung, einem Rennlenker und der Technik eines Rennrades, aber natürlich mit kompletter Straßenausrüstung wie Lichtanlage usw.

Repack-Rennen; nannte man die ersten Mountain Bike Rennen, die 1974 am Mount Tamalpais in der Nähe von Fairfax, Kalifornien (USA) veranstaltet wurden. Sie führten auf Feuerwehrwegen hinab ins Tal und waren eigentlich reine Down Hill Rennen.

Reparaturlager; gekapseltes *Innenlager*, daß bei beschädigtem Gewinde des Tretlagergehäuses in den Rahmen eingesetzt werden kann. Es besteht aus einem Patronenlager, das rechts einen leicht konischen Festanschlag besitzt und auf der linken Seite mit einem Schraubkonus ausgestattet ist. Das Lager wird einfach von rechts in das Gehäuse geschoben und auf der linken Seite mit dem Konus festgeschraubt, es zentriert sich im Tretlagergehäuse beim Festziehen selbst. Neben preiswerten Varianten in allen gängigen Größen gibt es auch qualitativ hochwertige, die wasserdicht und wartungsfrei sind.

Réveille Matin, (frz); Name einer Herberge in Villeneuve St. Georges bei Paris. Hier startete Henry *Desgrange* am 1. Juli 1903 die erste Tour de France.

Rey, Hansjörg; *04. 06. 1966. Extrem-Mountain Biker, Schweiz. Trail-Weltmeister der UCI 1986, der NORBA 1989, Vize-Weltmeister im Bike-Trail 1992. US-Meister im Trail 1987. Dreimal Schweizer Meister und viermal Deutscher Meister im Trail. In den USA hat man ihm den Namen ›no way rey‹ gegeben. Er gilt als der Pionier des Extrem-Mountain-Bikings.

Reynders, Yvonne; *04. 08. 1937. Radrennfahrerin, Belgien. Viermal Straßen-Weltmeisterin, 1959, 1961, 1963 und 1966, Vize-Weltmeisterin 1962 und 1965, Dritte 1976.

Reynolds, Harry; Radrennfahrer, Irland. Sprint-Weltmeister der Amateure 1896 in Kopenhagen (DK).

Reparaturlager, es kann ohne Gewinde befestigt werden.

Reynolds, W. F.; England. Baute 1869 zusammen mit J. A. Mays das *Phantom-Rad.*

Rheinland-Pfalz-Rundfahrt; bedeutendstes Amateur-Etappenrennen Deutschlands, nachdem die Friedensfahrt an Bedeutung verloren hat. Sie wird seit 1966 über 8–10 Etappen mit wechselnder Streckenführung ausgetragen.

Richard; Radrennfahrer, Frankreich. Zweimal Inhaber des Stundenweltrekords: 1933 mit 44,777 km und 1936 mit 45,325 km.

Richard, Pascal; Radrennfahrer, Schweiz. Querfeldein-Weltmeister der Berufsfahrer 1988.

Richter, Albert; *14. 10. 1912, † 05. 01. 1940. Radrennfahrer, Deutschland. Sprint-Weltmeister der Amateure 1932, Vize-Weltmeister der Berufsfahrer 1934 und 1935, Dritter 1933, 1936, 1937–1939. Er wurde von der Gestapo verhaftet und ermordet.

Richter, Hans; deutscher Segelflieger. Machte 1932 mit einem fliegenden Fahrrad, das eine Tragfläche von 6 m Länge besaß, kurze Luftsprünge.

Richtgerät; Spezialwerkzeug. Universalausdruck für ein Werkzeug, das dazu dient, etwas zu richten, gerade zu biegen. Z. B. zum Richten der Ausfallenden: Ausfallendenrichtgerät. Zum Richten des Rahmens: Rahmenrichtgerät, usw.

Richtwerkzeug; Spezialwerkzeug zum Ausrichten von bestimmten Teilen. *Richtvorrichtung. Richtgerät.*

Rikscha, (jap.-engl.); a) Karren, zum Transport von Menschen oder Waren, mit einer Achse und zwei Holmen zwischen denen eine Person im Lauf die R. zieht. b) Fahrradrikscha. Fortschrittlicheres Modell der R. Dreirad bei dem der Fahrer vor den Fahrgästen sitzt und in die Pedale tritt. Dieses Transportgerät zur Personenbeförderung ist im südostaiatischen Raum anzutreffen.

Rillenkugellager; Wälzlager, das seinen Namen von Rillen, in denen die Kugeln laufen, hat.

Ringschloß; Fahrradschloß, das fest am Rahmen verschraubt mit einem Stahlbügel durch die Speichen greift, der auf der anderen Seite wieder in das Schloß einrastet, so das es einen geschlossenen Ring um Felge und Reifen bildet.

Ringvelo; 1885 in Amerika von F. E. Wills und W. McMahon konstruiertes Einrad, bei dem sich der Fahrer stehend in einem Ring durch einen Antriebs-Hebelmechanismus fortbewegte.

Rinkowsky; Ingenieur, Leipzig/ Deutschland. Baute 1960 ein modernes Sesselrad, mit dem Geschwindigkeiten über 50 km/h relativ mühelos erreicht wurden. R. montierte erstmals Gürtelreifen auf einem Fahrrad.

Rioland, Roger; Radrennfahrer, Frankreich. Verfolgungs-Weltmeister der Amateure 1946.

Risi, Bruno; *06. 09. 1968. Radrennfahrer, Schweiz. Weltmeister im Punktefahren der Amateure 1991, der Berufsfahrer 1992, 1993 und 1994.

Ritchey, Tom; Rahmenkonstrukteur, Kalifornien/USA. Einer der Begründer der Mountain Bike Bewegung. Er war schon 1976 dabei, als Charles *Kelly*, Gary *Fisher* und Joe *Breeze* Repack-Rennen am Mount Tamalpais in der Nähe von Fairfax, Kalifornien (USA) veranstalteten. Er baute als einer der ersten nach Joe Breeze Mountain Bike Rahmen und gründete zusammen mit Gary Fisher unter dem Namen ›MountainBikes‹ die erste Firma, die sich mit der Herstellung und dem Vertrieb dieser Räder befaßte. Heute ist die Fahrradmarke Ritchey weltbekannt.

Ritter, Ole; *29. 08. 1941. Radrennfahrer, Dänemark. Vize-Weltmeister im Straßenrennen der Amateure 1962. Vize-Weltmeister der Berufsfahrer in der Verfolgung 1968. Inhaber des Stundenweltrekords 1968 mit 48,666 km. Er verbesserte die Marke seines Vorgängers Bracke (B) von 1967 um 573 m.

Ritzel; einzelnes Kettenrad, das auf der Hinterradnabe montiert wird. Es wird durch die Kette mit dem Kettenblatt des Tretlagers verbunden, wodurch die Kraft auf das Hinterrad übertragen wird. Als R. eines Zahnkranzes oder einer Zahnkranzkassette wird es mit anderen R. und Zwi-

Einzelnes Ritzel auf einer Siebengangnabe

schenringen auf dem Freilaufkörper montiert und erfüllt dort die gleiche Aufgabe, wie ein einzelnes R., das direkt auf die Nabe geschraubt wird.

Ritzelabzieher; Spezialwerkzeug. *Zahnkranzabzieher.*

Ritzelpaket; *Zahnkranz.*

Rivière, Roger; *23. 02. 1936, † 01. 04. 1976. Radrennfahrer, Frankreich. Dreimaliger Verfolgungs-Weltmeister der Berufsfahrer 1957–1959. Zweimal Inhaber des Stundenweltrekords: 1957 mit 46,923 km und 1958 mit 47,347 km. Nach einem Sturz in der Tour de France 1960 querschnittgelähmt.

Robic, Jean; Radrennfahrer, Frankreich. Sieger der Tour de France 1947 vor Fachleitner (F) und Brambilla (I), Vierter 1949, Fünfter 1952. Querfeldein-Weltmeister der Berufsfahrer 1950.

Robl, Thaddäus; *22. 10. 1877, † 18. 06. 1910. Radrennfahrer, Deutschland. Zweimal Steher-Weltmeister der Berufsfahrer, 1901 und 1902, Vize-Weltmeister 1903.

Roche, Stephen; *28. 11. 1959. Radrennfahrer, Irland. Zweimal Straßen-Weltmeister der Berufsfahrer, 1987 und 1988. Sieger der Tour de France und des Giro d'Italia 1987. Nur ihm und Eddy Merckx gelang es bisher diese drei Rennen im selben Jahr zu gewinnen.

Rockschutz; Kleidernetz oder Abdeckfolie, beide werden rechts und links des Hinterrades angebracht und haben die Aufgabe zu verhindern, daß ein Kleidungsstück in die Speichen gerät.

Rodriguez, Martin; Radrennfahrer, Kolumbien. Verfolgungs-Weltmeister der Amateure 1971.

Rohr, Bernd; Radrennfahrer, Deutschland. Weltmeister in der Mannschafts-Verfolgung 1962 in Mailand (I).

Rohrdurchmesser; der R. von Rahmenrohren hat einen großen Einfluß auf die Verwindungssteifheit von Fahrradrahmen. Bei großen R. ist diese höher als bei kleinen, deshalb kann eine dünnere Wandstärke gewählt werden und der Rahmen wird leichter. In der letzten Zeit haben sich aus diesem Grund *Oversize-Rohre* eingebürgert.

Rohrprofil; Rohre können in ihrem Querschnitt die verschiedensten Profile aufweisen. Von rund bis eckig ist alles möglich. Durch die Ausprägung von Profilen erreicht man meistens eine höhere Stabilität gegen Biegung und Verwindung. Flache Profile ergeben bei richtiger Anordnung eine günstigere Aerodynamik.

Rok-Sattel; spezieller Damensattel, der keine Spitze hat und mehr einem gepolsterten und gefederten Brett gleicht.

Rolle; *Hometrainer.*

Rollendynamo; Fahrradlichtmaschine, bei der sich die Reibrolle direkt auf der Lauffläche des Reifens dreht und dadurch den Strom erzeugt. R. werden meistens unten, hinter dem Tretlagergehäuse montiert.

Rollenkette; moderne Fahrradkette. Sie entwickelte sich aus der *Blockkette*. Die Kettenglieder werden durch Nieten, die kleinen Stahlrollen als Achse dienen beweglich miteinander verbunden. In die Zwischenräume greifen die Zähne von Kettenblatt und Zahnkranz ein.

Rollenlager; Wälzlager, bei dem die Wälzkörper aus Rollen, statt aus Kugeln (Kugellager), bestehen.

Roller Chain, (engl.); *Rollenkette.*

Roller-Brake, (engl.); auch Roller-Cam-Bremse. Mountain-Bike-Bremse, bei der die Bremsschenkel auf Bremssockeln, die am Rahmen angelötet sind, gelagert und befestigt sind und durch ein rollengelagertes Dreieck, das vom Bremszug nach oben gezogen wird, gespreizt werden. Dadurch werden die Bremsklötze an die Felge gepreßt.

Stephen Roche

Rollwiderstand; die Summe aller Kräfte, die beim Rollen auftreten. Das sind vor allem die Kräfte, die nötig sind, die Reibung zwischen Reifen und Straßenoberfläche zu überwinden.

Rominger, Tony; *27. 03. 1961. Radrennfahrer, Schweiz. Zweiter der Tour de France 1993. Inhaber des Stundenweltrekords 1994 mit zunächst 53,832 km und dann, in einem zweiten Versuch, 55,219 km. Er überbot die Marke seines Vorgängers Miguel *Indurain* aus dem gleichen Jahr um 2179 m!

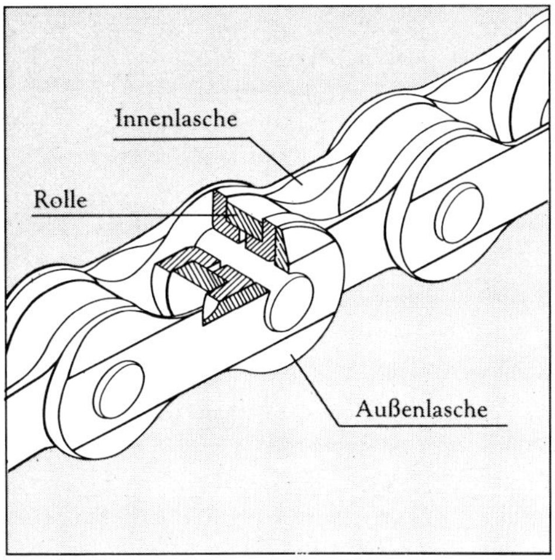

Rollenkette im Schnitt

Rondeaux, Roger; Radrennfahrer, Frankreich. Dreimal Querfeldein-Weltmeister der Berufsfahrer, 1951–1953.

Ronsse, Georges; *04. 03. 1906, † 04. 07. 1969. Radrennfahrer, Belgien. Zweimal Straßen-Weltmeister der Berufsfahrer 1928 in Budapest vor Nebe (D) und Wolke (D) und 1929 vor Frantz (L) und Binda (I), Dritter 1930.

Roper, Sylvester H.; Roxbury, Massachusetts/USA. Montierte 1869 eine kleine Dampfmaschine zwischen die Räder eines *Hanlon-Rades.* Damit war das Dampfrad, ein Vorläufer des Motorrades, geboren. Es steht heute in der Sammlung des Smithonian Institutes in Washington (USA).

Rosa Trikot; Trikot des Führenden in der Gesamtwertung des Giro d'Italia. In Italien heißt es ›Maglia Rosa‹.

Rosetten-Pedale; Pedale, bei der die Trittfläche aus einer Achse bestand, an deren rechter und linker Seite eine umlaufende Blechkante, die Rosette, das Abrutschen der Füße verhinderte. R. waren zur Zeit der Hochräder modern.

Rosner, Petra; *14. 11. 1966. Radrennfahrerin, Deutschland. Verfolgungs-Weltmeisterin 1991, Vize-Weltmeisterin 1989, Olympiasiegerin 1992.

Rost; bräunliche Zersetzungsschicht, die auf Eisen durch Einwirkung von Wasser und Luft entsteht. Vor allem durch Schwitzwasser in den Rohren des Lenkers und des Rahmens kann R. entstehen, der dann zu Rohrbrüchen führt.

Rote Linie; eine Radrennbahn ist durch rundumlaufende Linien in verschiedener Farbe markiert. Die R. ist die sogen. Sprinterlinie, die in einem gleichmäßigen Abstand von 90 cm vom Innenrand der Bahn mit roter Farbe auf der Fahrbahn angebracht ist. Während der letzten 200 m eines Sprinterrennens darf ein Fahrer, der auf dieser Linie, oder unter ihr fährt, nicht mehr links überholt werden. Fährt er allerdings über der R., dann darf an ihm sowohl links als auch rechts vorbeigefahren werden.

Rothenburger, Christa; *04. 12. 1959. Radrennfahrerin und Eisschnellläuferin, Deutschland. Sprint-Weltmeisterin 1986, Vize-Weltmeister 1987 und Silbermedaillengewinnerin der Olympischen Spiele 1988. Olympiasiegerin im Eisschnellauf 1984 und 1988. Nach Heirat Christa Luding.

Rousseau; Frankreich. Erfinder eines Fahrrads mit dem Namen Sûr, 1877. Die Besonderheit bestand in einem, gegenüber den damals üblichen Hochrädern, niedrigen Schwerpunkt und einem doppelten Kettenantrieb.

Rousseau, Michel; Radrennfahrer, Frankreich. Zweimal Sprint-Weltmeister der Amateure 1956 und 1957. Olympiasieger im Sprint 1956.

Rover; das erste Fahrrad, mit gleichgroßen Raddurchmessern. Bei ihm erfolgte der Antrieb über eine Kette auf das Hinterrad. Es hatte einen Swift-, später einen Trapezrahmen. 1884 gebaut von Starley und Sutton (GB). Der R. gilt als der direkte Vorläufer unserer modernen Fahrräder.

Royal Mail; Name eines *Convertible-Tricyles*, eines Dreirades, das mit wenigen Handgriffen durch die Montage eines weiteren Rades zu einem Vierrad gemacht werden konnte. ca. 1885.

Royal Salvo; Name eines Dreirades der britischen Königin Victoria.

RTF, Abk.; *Radtouristikfahrt.*

Rückennummer; Nummer auf einem Viereck aus Stoff oder Kunststoff, die die Teilnehmer eines Radrennens auf dem Rücken an ihrem Trikot befestigen müssen, damit sie während des Rennens, bei Wertungssprints und beim Zieleinlauf identifiziert werden können.

Rückentasche; Tasche am Rücken eines Renntrikots oder einer Trainingsjacke zum Mitführen von Verpflegung oder anderen nützlichen Dingen.

Rücklicht; Teil der Fahrradbeleuchtung. Durch Strom vom Dynamo oder aus einer Batterie betriebene Lampe, die nach hinten rotes Licht ausstrahlt.

Rückstellfeder; Zugfeder, die einen Hebel wieder in seine Ausgangsposition zurückstellt. Man findet sie z. B. an einem Schaltwerk und am Umwerfer.

Rückstrahler; rotes *Katzenauge*, das nach hinten gerichtet am Rad angebracht wird.

Rücktrittbremse; Bremse, die in der Hinterradnabe (Rücktrittnabe) integriert ist. Durch Zurücktreten der Tretkurbeln wird in der Nabe ein Bremsmantel gespreizt und von innen auf die Nabenhülse gepreßt. 1899 meldete der Amerikaner A. P. Morrow erstmals ein Patent auf die R. an. 1903 stellte der Schweinfurter Ernst Sachs die erste Freilaufnabe mit R. unter dem Namen Torpedo her.

Rückwärtsfahren; ist nur etwas für Kunstfahrer und Artisten, denn mit einem normalen Fahrrad kann man nicht rückwärtsfahren, weil man dazu einen starren Gang braucht. Die üblichen Fahrräder haben aber entweder eine Ketten- oder eine Nabenschaltung mit Freilauf oder eine Rücktrittnabe.

Rudge Rotary, (engl.); Nachfolgetyp des *Coventry Lever*-Dreirades um 1880.

Rücklicht

Rudolph, Ehrenfried; Radrennfahrer, Deutschland. Weltmeister in der Mannschafts-Verfolgung 1962. Steher-Weltmeister der Berufsfahrer 1970 in Leicester (GB). Vize-Weltmeister 1966, Dritter 1968.

Runde; Abschnitt eines Radrennens. Die Strecke vom Start bis zur Zieldurchfahrt, die bei Straßen-, Rundstrecken- oder Bahnrennen ein- oder mehrmals zu durchfahren ist.

Rundengewinn; Vorsprung von der Streckenlänge einer Runde, den ein Fahrer während eines Straßen-, Rundstrecken- oder Bahnrennens herausgefahren hat.

Rundenrekordfahren; eine der Disziplinen des Bahnrennsports. Es handelt sich um ein Einzelzeitfahren über eine Runde mit fliegendem Start. Bei Rundstreckenrennen werden manchmal R. als Rahmenprogramm, mit stehendem oder fliegendem Start, veranstaltet.

Rundenvergütung; bei Derny- und Steherrennen werden bei nachgewiesenen Defekten die verlorenen Runden bis zu einer gewissen Anzahl vergütet. Das gilt nicht für die letzten fünf Runden eines Rennens. Selten wird bei Kriterien vom Veranstalter bei nachgewiesenen Defekten bis zu einer Runde vergütet.

Runder Tritt; gleichmäßig flüssige Tretbewegungen, mit der das Fahrrad vorwärts bewegt wird. Beim R. ergänzen sich Schub-, Zug-, Druck- und

Gleitphase des Bewegungsablaufes harmonisch und garantieren optimalen Krafteinsatz.

Rundfahrt; a) Etappenrennen. Als erstes wurde 1903 die Tour de France ins Leben gerufen. Ihr folgten andere in den Nachbarländern Frankreichs. Die bedeutendsten sind der Giro d'Italia (seit 1909), die Tour de Swiss (seit 1933) und die Spanien R. (seit 1935). Neben den nationalen gibt es noch eine Vielzahl regionaler R., die auch alle mit internationaler Beteiligung durchgeführt werden. b) großes Straßenrennen, das durch mehrere Gegenden einer Region führt.

Rundkurs; Rennstrecke, bei der Start und Ziel durch die selbe Linie gebildet wird. Das Rennen verläuft vom Start auf einer Runde, die mehrmals zu durchfahren ist, zum Ziel. *Rundstreckenrennen.*

Rundnippel; Teil eines Bowdenzuges. Am oberen Ende des Zuges angelötetes oder festgequetschtes rundes Metallstück zum Einhängen des Zuges in den Brems- oder Schaltgriff.

Rundstreckenrennen; Radrennen, das auf einem für den allgemeinen Straßenverkehr gesperrten Rundkurs ausgetragen wird. Die Streckenlänge einer Runde sollte zwischen 800 und 5000 m liegen. Rennen auf einer Rundstrecke von mehr, als 5 km gelten als *Straßenrennen.* Sieger ist der Fahrer, der als erster ohne Rundenrückstand die Ziellinie überquert.

Rund um den Henninger Turm; bedeutendstes Straßenrennen Deutschlands und einziger deutscher Klassiker. Von den Gebrüdern Moos ins Leben gerufen und finanziert. Erstmals 1962 ausgetragen. Sieger war Armand Desmet (F). Es wird jährlich am 1. Mai am Fuße des Henninger Turms in Frankfurt gestartet und führt auf einer wechselnden Strecke von 210–255km in den Taunus und zurück. Deutsche Sieger waren: 1963 Hennes *Junkermann*, 1970 Rudi *Altig*, 1978 Gregor *Braun*, 1994 Olaf *Ludwig*.

Rund um Köln; deutsches Traditionsrennen, das am 13. September 1908 zum ersten Mal ausgetragen wurde. Es führte über 204 km. Sieger war Fritz Tacke (D). Das Rennen verzeichnet eine welchselhafte Geschichte. Austragungen nur für Amateure wechselten sich ab mit Anderen, an denen auch Berufsfahrer teilnahmen. Alfredo Binda (I) der Weltmeister siegte 1928. Nach 1966 gab es eine lange Periode ohne Profis. Seit 1990 wird es wieder als Profi-Rennen von Arthur Tabat und seinen Helfern des Vereins Cölner Straßenfahrer veranstaltet.

Runkel, Dieter; Radrennfahrer, Schweiz. Querfeldein-Weltmeister 1994.

Rupalley, R.; Ingenieur, Frankreich. Baute 1895 den ersten Aluminium-Rahmen. Er hatte aus Stabilitätsgründen zwei übereinander angeordnete Oberrohre. Das damit ausgestattete Fahrrad hatte ein Gewicht von nur 10 kg. Die damals üblichen Fahrräder brachten ungefähr 30 kg auf die Waage.

Rütt, Walter; Radrennfahrer, Deutschland. Sprint-Weltmeister der Berufsfahrer 1913 in Leipzig.

Ryser, Fritz; *26. 05. 1873, † 13. 02. 1916. Radrennfahrer, Schweiz. Steher-Weltmeister der Berufsfahrer 1908 in Berlin, Vize-Weltmeister 1910. Er war 1909 bei einem Steherrennen in Berlin in einen schweren Unfall verwickelt, bei dem seine beiden Schrittmacher über die Barriere ins Publikum geschleudert wurden. Es gab neun Tote und 52 Verletzte. Steherrennen wurden daraufhin vorübergehend in Preußen verboten. Die Schrittmachermaschinen durften danach keinen Windschutz mehr haben und es wurde die Rolle eingeführt.

S

Saalsport; Oberbegriff für die Radsportarten (außer Bahnrennen), die in Hallen und Sälen stattfinden. *Kunstradfahren, Radball, Radpolo.*

Sacchi, Enzo; Radrennfahrer, Italien. Zweimal Sprint-Weltmeister der Amateure 1951 und 1952. Olympiasieger im Sprint 1952.

Sachs, Ernst; *22. 11. 1867 in Petershausen bei Konstanz, 02. 07. 1932 in Schweinfurt. Radrennfahrer von 1889–1894. Am 23. 11. 1894 erhielt er sein erstes Patent auf ›Fahrradkugellager mit verschiebbarer Kugellauffläche‹. Er gründete am 01. 08. 1895 in Schweinfurt, zusammen mit Karl Fichtel, die Fichtel & Sachs OHG. Zehn Arbeitskräfte waren zunächst beschäftigt. 1903 gelang der große Wurf: Die Firma erhielt das erste Patent auf die Torpedo-Nabe. Damit begann ein großer Aufschwung für S. Noch heute werden N. unter diesem Namen produziert. Karl Fichtel starb 1911. 1912 wurde ein Zweigwerk in Tschirnitz, Böhmen gekauft, eine Fabrik in Lancaster, USA errichtet und 1915 begann S. mit dem Bau des heutigen Werkes in Schweinfurt. Während des ersten Weltkrieges waren bis zu 8000 Arbeiter mit der Rüstungsproduktion beschäftigt. Um 1920 war die Belegschaft auf 5000 Personen angewachsen, die 551 000 Naben produzierten. 1923 wurde die Firma in eine AG umgewandelt. S. bekam 1925 die Ehrendoktorwürde der Universität München verliehen. Ab 1929 verkaufte er seine Kugellagerproduktion an den Schwedischen Kugellager Trust (SKF) und entschloß sich, auch Kfz-Zubehör und Kleinmotoren zu bauen. Der ersten S.-Motor war 1930 serienreif, sein Produktionsanteil betrug schon zwei Jahre später 19%. Heute werden neben Kupplungen und Fahrwerksteilen für die Autoindustrie modernste Fahrradteile und Getriebenaben produziert.

Sachsenring; 1927 eröffnete Motorrad- und Autorennstrecke in Hohenstein-Ernstthal im Erzgebirge. Hier wurde 1960 die Straßen-Weltmeisterschaft und 1992 die *Drei-Nationen-Meisterschaft* ausgetragen.

Safety; Sicherheitsrad von Henry John Lawson, 1879. Es besaß ein großes lenkbares Vorderrad und ein kleineres über Kette und Pedale angetriebenes Hinterrad. Damit sah es unseren heutigen Fahrrädern schon sehr ähnlich.

Saladin, Fritz; Radrennfahrer, Schweiz. Querfeldein-Weltmeister der Amateure 1980.

Salumäe, Erika *11. 06. 1962. Radrennfahrerin, Estland. Zweifache Sprint-Weltmeisterin, 1987 und 1989, Olympiasiegerin 1988 und 1992. Weltrekord über 1000 m und 200 m.

Samuel, Isaak; Erfinder, Maryville, Kansas/USA. Baute um 1860 ein Dreirad mit einem großen Vorderrad und zwei kleineren Hinterrädern. Der Antrieb erfolgte über Handhebel mit Gestänge auf das Vorderrad, die Lenkung durch Stricke auf die Hinterachse.

Saronni, Guiseppe; *22. 09. 1957. Radrennfahrer, Italien. Straßen-Weltmeister der Berufsfahrer 1982 in Goodwood (GB) vor Lemond (USA) und Kelly (Irl), Vize-Weltmeister 1981, Dritter 1986. Zweimal Sieger des Giro d'Italia, 1979 und 1983, Zweiter 1986, Dritter 1981. Sieger der Tour de Swiss 1982.

Sartori, Gianni; Radrennfahrer, Italien. Weltmeister im 1000-m-Zeitfahren 1969.

Sattel; *Fahrradsattel.*

Sattelbreite; Maß über die breiteste Stelle eines Sattels. Es gibt viele unterschiedliche S. Die schmalsten Sättel findet man bei den Rennrädern, die breitesten bei denen der Sport- und Tourenräder. Grundsätzlich gilt wohl: Je aufrechter die Sitzhaltung des Radfahrers, desto breiter der Sattel.

Sattelbrücke; Teil des Sattels. Hintere Verbindung zwischen dem rechten und linken Teil des Sattelgestells, daran ist auch die Satteldecke befestigt.

Satteldecke; Sitzfläche eines Sattels. Sie wird aus Leder oder Kunststoff in den unterschiedlichsten Formen und Farben, mit verschiedenen Oberflächen hergestellt. Es gibt sie ungepolstert und auch mit vielen Arten von Polsterung.

Sattelfeder; Zug- oder Druckfeder, die unter dem Sattel eingebaut ist, um das Gewicht des Fahrers aufzunehmen, Bodenunebenheiten auszufedern und den Fahrkomfort zu erhöhen.

Sattelfett; spezielles Lederfett für die Pflege von Ledersätteln. Nur wenn ein Ledersattel genügend damit eingeschmiert ist, wird er geschmeidig und paßt sich an das Hinterteil des Fahrers an.

Sattelgestell; Rahmen aus Flach- oder Rundmaterial aus Stahl, Aluminium oder Titan, mit dem der Sattel direkt, oder mit Hilfe eines Sattelklobens auf der Sattelstütze montiert wird. Das S. verbindet die Sattelspitze mit der Sattelbrücke.

Sattelhöhe; ein etwas verwirrender Begriff. Eigentlich bezeichnet er die Höhe eines Sattels von seiner Unterkante bis zur Oberkante. Er wird aber auch anstatt des Begriffs *Sitzhöhe* verwendet, die ja das Maß von der untersten Stellung der Pedale bis zur Oberkante des Sattels ist. Eine dritte Möglichkeit ist die Verwendung für das Maß vom Austritt der Sattelstütze aus dem Rahmen bis zur Oberkante des Sattels.

Sattelkloben; Klemmschelle, mit der der Sattel fest mit der Sattelstütze verschraubt wird.

Sattelmuffe; Teil des Fahrradrahmens. Die S. verbindet das Sitzrohr mit dem Oberrohr und durch die Sattelstreben, die ebenfalls an der S. befestigt werden, den Hauptrahmen mit dem Hinterbau.

Sattelneigung; horizontale Ausrichtung der Oberfläche eines Sattels mit Drehpunkt um den Sattelkloben oder die Befestigung an der Sattelstütze. Die Sattelspitze sollte mit der Sattelbrücke weitgehend eine Waagerechte bilden. Zur Ausrichtung kann man eine Wasserwaage auf den Sattel legen. Häufig begegnen einem Fahrräder, bei der die Sattelspitze atemberaubend in die Höhe zeigt oder wie eine Rutschbahn nach unten geneigt ist. Beide Einstellungen können dem Fahrer keine sichere Körperauflage und keinen Halt geben, denn er muß immer Kraft mit den Armen aufbringen, um sich vorn zu halten oder zurückzuschieben. Die Folge davon sind schnelle Ermüdung und häufig Sitzbeschwerden bis hin zu Entzündungen des Urinaltraktes.

Sattelposition; Einstellung des Sattels auf den jeweiligen Radfahrer. Die S. hängt von den Köpermaßen, vor allem der Schrittlänge ab. Sie bezeichnet aber nicht nur die Höhe des Sattels, sondern auch seine horizontale Neigung und seine Positionierung zur Tretlagerachse. Die S. ist die wichtigste Komponente der Sitzposition des Fahrers auf dem Fahrrad, von ihr hängt die Position des Lenkers ab.

Sattelspitze; das Vorderteil des Sattels mündet in die S. Bei Ledersätteln sitzt an der S. eine Spannschraube, mit der die Satteldecke nachgespannt werden kann. Die S. kann unterschiedliche Formen aufweisen. Sie kann wie bei den Rennsätteln relativ spitz zulaufen, aber auch, wie bei Tourensätteln, abgestumpft sein. Ein *ROK-Sattel* besitzt gar keine S.

Sattelstützbruch; gefährlicher Schaden, der meistens zum Sturz und zu schweren Verletzungen des Radfahrers führt. Sattelstützen dürfen auf keinen Fall über ihre Sicherheitsmarkierung aus dem Rahmen herausgezogen werden! Achten sie vor allem bei Kinderfahrrädern darauf, denn durch das Wachstum des Kindes wird zur Anpassung der Sitzposition sehr häufig die Sattelstütze immer weiter aus dem Rahmen herausgezogen. Da eine Sattelstütze nur ein dünnes Rohr ist, kann es bei falscher Einstellung schnell passieren, daß sie durch das Gewicht des Fahrers überlastet wird. Fahren sie niemals mit einer verbogenen Sattelstütze! Wechseln sie eine beschädigte Stütze immer sofort aus!

Sattelstütze; Rohr, das in das Sitzrohr des Fahrradrahmens gesteckt und dort durch den Sattelklemmbolzen in Verbindung mit der Sattelmuffe befestigt wird. Am oberen Ende der S. wird der Sattel mit Hilfe des Sattelklobens (bei Sattelkerzen), bei Patentsattelstützen direkt, befestigt. S. werden aus Stahl-, Aluminium- oder aus Karbonrohr in verschiedenen Längen und Durchmessern hergestellt. Besonders zu beachten ist, daß eine

Schaltdrehgriff

S. immer bis zu ihrer Sicherheitsmarkierung in das Sitzrohr des Rahmens gesteckt und bei Beschädigung sofort ausgewechselt werden muß.

Sattelstützenkopf; oberer Teil der Sattelstütze. Bei der *Sattelkerze* eine Verjüngung, über die der *Sattelkloben* geschoben wird, bei der *Patentsattelstütze* der Befestigungsmechanismus für den Sattel.

Satteltasche; kleine Tasche, die man hinter dem Sattel am Sattelgestell, oder an eigens dafür vorgesehenen Schlaufen anbringt. Meistens transportiert man damit Flick- und Werkzeug für den Notfall.

Sattelüberzug; Schutzüberzug für die Satteldecke. Es gibt wasserdichte Kunststoffausführungen und andere aus Stoff, die nur aus optischen Gründen verwendet werden. Zur Verbesserung des Sitzkomforts dienen gepolsterte S. Alte Sättel bekommen durch einen neuen S. wieder ein gutes Aussehen.

Sattelverleger; Hilfsvorrichtung, mit der man eine Sattelstütze außerhalb des Sitzrohres am Fahrradrahmen anbringen kann. Der S. wird am Sitzrohr von Damen- oder Kinderrädern angebracht, um den Sattel weiter nach vorn und tiefer einzustellen, als es mit der Sattelstütze im Sitzrohr möglich wäre.

Säulen-Hometrainer; gebaut 1886 von J. M. Smith. Durch ein Rohr, das auf einer Grundplatte verschraubt war, wurde ein Schwungrad geführt, das an seiner Achse aufgehängt und durch eine Tretkurbel angetrieben wurde. Der Fahrer saß auf einem Sitz, der am oberen Ende des Rohres befestigt war und hielt sich an einer verstellbaren Lenkstange fest.

Savile, A. T.; Offizier, Großbritannien. Erster Befehlhaber einer militärischen Radfahreinheit, des 26. Middlesex Cyclist Volunteer Rifle Corps, 1888.

Sawall, Walter; *18. 07. 1899, † 31. 01. 1953. Radrennfahrer, Deutschland. Zweimal Steher-Weltmeister der Berufsfahrer, 1928 und 1931, Vize-Weltmeister 1932.

Schäfer, L.; Radrennfahrer, Deutschland. Er war der erste Sieger eines Bahnradrennens in Deutschland. Bei der Eröffnungsveranstaltung der Münchner Radrennbahn in der Auenstrasse am 26. 06. 1880 holte er sich den Sieg, einen Goldpokal und 300 Mark Preisgeld.

Schaltdrehgriff; Lenkergriff, mit dem man durch Drehen die Übersetzung der Naben- oder Kettenschaltung wechseln kann. Besonders vorteilhaft ist, daß der Lenker beim Schalten nicht losgelassen werden muß.

Schalten; Wechseln der Übersetzung während der Fahrt, ohne Zeitverlust durch die Bedienung eines Hebels oder Schalters. Vor der Erfindung der Gangschaltung konnte man nur durch das Umdrehen des Hinterrades, wenn auf beiden Seiten der Nabe ein Ritzel angebracht war, oder durch Wechseln des Ritzels die Übersetzung ändern, was in beiden Fällen mit größerem Zeitaufwand verbunden war.

Schaltgruppe; die Komponenten einer Kettenschaltung: *Schaltwerk, Kettenwerfer* und *Schalthebel.*

Schalthebel; Hebel, mit dessen Hilfe das Schaltwerk oder der Kettenwerfer in eine andere Position gestellt wird, wodurch sich die Übersetzung ändert. Es gibt Einzel- und Doppelschalthebel, die mit einer Schelle befestigt und andere, die direkt auf Anlötteile geschraubt werden. Eine weitere Variante sind die *Bremsschalthebel.*

Schaltkulisse; Teil einer indexierten Kettenschaltung. Die S. kann sich am Schaltwerk (z. B. beim Positron-Schaltwerk) oder im Schalthebel befinden. Es handelt sich um ein Segment, dessen Oberfläche gezahnt ist. Der Abstand von einem Tal bis zum nächsten zwischen den Zähnen entspricht dabei im Verhältnis dem der Ritzel des Zahnkranzes. Eine Kugel rastet in diese Vertiefung ein und fixiert damit die entsprechende Position.

Schaltseil; *Bowdenzug* vom Schalthebel zum Schaltwerk und Umwerfer.

Schaltsockel; Adapter zur Montage der Schalthebel am Rahmen. Wird angelötet oder geklebt und genietet (bei Alu- und Karbonrahmen).

Schaltsystem; die Art und Weise, mit der Übersetzungen geändert werden können, sind unterschiedlich. Es gibt Gangschaltungen, die diese Aufgabe mit Hilfe von Kette, Zahnkranz und Schaltwerk lösen, und andere, die sie durch ein Getriebe im Innern einer Hinterradnabe bewältigen. Es handelt sich um Ketten- und Getriebe- oder Nabenschaltungen. Es sind verschiedene Systeme.

Schaltung; Gangschaltung.

Schaltungsrädchen; Teil des Schaltwerks einer Kettenschaltung. Es gibt das Kettenführungsrädchen, über das oben im Kettenkäfig die Kette läuft und das sie beim Schalten in die gewünschte Position führt, und die Spannrolle, über die die Kette unten im Kettenkäfig geführt ist und durch die sie gepannt wird. S. werden drehbar durch Kugel- oder Reiblager gelagert und sind aus Kunststoff oder Metall hergestellt.

Schaltwerk; Teil der Kettenschaltung. Vorrichtung zum Führen und Spannen der Kette, die durch das S. nach der Gangwahl mit dem Schalthebel von einem Ritzel auf das andere gezwungen wird.

Hydraulische Scheibenbremse von Sachs

Schaltwerkschutz; Stahlbügel, der rechts am Ausfallende des Rahmens oder auf der Hinterradachse so befestigt wird, daß er über das Schaltwerk reicht und es so vor Beschädigungen schützt.

Schaltzug; auch Schaltseil. *Bowdenzug* zur Betätigung der Gangschaltung. Er verbindet die Schalthebel mit Schaltwerk und Umwerfer.

Schaltzugführung; Anlötteil oder Schelle, die den Schaltzug um Kurven am Rahmen führt.

Scheibe; a) Kz. für *Scheibenrad.* b) Kz. für *Unterlegscheibe.*

Scheibenbremse; Bremse, bei der die Bremsklötze auf eine Metallscheibe, die auf der Nabe befestigt ist und sich mit dem Rad dreht, gepreßt werden und so die Verzögerung herbeiführen. Es gibt mechanische S., die durch einen Bowdenzug bedient werden und hydraulische, bei denen die Kraftübertragung durch Bremsflüssigkeit auf einen Bremszylinder erfolgt.

Scheibenrad; a) erste Abbildungen zeigen schon ca. 4500 Jahre vor unserer Zeitrechnung einfache S. aus Holz. Bei primitiven Kulturen und in einigen Entwicklungsländern hat sich das S. in dieser Form bis heute erhalten. b) Hochleistungslaufrad für den Wettbewerbseinsatz. Es wird aus Karbon- und Glasfaserverbindungen hergestellt. Das S. zeichnet sich durch besonders gute aerodynamische Eigenschaften bei ausreichender Stabilität aus.

Scheinwerfer; Teil der Lichtanlage. Lampe, die vorn am Fahrrad angebracht ist und weißes Licht auf die Fahrbahn wirft.

Schelle; a) Bandage aus Blech, Stahl oder Aluminium, zur Befestigung von Teilen oder Vorrichtungen an einem Rohr. b) Glocke, *Klingel.*

Scherens, Joseph; *17. 02. 1909, † 1986. Radrennfahrer, Belgien. Siebenmaliger Sprint-Weltmeister der Berufsfahrer von 1932–1937 und 1947. Sechzehnmal Belgischer Sprintermeister. Damit ist er einer der erfolgreichsten Radsportler aller Zeiten.

Schlag; umg.: Unwucht im Laufrad. *Acht.*

Schlauch; Teil der Bereifung, eigentlich Luftschlauch. Ein endloser Schlauch aus Gummi oder einer Gummi-Kunststoff-Mischung, in den ein Ventil eingeschraubt oder einvul-

Aufbau eines Schlauchreifens

kanisiert ist. Er bildet zusammen mit der *Decke* den Luftreifen. Man hat auch schon mit endlichen Schläuchen, die sich wesentlich besser montieren lassen, experimentiert, aber wegen der Unwucht, die beim Überlappen entsteht, wieder davon Abstand genommen. Bei den *Schlauchreifen* ist ein Schlauch im innern eingenäht oder einvulkanisiert.

Schlaucher; Rennfahrerjargon: Abfällig für einen Rennfahrer, der sich im Windschatten ausruht, während andere die Arbeit verrichten.

schlauchloser Reifen; *Schlauchreifen,* bei dem der Schlauch durch Vulkanisieren fest mit der Innenwand des Reifens verbunden und nicht lose eingenäht ist.

Schlauchreifen; 1890 von Michelin entwickelter Luftreifen. Er besteht aus einem endlosen Schlauch, der auf die Felge geklebt und mit Luft gefüllt wird. Heute ist er wegen seines geringen Gewichtes und seiner unvergleichlichen Laufeigenschaften noch bei Rennrädern gebräuchlich. Der S. hat einen sehr geringen Rollwiderstand. Er wird je nach seiner Qualität mit 6–12 bar aufgepumpt.

Schlauchventil; das bekannteste S. ist das Kegelventil. Der Name S. rührt daher, daß ein kleiner Gummischlauch über den Ventilkegel geschoben ist, der die Luft von innen abdichtet und dessen Widerstand beim Aufpumpen überwunden werden muß. Ein S. läßt sich relativ schwer aufpumpen, leichter geht es mit einem *Blitzventil.*

Schleifsperre; eine 1817 von Freiherr v. *Drais* angebotene Bremse für seine *Draisine* wurde von ihm S. genannt.

Schleppbremse; wohl die kurioseste Art der Bremse: Ein Ast oder Busch wird bei Bergabfahrt am Rad befestigt und hinterher geschleift. Die S. wurde nach Erfindung des Freilaufs in den 90er Jahren des 19. Jh. von Fachzeitschriften empfohlen.

Schleudergriff; Art der Ablösung beim *Zweier-Mannschaftsrennen.* Der ablösende Fahrer beschleunigt dabei seinen Partner, indem er dessen Hand im Vorbeifahren ergreift und ihn daran nach vorn schleudert, wodurch er selbst abgebremst wird.

Schloß; a) *Fahrradschloß.* b) *Kettenschloß.*

Schlosser, Annemarie; geb. Flaig. Kunstradfahrerin, Deutschland. Dreimalige Weltmeisterin, 1970–1972.

Schlüsselweite; das Paßmaß von Gabel- und Ringschlüssel (Werkzeug). Es entspricht der Größe des jeweiligen Schraubenkopfes bzw. der Mutter.

Schlußlicht; a) Teil der Lichtanlage. *Rücklicht.* b) Bezeichnung für den letzten Fahrer in einem Radrennen.

Schlußphase; *Finale.*

Schlußspurt; letzter Spurt eines Rennens. Gibt es in einem Wettbewerb mehrere Wertungsspurts, dann wird der letzte davon als S. oder Endspurt bezeichnet.

Schlußwagen; *Besenwagen.*

Schlußwertung; letzte Wertungsabnahme eines Radrennens, zugleich auch Endspurt.

Schmidt, Jörgen; Radrennfahrer, Dänemark. Straßen-Weltmeister der Amateure 1970 in Leicester (GB).

Schmidtke, Fredy; *01. 03. 1961. Radrennfahrer, Deutschland. Junioren-Weltmeister im 1000-m-Zeitfahren 1979, Weltmeister 1982, Olympiasieger 1984.

Schmiermittel; Bezeichnung für alle Fette und Öle, die zur Verringerung der Reibung in Lagern eingesetzt werden.

Schmiernippel; Vorrichtung zum Einbringen von Fett in Hohlräume von außen. S. findet man an Naben, wo man durch sie die Radlager schmieren kann und an den Tretlagergehäusen alter Tourenrahmen.

Schmutzfänger; Kunststofflappen, der als Spritzschutz unten am vorderen Schutzblech angebracht wird.

Schmutzhülse; Kunststoffbuchse, die das Innenlager eines Tretlagers vor eindringendem Schmutz und Feuchtigkeit schützt.

Schneeketten; es gibt sie tatsächlich auch für Fahrräder. Allerdings helfen sie nur im Schnee. Es besteht immer die Gefahr, daß man damit auf glattem Untergrund wegrutscht, deshalb sind sie nicht zu empfehlen.

Schnellbefestigung; *Schnellspanner.*

Schnelle Pulle; In der Rennfahrersprache eine Trinkflasche mit leistungssteigernden Mitteln. *Doping.*

Schnellgang; die Übersetzung, die einen bei einer Kurbelumdrehung am weitesten vorwärts bringt. Allerdings muß dafür auch eine entsprechend hohe Kraft aufgebracht werden.

Schnellspannachse; Teil des *Schnellspanners.* An der einen Seite wird der Exenterhebel des Schnellspanners angebracht, an der anderen befindet sich ein Gewinde für die Feststellmutter. Die Achse wird durch die Hohlachse einer Vorder- oder Hinterradnabe gesteckt, die durch den Schnellspanner im Rahmen befestigt wird.

Schnellspannbolzen; Schraube mit einem Exenterhebel auf der einen und einer Feststellmutter auf der anderen Seite. Sie wird zur Befestigung von Sattelstützen (*Sattelklemmbolzen*), Vorbauten bei Klapprädern u. v. a. m. verwendet.

Schnellspanner; besteht aus der S.-Achse, einem Exenterhebel und der Feststellmutter. Durch den S. wird die Schnellspann-Nabe eines Vorder- oder Hinterrades im Fahrradrahmen befestigt.

Schnellspannhebel; Teil des *Schnellspanners.* Exenterhebel, der auf der S.-Achse befestigt ist und zusammen mit der Feststellmutter das Festspannen der Nabe möglich macht.

Schotte, Alberic; *07. 09. 1919. Radrennfahrer, Belgien. Zweimaliger Straßen-Weltmeister der Berufsfahrer 1948 und 1950. Zweiter der Tour de France 1948.

Schrader, Edvin; Radrennfahrer, Dänemark. Sprint-Weltmeister der Amateure 1897 in Glasgow/Schottland.

Schrader-Vertil; Ventil, wie es auch bei den Autoreifen verwendet wird, deshalb wird es auch Autoventil genannt. Es hat einen eingeschraubten Ventileinsatz und wurde früher schon in den USA für Fahrradbereifungen benutzt. Mit den BMX-Rädern hielt es auch in Europa bei Fahrradschläuchen Einzug.

Schrägkonus; Zylinder, der eine Gewindebohrung und eine Schräge besitzt. In die Bohrung wird eine Schraube gedreht, mit der der Konus nach oben gezogen wird, bis er mit seiner Schräge auf der eines Rohres anliegt. Steckt man nun das Rohr mit dem S. in ein anderes Rohr hinein und zieht die Schraube weiter an, dann verschieben sich die beiden Schrägen gegeneinander und der Konus klemmt das eine Rohr im anderen fest. S. werden zur Befestigung von Vorbauten verwendet.

Schrägwalzverfahren; 1887 durch die Brüder *Mannesmann* zum Patent angemeldetes Verfahren zur Herstellung von nahtlos gezogenen Rohren aus Rundstahl zur Fahrradrahmenproduktion.

Schraubachse; Teil der Nabe. Nabenachse, die mit einem Gewinde versehen ist. Durch sie wird die Nabe eines *Laufrades* mit den Radmuttern im Rahmen befestigt.

Schraubenfeder; aus Federstahl in Form einer Wendel gedrehte *Zug-* und *Druckfeder,* wie sie z. B. zur Sattelfederung eingesetzt wird.

Schraubenfederreifen; Notbereifung, die aufgrund des Gummimangels schon im Ersten Weltkrieg anzutreffen war. An der Außenseite einer Stahlfelge waren rund herum Schraubenfedern befestigt, über denen ein Laufstreifen angebracht war. Die Herstellung solch elastischer Räder geht auf eine Idee aus dem Jahre 1880 zurück. Damals wurde diese Bereifung im französischen Hochrad Fantome eingebaut.

Schraubgewindenabe; Hinterradnabe mit einem Gewinde zur Aufnahme eines Schraubzahnkranzes.

Schraubkranz; *Zahnkranz* oder einzelnes *Ritzel*, die mit einem Schraubgewinde auf der Nabe befestigt werden.

Schraubschalenlager; *Innenlager* (Tretlager), dessen Lagerschalen in das Tretlagergehäuse des Fahrradrahmens hineingeschraubt werden.

Schraubzahnkranz; *Zahnkranz.*

Schreitkufenantrieb; erster Versuch eines mechanischen Antriebs bei einem *Laufrad.* Der Fahrer stieß sich dabei mit zwei Stangen statt mit den Füßen vom Boden ab. Der S. wurde 1817 von dem Nürnberger Johann Carl Sigismund Bauer gebaut.

Schrittlänge; die S. hat einen wesentlichen Einfluß auf die *Rahmenhöhe.* Sie wird an der Innenseite des Beines vom Boden bis in den Schritt gemessen.

Schrittmacher; Fahrer der Motorräder beim Steher- und Dernyrennen. Ihre Aufgabe besteht darin, dem hinter ihrem Motorrad fahrenden Radrennfahrer einen möglichst guten Windschatten zu bieten, um eine hohe Geschwindigkeit zu erreichen. S. müssen sehr viel Gefühl für die Leistung des Radrennfahrers aufbringen, denn wenn sie zu schnell fahren, gerät der Fahrer aus dem Windschatten, verliert an Geschwindigkeit und gelangt nur unter größten Anstrengungen wieder an das Hinterrad der Schrittmachermaschine. Meistens sogar nur, wenn der S. auf ihn wartet. Außerdem müssen sie eine gute Rennübersicht besitzen, um früh genug auf Angriffe zu reagieren.

Schröters Sicherheitslenker; Lenker für Hochräder, der sich selbstständig löste, wenn das Rad auf ein Hindernis stieß und der Fahrer nach vorn kippte. Der Gedanke war, den Sturz über den Lenker zu vermeiden. Das klappte in der Tat auch. Allerdings nur deshalb, weil der Fahrer während des Sturzes den Lenker in der Hand behielt. Sicherlich wenig tröstlich, denn die Art der Landung war nicht weniger unangenehm.

Schuhplatten; Platten aus Metall oder Kunststoff, die an der Schuhsohle befestigt werden und das Einrasten des Schuhs in das Pedal ermöglichen. Bei den Sicherheitspedalen stellen sie eine recht feste, nur durch seitliches Verdrehen lösbare Verbindung her. Bei den herkömmlichen Rennpedalen verhindern sie das Abrutschen des Fußes und stellen erst in Verbindung mit einem Pedalriemen eine feste Verbindung her.

Schuiten, Roy; *16. 12. 1950. Radrennfahrer, Niederlande. Zweimal Verfolgungs-Weltmeister der Berufsfahrer, 1974 und 1975, Vize-Weltmeister 1976.

Schülerklasse; Altersklasse für Radrennfahrer des Nachwuchsbereichs. Ihr gehören Jugendliche des Alters von 13 und 14 Jahren bzw. weibliche des Alters von 12 und 13 Jahren an.

Schulte, Gerrit; *07. 01. 1916, † 26. 02. 1992. Radrennfahrer, Niederlande. Verfolgungs-Weltmeister der Berufsfahrer 1948. Dritter der Straßen-Weltmeisterschaften 1956.

Schumacher, Günter; *27. 06. 1949. Radrennfahrer, Deutschland. Zweimal Olympiasieger in der Mannschaftsverfolgung, 1972 und 1976 und dreimal Weltmeister, 1973–1975.

Schur, Gustav-Adolf; *23. 01. 1931. Radrennfahrer, Deutschland. Genannt Täve. Zweimal Straßen-Weltmeister der Amateure 1958 und 1959, Vize-Weltmeister 1960. Silbermedaillengewinner der Olympischen Spiele 1956, Bronze 1960. Zweimal Sieger der Friedensfahrt, 1955 und 1959. Vater von Jan.

Schur, Jan; *27. 11. 1962. Olympiasieger im Mannschaftsrennen 1988, Weltmeister 1989. Sohn von Gustav-Adolf ›Täve‹.

Schütz, Horst; Radrennfahrer, Deutschland. Steher-Weltmeister der Berufsfahrer 1984.

Schußfahrt; ungebremste, rasche Fahrt auf steiler Strecke bergab.

Schutzblech; gebogenes Blech, das mit Streben am Fahrradrahmen oberhalb des Reifens befestigt wird. Es fängt Schmutz und Nässe, die der Reifen nach oben wirft, auf und verhindert so wirksam das Verschmutzen der Kleidung des Radfahrers.

Schutzblechstrebe; Stahldraht, der am einen Ende am Rahmen, mit dem anderen am Schutzblech befestigt wird und es in einer stabilen Position hält.

Schwallbachsche Fahrmaschine; 1817–1819 lieferte der Wagner Schwalbach aus Dresden Nachbauten von *Draisinen*, die unter diesem Namen bekannt wurden.

Schwamm; ein S. eignet sich gut zur Reinigung von Rennrad und Mountain Bike. Bei Radrennen in großer Hitze wird oft ein nasser Schwamm zur Erfrischung gereicht, den der Rennfahrer sich im Genick in das Trikot schiebt, oder mit dem er sich auch einfach nur den Schweiß aus dem Gesicht wischt.

Schwarze Linie; unterste der umlaufenden Markierungslinien auf einer

Radrennbahn. Sie wird auch *Meßlinie* genannt, weil sie die Bahnlänge markiert.

Schweißnaht; Linie, an der zwei Teile miteinander verschmolzen sind.

Schweizerischer Radfahrer- und Motorradfahrer Bund; Dachverband der Schweizer Rad- und Motorsportvereine. Gegründet 1883 in Brugg.

Schwenkriegelschloß; Fahrradschloß, beim dem ein an der einen Seite beweglich gelagerter Stahlstab mit einem Schließzylinder, quer zur Fahrtrichtung durch die Speichen geschwenkt wird und auf der anderen Seite in einem Lager einrastet. Auf diese Weise wird das Hinterrad blokkiert. Die beiden Lager des S. werden rechts und links an den Sattelstreben angelötet und können nur durch Zerstörung des Rahmens entfernt werden.

Schwerdhöfer, Hans Joachim; *15.11.28, Würzburg (D). Ingenieur, Archäologe und Autor von Kulturführern. Er hatte zunächst als Entwicklungschef, dann als Direktor von Fichtel & Sachs, Schweinfurt, einen wesentlichen Einfluß auf die Entwicklung der Getriebenaben und die Geschicke der Firma. Unter seiner Regie entstanden ab 1955 nicht nur die Torpedo Naben *Modell 55, Duomatic* und *Pentasport*, sondern es wurde auch der Grundstein für Zukunftstechnologien gelegt, von denen heute profitiert wird. Seit 1993 befindet er sich im Ruhestand. Für seine Verdienste auf technischem Gebiet wurde ihm 1975 das ›Ehrenzeichen des Verbandes der Deutschen Ingenieure‹ verliehen. 1991 erhielt er für vielfältiges soziales Engagement das Bundesverdienstkreuz.

Schwere Motoren; Motoräder der Schrittmacher eines Steherrennens. Ihre Motoren dürfen zwischen 500 und 1200 ccm Hubraum haben und einen oder zwei horizontal angeordnete Zylinder besitzen. Hinter dem Hinterrad ist ein Rahmen mit einer quer zur Fahrbahn ausgerichteten Rolle befestigt, hinter dem der Radrennfahrer, der *Steher*, im Windschatten des *Schrittmachers* fährt.

Schwergängigkeit; einige der häufigsten Ursachen für S.: Ein schleifendes Laufrad, das kann z. B. passieren, wenn sich eine der Radmuttern gelöst hat. Eine trockene Kette, hier helfen ein paar Tropfen Öl. Zu wenig Luft in den Reifen. Die Räder drehen sich schwer, dann sind häufig die Radlager zu stramm eingestellt, das gleiche kann mit dem Tretlager der Fall sein. In diesen Fällen sollte man die Lager öffnen und überprüfen. Manchmal ist auch ein gebrochener Kugelkäfig die Ursache oder eine nicht mehr runde Kugel. Auf jeden Fall muß man die Lager reinigen, neu fetten und anschließend wieder richtig einstellen.

Schwerpunkt; Punkt eines Körpers, der Angriffspunkt für alle von außen auf ihn wirkenden Kräfte ist. Unterstützt man einen Körper in seinem S., dann bleibt er in jeder Lage in seinem Gleichgewicht. Bei freihängenden Körpern befindet er sich immer senkrecht unter ihnen. Für den Radfahrer spielt der S. vor allem bei der Kurvenfahrt eine Rolle, weil er dann von der Fahrspur nach außen wandert und es dabei durch die Wirkung von Schwer- und Fliehkraft bei einem Ungleichgewicht der Kräfte zum Sturz kommt.

Schwinge; auch Hinterbauschwinge. Bezeichnung für einen beweglich gelagerten und meistens gefederten Hinterbau. Man findet ihn bei modernen Mountain Bikes.

Schwinghebelantrieb; erster Hinterradantrieb. 1838 erfunden von Kirkpatrick *Macmillan.*

Schwingrahmen-Rad; auch Federrahmen-Rad. Bezeichnung für Fahrräder mit Trapez- oder Kreuzrahmen, bei denen man vor Einführung der Luftreifen versuchte die schlechten Straßenverhältnisse mit der Elastizität des Rahmens auszugleichen. ca. 1885–1890.

Schwingrahmen; auch Kreuzrahmen. In der Zeit von 1870–1890 wurden von unzähligen Herstellern Kreuz- und Trapezrahmen mit Hilfe von Zug-, Druck- und Blattfedern elastisch konstruiert. Es war die Zeit vor den Luftreifen, und man versuchte auf diese Art den Fahrkomfort zu erhöhen.

Schwingsattel; Sattel, der an einer Schwinge federnd aufgehängt ist. Er ist häufig bei Touren- und Hollandrädern anzutreffen und gilt im allgemeinen als sehr bequem.

Schwinn, Ignaz: Hardheim, Baden (D). Wanderte 1891 nach Chicago aus und gründete dort 1895 mit Adolf Arnold die ›Arnold, Schwinn & Co.‹ Fahrradfabrik. Fahrräder der Marke S. gibt es noch heute.

Schwitzwasser; Kondenswasser, das sich in den Rahmenrohren bildet; häufige Ursache für die Durchrostung und anschließenden Bruch von Rahmen und Lenkern.

Scieur, Léon; Radrennfahrer, Belgien. Sieger der Tour de France 1921, Dritter 1919 und 1920.

Sclaverandventil; wird bei uns vor allem bei den Hochdruckschläuchen und in den Schlauchreifen eingebaut. Es läßt sich leicht aufpumpen und arbeitet sehr zuverlässig. Dadurch, daß es fest im Schlauch einvulkanisiert ist, kann es nicht gestohlen werden. Der Ventilkörper ist mit 6 mm Durchmesser sehr schmal und die Felgenbohrung entsprechend klein.

Scott, Dave; Triathlet, USA. Sechsmaliger Sieger des Hawaii-*Ironman*, 1980, 1982–1984, 1986 und 1987.

Scuri; Turnlehrer, Italien. Stellte 1880 zwei Einräder der Öffentlichkeit vor. Sie waren im Grunde genommen Hochräder, bei denen einfach das kleine Hinterrad weggelassen wurde. Er soll damit die 200 km lange Strecke Mailand-Turin zurückgelegt haben. Wenige Exemplare wurden von der Fahrradfabrik Focke & Co in Leipzig (D) hergestellt.

Sechser-Mannschaft; a) Beim Straßenrennen: Eine Mannschaft, die aus sechs Rennfahrern besteht. Das Ziel ist, dem Mannschaftskapitän möglichst zum Sieg oder aber zu einer guten Plazierung zu verhelfen und die Mannschaftswertung des Rennens zu gewinnen. b) Bis in die fünfziger Jahre des 20. Jh. wurde das 100 km Mannschafts-Zeitfahren auf der Straße mit S. gefahren. Heute bestehen die Mannschaften aus 4 Rennfahrern (*Vierer-Mannschaft*).

Sechstagekaiser; Radrennfahrer, der zu seiner Zeit die meisten Siege in *Sechstagerennen* auf seinem Konto verbuchen konnte. Zu den bekanntesten S. gehören Gustav *Kilian* und Patrick *Sercu.*

Sechstagerennen; auch Six-Days. Das erste S. wurde 1875 in Birmingham (GB) veranstaltet. Es war noch kein Mannschaftsrennen. Erst 1899 beim Rennen in New York starteten Teams. Sieger wurden damals Miller/Waller mit 4398 zurückgelegten Kilometern. Die Form des Mannschaftsrennens ist bis heute beibehalten worden. Zwischenzeitlich gab es gelegentlich Veranstaltungen für Dreier-Mannschaften. Auf den europäischen Kontinent kamen S. erst mit dem Berliner Rennen, das vom 15. bis 21. März 1909 in den Ausstellungshallen am Zoologischen Garten stattfand. Es siegten die Amerikaner MacFarlan/Moran mit 3865,7 zurückgelegten Kilometern. Berühmte deutsche Fahrer waren Kilian/Vopel, Krupat/Huschke, Bugdahl/Renz, Rudi Altig und Didi Thurau.

Sechstagewalzer; auch Sportpalastwalzer. Musikstück, aus der Operette ›Wiener Praterleben‹ des Komponisten Translateur. Es gehört in Deutschland zur Tradition eines Sechstagerennens und wird gespielt, wenn die Stimmung am höchsten ist.

Sechunddreißig-Loch-Felge; Felge mit Bohrungen für die Befestigung von 36 Speichen. Es ist die Standard-Speichenzahl für 26- und 28-Zoll-Räder.

Seidenreifen; *Schlauchreifen*, dessen Gewebe aus Seide besteht. Er ist besonders leicht und dabei sehr stabil. Bei den Bahnrennen werden S. beim 1000-m-Zeitfahren und bei Verfolgungsrennen wegen ihres leichten Laufes und geringen Rollwiderstandes verwendet. Allerdings sind sie sehr teuer, weil sie einzeln von Hand produziert werden.

Seidentrikot; *Trikot* aus Seide. Zu den Zeiten, in denen es Wolltrikots gab, hatten S. den Vorteil der glatten Oberfläche und damit der besseren Aerodynamik. Noch 1952 war ihr Einsatz bei den großen Straßenrennen verboten und wurde mit Zeitstrafen belegt. Sie wurden vor allem bei den Sechs-Tage-Rennen getragen. Die modernen Trikots werden allerdings weitgehend aus Synthetikfasern hergestellt. Reine S. gehören der Vergangenheit an.

Seilnippel; Kopfstück eines Bowdenzugs. Bei Bremszügen unterscheidet man Birnen- und Tonnennippel. Mit dem S. wird der Bremszug in den Bremshebel eingehängt. Bei Schaltzügen gibt es einige Formen: Tonnen-, Kugel- und Rundnippel. Mit ihnen wird der Schaltzug im Schalthebel gehalten.

Seilzug-Scheiben-Antrieb; Hermann Ganzwindt aus Berlin hatte an einem Hochrad rechts und links des Laufrades Fußhebel angebracht, die über Seile mit der Nabe verbunden waren. Die Hebel mußten abwechselnd auf und ab getreten werden, um das Rad vorwärts zu bewegen. 1886.

Seilzugführung; Schelle oder Anlötteil, die es ermöglichen, Bowdenzüge dicht am Rahmen und auch um Kurven zu führen.

Seilzugverlegung; bei der S. von Brems- und Schaltzügen muß man vor allem darauf achten, daß möglichst kurze Wege und bei Kurven die Radien nicht zu klein gewählt werden, um die Reibung möglichst gering zu halten und für leichten Lauf zu sorgen.

Seitenabstand; im Straßenverkehr muß beim Überholen durch Autos und Motorräder ein S. von 1 m eingehalten werden um eine Gefährdung des Radfahrers zu vermeiden. Da viele Autofahrer in geringerem Abstand Überholen, ist die Montage eines *Abstandhalters* zu empfehlen.

Seitenschlag; Unwucht eines Laufrades nach rechts und links. Zur Beseitigung eines S. muß das Laufrad zentriert werden. Dabei werden bei einem Schlag nach rechts die linken Speichen, bei einem nach links die rechten angezogen. Es gehört einige Übung dazu, ein Laufrad so zu zentrieren, daß es wieder gerade läuft. Im Zweifelsfall sollte man einen Fachmann aufsuchen.

Seitenständer; Fahrradständer, der nach der Seite geklappt wird. S. werden unten hinter dem Tretlager, oder an der Unterstrebe des Hinterbaus in der Nähe des Ausfallendes montiert. Es gibt S. aus Stahl und aus Aluminium.

Seitensteifigkeit; ist vor allem bei Rennrahmen erwünscht, weil die Kraft in Vortrieb verwandelt und möglichst wenig davon durch die Verwindung des Rahmens verbraucht werden soll. Außerdem wird durch eine hohe S. die Fahrsicherheit bei hohen Geschwindigkeiten, vor allem bei der Kurvenfahrt, erhöht.

Seitenwagen; ähnlich wie bei Motorrädern mit S. kann man auch bei Fahrrädern zum Transport von Gütern einen S. montieren. Dabei befestigt man einen Rahmen, an dessen Außenseite ein Laufrad angebracht ist, rechts oder links am Hinterbau des Fahrrades. Dadurch wird aus dem Zweirad ein Dreirad.

Seitenzugbremse; Standardausführung der Bremse bei Sport- und Tourenrädern. Bei ihr werden beide Bremsschenkel auf einem Zentralbolzen montiert. Der Bowdenzug wird seitlich an dem einen Bremsarm befestigt, die Bowdenzughülle stützt sich auf der gleichen Seite auf dem anderen ab. Durch den Zug des Bremskabels wird der eine Schenkel scherenartig zum anderen bewegt und die

Seitenzugbremse

Bremswirkung erzielt. Bei Fahrrädern mit einer Rücktrittbremse wird die S. als zweite Bremse an der Gabel montiert. Bei Kettenschaltungsrädern werden zwei S., eine am Hinterbau und eine an der Gabel, angebaut.

Semmler; Stellmacher aus München. Stellte die Draisine her, mit der 1830 ein Draisinenrennen in München über 4,5 km vom Karolinger Platz bis zum Schloß Nymphenburg gewonnen wurde.

Seniorenklasse; Wettbewerbsklasse für Sportler, die das 40. Lebensjahr vollendet haben. Die Regelung für die S. ist in der Sportordnung des ›Bundes Deutscher Radfahrer‹ festgeschrieben.

Sercu, Patrick; *27. 06. 1944. Radrennfahrer in Belgien. Sprint-Weltmeister der Amateure 1963 in Lüttich (B). Olympiasieger im Sprint 1964. Zweifacher Sprint-Weltmeister der Berufsfahrer 1967 und 1969. Er ist mit 88 Siegen in 224 Rennen der erfolgreichste Sechs-Tage-Fahrer aller Zeiten und einer der *Sechs-Tage-Kaiser.*

Sérès, Georges; Radrennfahrer, Frankreich. Steher-Weltmeister der Berufsfahrer 1920 in Antwerpen (B).

Service; Dienstleistung. Der Kundendienst eines Fahrradfachhandels oder einer Fahrradfabrik. An der S.-Leistung die sich nicht nur mit reinen Garantiefällen befaßt, kann man die Kundenfreundlichkeit eines Unternehmens messen.

Sesselrad; *Liegerad*. Ab ca. 1913 wurden in Frankreich S. gebaut. Sie besaßen relativ kleine Räder und der Fahrer saß sehr tief, wie in einem Sessel, nach hinten geneigt, daher der Name. Heute sind S. durch das Interesse an Liegeräder wieder populär geworden.

Sheil, Norman; Radrennfahrer, Großbritannien. Zweimal Verfolgungs-Weltmeister der Amateure, 1955 und 1958.

short cage, (engl.); kurzer Käfig. Eine Zusatzbezeichnung zum Schaltwerk, bei dem es je nach seinem Verwendungszweck einen langen, mittleren oder kurzen Kettenkäfig geben kann.

Sichelgabel; Gabel, bei der die Gabelscheiden in der Form einer Sichel oder eines Halbmondes gebogen sind. S. waren der Versuch, den Fahrkomfort zu steigern, in einer Zeit, in der es noch keine Luftreifen gab.

Sicherheit; die S. des Radfahrers hängt von mehreren Komponenten ab. Zunächst einmal von seiner eigenen Fahrsicherheit. Eine wichtige Rolle spielt der Straßenverkehr. Radfahrer sind durch andere Verkehrsteilnehmer schon dadurch gefährdet, weil sie keine schützende Karosse um sich haben. Deshalb sollten sie auch einen Helm tragen und vorhandene Radwege benutzen. Eine große Rolle spielt die Ausstattung des Fahrrades und seine Pflege. Ein Rad sollte mindestens einmal im Jahr gründlich geputzt und dabei auf Schäden untersucht werden. Verbogene Gabeln und Lenker müssen sofort gewechselt werden. Der Funktion von Bremsen und Beleuchtung ist besondere Aufmerksamkeit zu widmen.

Sicherheitsdienst; die Leistung während einer Veranstaltung, die ausschließlich zur Gewähr der größtmöglichen Sicherheit der Zuschauer und Radrennfahrer erbracht wird. Dabei sind viele, meist ehrenamtliche Helfer tätig, die mit Hilfe von Absperrungen die Strecke sichern und während des Rennens selbst mit einer Fahne an den neuralgischen Punkten stehen und dafür sorgen, daß alles reibungslos abläuft. Sie verhindern, daß Fahrzeuge auf die Rennstrecke gelangen, und sorgen dafür, daß Zuschauer die Rennstrecke nicht überqueren.

Sicherheitsgriff; Zubehörteil zu Bremsgriffen. Ein Aluminiumhebel, der zusätzlich an der Innenseite eines Rennbremshebels angebracht wird und in seiner Verlängerung parallel zum Rennlenker verläuft. Der Vorteil liegt darin, daß man ihn auch in der Griffposition rechts und links des Vorbaus greifen und damit bremsen kann. Allerdings ist die Qualität der meisten angebotenen S. nicht ausreichend, um ihre Verwindung zu vermeiden, was den Bremseffekt deutlich verringern kann. In solch einem Fall kann man dann nicht mehr von S. sprechen, eher von einem zusätzlichen Gefahrenpunkt.

Sicherheitsmarkierung; aufgedruckte oder eingravierte Striche an der Sattelstütze oder dem Vorbauschaft, die das Maß bezeichnen, bis zu dem das Teil mindestens in das Rohr gesteckt werden muß. Niemals eine Sattelstütze oder einen Vorbau unterhalb der S. befestigen: Sturzgefahr!

Sicherheitsnorm; für viele Teile sind die Mindestanforderungen mittlerweile genormt. Sie werden unter strengen Auflagen geprüft und erhalten danach ein Zertifikat. Es geht allerdings nicht daraus hervor, wie groß diese Anforderungen sind. Immerhin kann man sich darauf verlassen, daß eine Glühlampe mit der Bezeichnung ›DIN 49848-F‹ alle an sie gestellten Anforderungen erfüllt. Ebenso ist es mit Fahrradhelmen, die mit einen Aufkleber ›Certified SNELL‹ oder ›GS TÜV Rheinland‹ versehen sind. S. geben dem Käufer die Garantie, daß die Produkte geprüft und für gut befunden wurden, ehe sie in den Handel kommen.

Sicherheitspedal; auch *Clippless Pedale*. Pedale, die einen Klammermechanismus besitzen, mit dem die Schuhe des Radfahrers mit einer an ihrer Sohle befestigten Schuhplatte einrasten können und so festen Halt finden. Durch eine seitliche Drehbewegung kann diese Verbindung wieder gelöst werden. Bei einem Sturz löst das Pedal, ähnlich einer Skibindung, von selbst aus. Diese Pedale gibt es mittlerweile für Rennräder und Mountain Bikes. Die S. haben die Rennpedale mit Fußhaken abgelöst.

Sicherheitsrad; ca. um 1870 wurden häufig Fahrräder, bei denen aus irgend einem Grund die Sturzgefahr gegenüber den damals üblichen Hochrädern verringert war S. genannt. Das englische *Adjustable*-Fahrrad war z. B. ein sogenanntes S.

Sicherheitssattel; in England auch Safeties genannt. Verschiedene Sättel, die für sich in Anspruch nahmen, besonders sicher zu sein. Es ist allerdings nicht so recht zu verstehen, worin diese besondere Sicherheit bestand, denn sie leisteten auch nicht mehr, als andere Sättel. Man konnte darauf je nach seinem individuellen Gefühl besser oder weniger gut sitzen.

Siebengang-Nabenschaltung; Gangschaltung, deren Getriebe mit sieben verschiedenen Übersetzungen in der Hinterradnabe eingebaut ist. Zwei Hersteller kamen damit 1992 auf den Markt. Die Konstruktion des asiatischen Herstellers ist ein feinmechanischer Leckerbissen. Sie hat mehr als doppelt so viele Teile, als die ihres europäischen Konkurrenten. Die Übersetzungsbreite entspricht in etwa der einer herkömmlichen Fünfgang-Nabenschaltung, wobei aber der Komfort für den Benutzer auf Grund von zwei Gängen mehr, deutlich gesteigert wird. Das europäische Modell kommt mit wenigen Teilen und damit einer gut durchschaubaren Technik aus. Es bietet eine deutlich breitere Übersetzung und eine einfache Bedienung.

Siegerschleife; Schärpe, die kunstvoll zu einer Schleife gebunden ist. Auf den Flächen der Enden sind Datum und Name der Veranstaltung aufgedruckt, für die der Sieger diese S. erhalten hat.

Siliconöl; aus siliciumorganischer Verbindung hergestellter Schmierstoff, der wärmebeständig, wasserabweisend, ungiftig und häufig von hoher Viskosität ist.

Silk-Rad; japanisches Klapprad. Es wurde 1955 als Militärrad von der Fa. Katakura entwickelt. Die Radgröße war 16 Zoll. Es ist der direkte Vorläufer der Klappräder, die ab 1960 in Europa mit 20-Zoll-Rädern angeboten wurden.

Simonigh, Carlo; Radrennfahrer, Italien. Verfolgungs-Weltmeister der Amateure 1957.

Simplex; Fahrradkomponentenhersteller, Frankreich. Diese Firma bot 1928 die erste Kettenschaltung unter dem Namen ›Champion du Monde‹ an. Es handelte sich um eine Dreigangschaltung.

Simpson, Tom; *30. 11. 1937, † 13. 07. 1967. Radrennfahrer, Großbritannien. Straßen-Weltmeister der Berufsfahrer 1965 in Lasarte (E), vor Altig (D) und Swerts (B). Er starb in der Tour de France 1967 während des Anstiegs auf den berüchtigten Mont Ventoux an den Folgen eines Kreislaufzusammenbruchs. Als Ursache stellte sich die Einnahme verbotener Substanzen heraus.

Simunek, Radomir; *08. 04. 1962. Radrennfahrer, Tschechoslowakei. Querfeldein-Weltmeister der Junioren 1980, der Amateure 1983 und 1984, Vize-Weltmeister 1982 und 1989, Weltmeister der Berufsfahrer 1991.

Singer-Safety; Hochrad, das 1884 auch unter dem Namen *Kangaroo* angeboten wurde. Es hatte eine Tretkurbelantrieb am Vorderrad, der über eine Kette auf eine Übersetzung wirkte. Die Pedalen waren dabei tief angebracht, wodurch der Schwerpunkt nach unten verlagert und die Sturzgefahr vermindert wurde.

single tube, (engl.); endloser Luftreifen. *Schlauchreifen.*

Sitzcreme; Salbe, die nicht nur pflegende, sondern durch einen gewissen Schmiereffekt auch schützende Eigenschaften aufweist. Sie wird auf das Leder der Rennhose aufgetragen, hält es geschmeidig, pflegt und schützt den Körper vor Sitzbeschwerden.

Sitzhöhe; wichtige Komponente der Sitzposition. Die S. ist abhängig von der Schrittlänge des Radfahrers, wonach die Rahmenhöhe ausgesucht und die Sattelstütze eingestellt wird. Sie wird von der Oberfläche des Pedals in unterster Kurbelstellung bis zur Oberkante des Sattels gemessen.

Sitzposition; bezeichnet die Gesamtheit der unterschiedlichen Maße von Sitzhöhe, Vorbaulänge, Lenkerbreite usw., die zusammen die Plazierung des Fahrers auf dem Fahrrad ergeben. Um eine S. genau zu ermitteln, sollte man sich viel Zeit nehmen, und auch sehr genau auf Signale seines Körpers achten. Wenn es irgendwo drückt oder zieht, dann können häufig kleine Veränderungen an der Sattel- oder Lenkerhöhe oder anderer Einstellungen Abhilfe schaffen.

Sitzrohr; eines der Rahmenhauptrohre. Bildet mit *Ober-* und *Unterrohr* das Rahmendreieck. Verläuft von der Sitzmuffe zum Tretlagergehäuse. Oben in das S. wird die Sattelstütze hineingeschoben und befestigt.

Sitzrohrlänge; bezeichnet das Maß von der Mitte des Tretlagergehäuses bis zur Oberkante des Sitzrohres in dessen Verlauf. Es hat nur in Zusammenhang mit seiner Winkelstellung mit der Rahmenhöhe zu tun.

Sitzstrebe; Teil des Hinterbaus des Fahrradrahmens. Eines der beiden dünnen Rohre, die von der Sattelmuffe zu den hinteren Ausfallenden führen.

Sitzwinkel; wird bestimmt von der Neigung des Oberrohres und ergibt das Maß, des Abstandes der Sattelspitze zur Tretlagerachse.

Sivrac, J. H. Graf de; Frankreich. Machte 1791 die *Célérifère* in Frankreich bekannt, indem er damit in den Gärten von Paris Wettfahrten unternahm. Es war damals ein Spielzeug, mit dem man auf Grund der nicht vorhandenen Lenkung nicht viel anstellen konnte.

Six Days, (engl.); *Sechstagerennen.*

Skjöld, Gunnar; Radrennfahrer, Schweden. Straßen-Weltmeister der Amateure 1921 in Kopenhagen (DK).

Slaats; Radrennfahrer, Niederlande. Inhaber des Stundenweltrekords 1937 mit 45,485 km. Er verbesserte die Marke seines Vorgängers Richard (F) von 1936 um 160 m.

Slick; Reifen mit einer glatten Lauffläche. S. gibt es als Hochdruckreifen für Rennräder und für Mountain Bikes. Sie bieten einen niedrigen Rollwiderstand und eignen sich besonders gut für die Benutzung auf Straßen.

sling shot, (engl.); Bezeichnung für einen Einrohrrahmen, der oben und unten durch ein straff gespanntes Stahlseil stabilisiert wird. Dadurch fallen Ober- und Unterrohr weg.

Smith, George; Großbritannien. Stellte 1884 einen Weltrekord über 160 km, zurückgelegt in 7 Std. 7 Min. 11 Sek. auf. Er benutzte dazu ein *Kangaroo*-Rad der Fa. Hillmann aus Coventry/England.

Smith, J. M.; West Bromwich, Großbritannien. Baute 1886 einen Säulen-Hometrainer. Durch ein Rohr, das auf einer Grundplatte verschraubt war, wurde ein Schwungrad geführt, das an seiner Achse aufgehängt war und durch eine Tretkurbel angetrieben wurde. Der Fahrer saß auf einem Sitz, der am oberen Ende des Rohres befestigt war und hielt sich an einer verstellbaren ›Lenkstange‹ fest.

Snell, Harry; Radrennfahrer, Schweden. Straßen-Weltmeister der Amateure 1948 in Valkenburg (NL).

Sociable, (engl.); 1869. Dreirad, auf dem zwei Personen nebeneinander sitzen konnten.

Sommerbahn; *Radrennbahn* ohne Überdachung. Dort werden nur in der warmen Jahreszeit Rennen veranstaltet. Ein Nachteil ist, daß nicht gefahren werden kann, wenn es regnet, da die Bahn dann glatt und rutschig ist.

Sommerbahnmeisterschaft; Rennen zur Ermittlung der Besten in den Bahndisziplinen, die auf einer Radrennbahn im Freien und deshalb wegen der Witterungsverhältnisse im Sommer durchgeführt wird.

Sommerbahnrennen; Radrennen auf einer *Sommerbahn.* Dort werden die klassischen Rennen der *Bahndisziplinen* ausgetragen. Als Sportgerät wird ein *Bahnrennrad* benutzt.

Sonderwertung; im Verlauf von Etappenrennen gibt es verschiedene S., wie z. B. die um den Bergpreis oder

Sommerbahnrennen

um das Punktetrikot, usw. Der Gewinn solcher S. ist häufig mit einem großen Image verbunden und auch gut dotiert. Der Sieger in der Punktwertung der Tour de France z. B. erhält einen höheren Preis als der Gesamtsieger.

Sonka, Iserce Emilia; Radrennfahrerin, UDSSR. Straßen-Weltmeisterin 1964 in Sallanches (F).

Sonnenrad; Teil eines Getriebes. Bei den Torpedo-Nabenschaltungen sitzt das S. im Zentrum des Getriebes und die Planetenräder drehen sich darum.

Spanien-Rundfahrt; span.: Vuelta a Espana. Bedeutendstes Etappenrennen Spaniens. Es wird seit 1935 veranstaltet. Erster Sieger war Gustaaf Deloor (E). Rudi *Altig* gewann 1962, Rolf *Wolfshol* 1965.

Spannband; mit Werbung bedrucktes Tuch, das bei Sportveranstaltungen an exponierten Plätzen angebracht wird. Es wird auch häufig zur Absperrung verwendet. *Absperrbande.*

Spannungsbegrenzung; ist in einigen Dynamos eingebaut und verhindert das Durchbrennen von Glühbirnen.

Speiche; auch Fahrradspeiche. Verbindet Nabe und Felge miteinander. Es gibt sie in verschiedenen Längen und Durchmessern mit den dazugehörenden Nippeln. Sie werden aus Stahldraht kaltgeformt. Am einen Ende befindet sich der angestauchte und angewinkelte Speichenkopf, am anderen das Gewinde, das gewalzt wird. Die Zugfestigkeit einer Speiche beträgt 1200 +/-100 N/mm.

Speichenabdeckung; Verkleidung der Speichen eines Laufrades, die der Verbesserung der Aerodynamik dient. Sie hat den Nebeneffekt, daß man sie lackieren und damit einem Fahrrad ein spektakuläres Aussehen geben kann. Häufig werden Werbeschriftzüge darauf angebracht.

Speichenbruch; Defekt des Laufrades. Bei Überlastung eines Rades kann es zum Bruch von Speichen kommen. Die Folge davon ist eine *Acht* im Laufrad, es ›eiert‹ und muß nach Auswechseln der gebrochenen Speichen zentriert werden.

Speichendurchmesser; bei Fahrradspeichen verwendet man die Durchmesser von 1,8 mm, 2,0 mm, 2,34 mm und bei Mofas und Anhängern 2,63 mm. Die bei den Rennrädern und Mountain Bikes verwendeten Speichen sind häufig sog. DD-S., deren Nenndurchmesser von 1,8 oder 2 mm nur an den beiden Enden zu finden ist. In der Mitte ist die Stärke auf 1,6, bzw. 1,8 mm verringert. Bei Hollandrädern werden Speichen mit 2,34 mm verwendet, die dieses Maß aber nur am Fuß aufweisen. Sie verjüngen sich auf 1,75 mm und werden am Ende sogar wieder 2,0 mm dick, man nennt sie wegen der drei unterschiedlichen Durchmesser auch 3D-Speichen.

Speichendynamo; Lichtmaschine zur Stromerzeugung, die auf der Achse eines Laufrades befestigt wird. Ihr Antreiber wird in die Speichen eingehakt und durch die Umdrehungen des Laufrades wird der Strom für die Beleuchtung gewonnen.

Speichenform; es gibt glatte Drahtspeichen und solche, die auf ihrer Länge verschiedene Durchmesser aufweisen (DD- und 3-D-Speiche). Eine weitere Variante sind die Aero-, Messer-, oder Flachspeichen, bei denen das Mittelteil flachgepreßt ist und die Wellenspeiche, die nicht glatt von oben nach unten verläuft, sondern in vielen Kurven.

Speichengewinde; je nach dem Durchmesser der Speiche variiert der des S. Es werden Feingewinde mit 2,0 mm, 2,3 mm und 2,6 mm Durchmesser benutzt. Die Gewinde werden mit einer speziellen Maschine gewalzt.

Speichenkopf; unteres Ende der Speiche, mit dem sie in der Nabe gehalten wird. Der S. wird angestaucht und angewinkelt. Die Außenseite des S. wird leicht ballig gehalten, seine Innenseite um 90 Grad abgeschrägt. Der Kopf wird nach einem kurzem Stück, das der Dicke des Nabenflansches entspricht, um ca. 95 Grad abgewinkelt. Die Speiche wird mit dem Gewindestück soweit durch die Speichenbohrung der Nabe geschoben, bis der Kopf am Nabenflansch anliegt.

Speichenkreuzung; bei *Radialspeichen* werden die Speichen jeder Seite des Laufrades so eingezogen, daß sie sich kreuzen. Man verwendet zwei-, drei- oder vierfache Kreuzung der Speichen, je nach ihrer Anzahl und der Radgröße.

Speichenlänge; die S. hängt von der Anzahl der Speichen, den Lochkreisen der Nabenflansche, dem Felgendurchmesser und dem tangentialen Verlauf der Speichen ab.

Speichenlehre; Meßlineal zur Feststellung von Speichenlängen. Man hängt eine Speiche in eine dafür vorgesehene Bohrung ein und liest dann die Länge auf einer Scala ab.

Speichenlochdurchmesser; die Größe der Bohrung am Flansch einer Nabe, durch die eine Speiche gesteckt wird, kann sehr unterschiedlich sein. Das liegt zum einen daran, daß sich die Hersteller bisher auf keine Norm einigen konnten, zum anderen, daß es unterschiedliche Speichendurchmesser gibt. Außerdem stellt die Industrie die Forderung nach möglichst großen S., damit das Einspeichen durch Automaten erledigt werden kann. Für hochwertige Räder, die hoch beansprucht werden, also für das Rennrad und das Mountain Bike, dürfen die Bohrungen nicht zu groß sein, um den Speichen möglichst wenig Bewegungsfreiheit zu geben, damit Brüche vermieden werden. Üblicherweise findet man heute S. in folgenden Maßen: 2,3 mm bei hochwertigen Naben für das Rennrad für Speichen von 1,8 und 2 mm Durchmesser, 2,5 mm bei Naben für das Mountain Bike für 2 mm Speichen und bis zu 2,8 mm bei einfachen und bei Getriebenaben. Hier können 2,3 mm Speichen eingebaut werden, wie sie z. B. bei Holländrädern häufig zu finden sind.

Speichenlöcher, Anzahl; je nach der Größe des Laufrades und nach dem Einsatz des Fahrrades verwendet man mehr oder weniger Speichen in den Laufrädern. Entsprechend gibt es Naben und auch Felgen, mit einer unterschiedlichen Zahl von Bohrungen. Bei den kleinsten Laufrädern für Kinderräder findet man welche mit nur 12 Speichen, Räder für Erwachsene gibt es mit 32 oder 36 Speichen. Bei den Rennrädern verwendet man aus Gründen des Gewichts und der Aerodynamik sogar unterschiedliche Anzahlen in Vorder- und Hinterrad. Für Tandems benutzt man Felgen und Naben mit 40 Speichen.

Speichennippel; Teil der Speiche. Der S. ist das Gegenstück zum Speichenkopf. Die Speiche wird in der Felge befestigt, indem der Nippel durch die Speichenlochbohrung gesteckt und auf das Gewinde der Speiche aufgeschraubt wird. Es gibt vier verschiedenen Ausführungen, die häufig verwendet werden: 11,5 mm lang mit einem Schlitz im Rundkopf, die gleiche Länge mit einem Sechskantkopf und 15,8 mm lang mit geschlitztem Rundkopf und mit Sechskantkopf. Daneben gibt es noch einige weniger gebräuchliche Sorten mit anderen Abmessungen. Als Material wird Messing, selten Stahl oder Aluminium verwendet. Die Oberfläche der Nippel wird entweder verchromt, vernickelt oder verzinkt.

Speichenqualität; der Grundwerkstoff für Speichen ist erstklassiger, physikalisch geprüfter und analysierter Runddraht nach DIN 17 140, bei Nirosta-Speichen nach DIN 17 440. Die Zugfestigkeit einer fertigen Speiche beträgt 1200 +/- 100 N/mm. Als Oberflächenschutz werden preiswerte Speichen in einer Stärke von 12 my galvanisch verzinkt-chromatisiert. Bessere werden verchromt, dazu benötigt man eine Unterschicht aus 4 my Kupfer, dann eine weitere 8 my starke Nickelschicht und schließlich kommt eine 0,3 my starke Chromschicht darüber. Die Gesamtstärke des Oberflächenschutzes beträgt somit 12,3 my. Aus optischen Gründen werden auch schwarzverchromte und farbig eloxierte Speichen hergestellt. Unmittelbar nach der galvanischen Behandlung müssen die Speichen einer 2 Stunden dauernden Wärmebehandlung mit 190–210 Grad Celsius ausgesetzt werden, um die Gefahr einer Wasserstoffversprödung zu beseitigen. Alle diese Schritte müssen mit großem Aufwand überwacht werden, um einen hohen Qualitätsstandard zu garantieren.

Speichenrad; besteht aus Nabe, Felge und Speichen. Das S. wurde ca. 2500 Jahre vor unserer Zeitrechnung durch die Ägypter erfunden. Davor kannte man nur das Scheibenrad aus massivem Holz.

Speichenreflektor; Teil der Sicherheitsausrüstung. Vom Gesetzgeber vorgeschrieben. *Katzenauge*, das zwischen zwei Speichen geklemmt wird und einfallendes Licht verstärkt und reflektiert. S. sind sehr gut zu sehen und leisten einen hohen Beitrag zur Sicherheit eines Radfahrers.

Speichenschloß; einfaches Fahrradschloß, das auf einer Grundplatte, die am Hinterbau des Rahmens entweder angelötet oder angeschraubt wird, befestigt ist. Durch Druck auf den Sperriegel schiebt man ihn nach vorn und damit in die Speichen. Das Hinterrad wird dadurch blockiert. Das S. ist preiswert und als Wegfahrsperre geeignet, nicht aber, um einen Diebstahl zu verhindern, denn das Fahrrad kann problemlos weggetragen werden.

Speichenschutzscheibe; aus Kunststoff oder Metall hergestellte Scheibe, mit einer Bohrung, die groß genug ist, die S. auf der Zahnkranzseite auf die Nabe zu schieben. Der Außendurchmesser beträgt zwischen 10 und 15 cm. Die S. wird vor dem Zahnkranz oder der Zahnkranzkassette auf die Nabe gesteckt und dann damit festgeschraubt. Sie verhindert bei einem Abspringen der Kette nach der Innenseite, daß die Speichen am Nabenflansch beschädigt werden.

Speichenspanner; auch Nippelspanner. Spezialwerkzeug zum Anziehen und Lösen eines Speichennippels.

Speichenstärke; Durchmesser einer Speiche. Am gebräuchlichsten sind 1,8 mm, 2 mm, 2,3 mm dicke Speichen. Bei DD-Speichen findet man als Nenndurchmesser am oberen und unteren Ende 1,8 oder 2,0 mm, in der Mitte eine Verjüngung auf 1,6 oder 1,8 mm. Eine Drei-D-Speiche ist am Fuß 2,34 mm dick, verjüngt sich dann auf 1,75 mm und wird zum Nippel hin 2,0 mm dick.

Speichenstrahler; *Katzenauge*, das in die Speichen geklemmt wird und dort mit dem Rad rotiert.

Speichensymmetrie; bedeutet, daß alle Speichen in einem Rad gleichmäßig angeordnet sein müssen, um einen gleichmäßigen Kraftverlauf zu garantieren.

Speichentabelle; Auflistung aus der die Speichenlängen bei den unterschiedlichsten Kombinationen von Nabe, Felge, Speichenkreuzung und Lochzahl hervorgeht. Man kann darin z. B. unter folgenden Vorgaben die Länge der benötigten Speichen ablesen: Vorderrad, Niederflanschnabe, 36-Loch, Schlauchreifenfelge mit Standard-Hohlkammerprofil, 3-fach gekreuzt. In diesem Fall sind es Speichen mit einer Länge von 298 mm.

Speicher, Georges; *08. 06. 1907, † 24. 01. 1978. Radrennfahrer, Luxemburg. Straßen-Weltmeister der Berufsfahrer 1933 in Monthlery (F) vor Magne (F) und Valentin (NL). Sieger der Tour de France 1933 vor Guerra (I) und Martano (I).

Sperre; a) Technische Einrichtung, die die Funktion eines Teiles oder eines Systems blockiert. b) Strafe. Es bedeutet, daß der betroffene Sportler, gegen den sie verhängt wurde, über einen entsprechenden Zeitraum nicht an Wettkämpfen teilnehmen darf.

Sperrklinke; Teil eines Freilaufes. Ein kleiner Stahlkeil, der mit dem einen Ende beweglich gelagert und durch eine Feder nach innen oder außen gepreßt wird. Der Innen- oder Außenring hat an seiner Oberfläche eine Rasterung, in die die S. durch die Feder gedrückt wird, dadurch wird eine starre Verbindung hergestellt. Dreht sich der Ring in die andere Richtung, kann die S. nicht einrasten, eine Verbindung wird nicht hergestellt und der Keil gleitet über die Vertiefungen hinweg. Man hat dann einen Freilauf.

Spider-Arm; spezielle Aufnahme zur Adaptierung von Wechselkränzen eines Ritzelpaketes auf einer Kassettennabe. Dabei sind die Verstrebungen sehr dünn gehalten und das Gewicht ist niedrig.

Spiel; Toleranz in der Einstellung eines Lagers. *Lagerspiel.*

Spielrad; Kinderfahrrad mit Stützrädern, mit dem ein kleines Kind spielend das Radfahren erlernt.

Spike-Reifen; Reifen, in dessen Lauffläche Stahlspitzen eingelassen sind, um die Fahrstabilität bei vereistem Untergrund zu erhöhen.

Spindelbremse; Bremse im Mittelzugsystem, bei der die Bewegung der Bremsklötze durch ein Schraubengewinde, die Spindel, erfolgt, die sich beim Ziehen des Bremsseiles aus der Aufnahme heraus und damit vorwärts drehen. Die Bremsklötze werden dadurch gleichmäßig an die Felgenflanke gepreßt. Beim Lösen des Bremszuges drehen sich die Spindeln zurück und die Bremsklötze entfernen sich von der Felge.

Spinne; *Gepäckspinne.*

Spiralseilschloß; *Seilschloß*, das mit einer Vorspannung hergestellt wird, so daß sich das Seil beim Loslassen immer aufwickelt.

Spitzenreiter; Rennfahrer, der in der Gesamtwertung eines Etappenrennens an der der Spitze liegt.

Spitzenreitertrikot; für den Ersten der Gesamt- oder einer Sonderwertung (Punkt-, Bergwertungs, usw.) wird bei vielen Etappenrennen ein besonderes Trikot verliehen. Es ist eine Auszeichnung und dient auch dazu, den Zuschauern die Stars in der Masse der Rennfahrer zu präsentieren.

Spoiler; Fortsatz am Ende eines Sattels oder Helmes, der ein speziell auf die Aerodynamik ausgerichtetes Design besitzt und die Windströmung möglichst glatt und ohne Wirbel am Körper und am Fahrrad vorbeiführt. Bei aufwendig optimierten Rädern für Triathlon- und Zeitfahrwettbewerbe werden S. verwendet. Es gibt sogar Lenker, die in ihrem Querschnitt zum Ende hin S.-artig ausgebildet sind.

Sponsor; Firma, die eine Sportveranstaltung, einen Sportverein, einen Sportler oder eine Mannschaft finanziell unterstützt. Meistens geschieht das aus werblichen Gründen. Ohne die vielen S. wäre Leistungssport, so wie er heute betrieben wird, undenkbar.

Sportärztliche Untersuchung; zur Erteilung der Lizenz eines Nachwuchssportlers ist der Nachweis einer S. zwingend vorgeschrieben. Das Gleiche gilt für Seniorensportler ab dem 60. Lebensjahr. Ein entsprechendes Attest muß in der Lizenz eingetragen sein oder ihr beiliegen. Ohne diese Bescheinigung darf unter keinen Umständen an einem offiziellen radsportlichen Wettbewerb teilgenommen werden.

Sportbekleidung; spezielle, auf die Bedürfnisse einer bestimmten Sportart zugeschnittene Bekleidung. Zur Radsportbekleidung gehören: *Rennhose, Renntrikot*, Socken, spezielle Schuhe und ein Helm. Diese unbedingt notwendigen Teile werden noch durch andere sehr nützliche ergänzt: Rennmütze, Handschuhe, Brille, Windlatz, Regen- und Winterkleidung. Alle Teile sind von einer besonders hohen Funktionalität geprägt.

Sporternährung; einer der wichtigsten Faktoren zur Leistungssteigerung und zur Gesunderhaltung im Sport. Die Nahrung liefert Brennstoffe, Bausubstanzen und Schutz- und Regulatorstoffe für den Körper. Dazu kommen noch Ballaststoffe. Den Kohlehydraten kommt eine besondere Bedeutung zu, denn sie sichern die Energieversorgung bei hohen Leistungen. Allerdings muß die S. ausgewogen sein. Es kann auf kein Bestandteil verzichtet werden, da sonst Mangelerscheinungen auftreten. Um für die entsprechende Sportart die richtige S. zu finden sollte man sich durch einen Sportmediziner beraten lassen.

Sportgabel; Gabel, die auf die Konstruktion eines Sportrades zugeschnitten ist. Dabei sind die Ausfallenden in die Gabelscheiden eingelötet.

Sportgruppe; organisierte Mannschaft aus mindestens fünf Fahrern. Dabei müssen immer mindestens die Hälfte der Nationalität des Arbeitgebers angehören.

Sportlenker; Bezeichnung für den *Lenker* eines Sportrades. Die Definition ist nicht eindeutig möglich, denn *Rennlenker* sind im eigentlichen Sinne natürlich auch S., aber nicht mit diesem Ausdruck gemeint. Am ehesten handelt es sich um einen relativ flachen Lenker, der eine sportliche, leicht nach vorn gebeugte Sitzhaltung auf dem Fahrrad zuläßt.

Sportpedal; *Pedal* eines Sportrades, allerdings nicht eines Rennrades. Es unterscheidet sich vom *Tourenpedal* durch seine etwas abgerundeten Gummiblöcke und das damit verbundene gefälligere Aussehen.

Sportrad; leichtes Fahrrad für den täglichen Gebrauch. Der Name ist eigentlich nichts weiter als eine Hilfe zur Unterscheidung zu den schwereren Tourenrädern, denn das S. hat nur insoweit etwas mit Sport zu tun, als das Radfahren an sich eine sportliche Betätigung darstellt.

Sportrahmen; Rahmen für ein leichtes Gebrauchsfahrrad, der sich durch die Verwendung von Sportausfallenden und beim Damenrahmen von parallelen, statt den geschwungenen Ober- und Unterohren des Tourenrahmens von ihm unterscheidet.

Sport-Strafordnung; Teil der *Sportordnung*. In der S. sind die möglichen Vergehen und die dafür auszusprechenden Strafen aufgeführt. Außerdem sind dort die verschiedenen Zuständigkeiten aufgezeichnet und es ist nachzulesen, wer autorisiert ist, die Strafen zu verhängen.

Sprechfunkgeräte; werden bei Radrennen in den Begleitfahrzeugen eingebaut, um alle an der Organisation und Durchführung Beteiligten jederzeit erreichen zu können. Mobile S. werden häufig bei den Mitarbeitern der Streckensicherung eingesetzt. Bei den großen Profiteams gibt es seit einiger Zeit Versuche, Sprechverbindungen während des Rennens zwischen den Rennfahrern und ihren

Mannschaftsleitern herzustellen. Dazu sind in den Helmen der Fahrer kleine, leichte Sende- und Empfangseinheiten eingebaut und in dem jeweiligen Mannschaftswagen die entsprechenden Geräte installiert.

Spreizständer; zweibeiniger Fahrradständer, der unten hinter dem Tretlagergehäuse am Fahrradrahmen montiert wird. Er liegt während der Fahrt flach zusammengeklappt unter der linken Unterstrebe. Zum Abstellen des Rades wird er nach unten geklappt, wobei sich seine beiden Arme spreizen und für einen festen Stand des Fahrrades sorgen.

Sprint; Bahndisziplin. Kurzwettbewerb über eine festgelegte Anzahl von Runden, meistens über 1000 m. Es starten 2 oder mehr Fahrer in einem Lauf, wobei die Zielankunft über den Sieg entscheidet. Je nach der Anzahl der Teilnehmer geht der Wettbewerb über Vor-, Zwischen- und Hoffnungsläufe bis zum Endlauf.

Sprinter; Teilnehmer an einem Sprintrennen, einer Spezialdisziplin der Bahnrennen, aber es werden auch Radrennfahrer jeder anderen Disziplin, mit besonderen Qualitäten im Endspurt als S. bezeichnet.

Sprinterlinie; rote Linie auf einer Radrennbahn. Sie verläuft in einem Abstand von 90 cm vom Anfahrstreifen rund um die Bahn. Ein Fahrer, der auf der S. fährt, darf nicht links überholt werden.

Spritzschutzlappen; zur Verlängerung des unteren Teiles eines Schutzbleches angebrachter Lappen aus Kunststoff, der Schmutz und Nässe auffängt.

Spur; Linie, auf der Vorder- und Hinterrad gemeinsam abrollen. Ein Fahrrad spurt nicht, wenn diese Linie versetzt ist. Meistens ist dann der Rahmen oder die Gabel verzogen. Aus Sicherheitsgründen sollte das Fahrrad in solch einem Fall von einem Fachmann vermessen und auf Schäden untersucht werden.

Spurt; plötzliche Steigerung der Geschwindigkeit während eines Rennens. Es gibt: Zwischen-, Prämien-, Wertungs- und Endspurt.

Spurtstrecke; die letzte Strecke eines Wettbewerbs, die Zielgerade, wird im Kampf um den Sieg zur S. Sie soll mindestens 300 m lang und 4 m breit sein.

S-Rahmen; Dahmenrahmen, bei dem als Besonderheit das Unterrohr und das darüberliegende, sehr tief heruntergezogene Oberrohr in der Form eines S. gebogen sind. Bei den etwas altmodisch und sehr gemütlich aussehenden Tourenfahrrädern für Damen findet man diese Rahmen, die zum bequemen Aufsteigen einen sehr niedrigen Durchstieg aufweisen.

SRB, (Abk.); Schweizerischer Rad- Und Motorfahrer-Bund. Dachverband der Radsport- und Motorsportvereine der Schweiz. Sitz in CH-8152 Glattbrugg, Industriestr. 47.

Stablinsky, Jean; Radrennfahrer, Frankreich. Straßen-Weltmeister der

Berufsfahrer 1962 in Salo (I) vor Elliott (Irl) und Hoevenaars (B). Viermal Französischer Straßenmeister, 1960, 1962–1964.

Stadtrad; auch City-Rad. Ein Gebrauchsfahrrad mit hohem Komfort, Nabenschaltung und Cantilever-Bremsen.

Staffelrennen; Mannschaftsrennen, bei dem sich immer nur ein Fahrer einer Mannschaft im Einsatz befindet, der einen Holzstab mit sich führt, den er nach einer bestimmten Distanz in einer Wechselzone an einen Mannschaftspartner übergibt. Sieger ist die Mannschaft, deren Schlußfahrer am Ende mit dem Stab als Erster die Ziellinie überquert.

Stahlfelge; aus Stahl gefertigter Außenring eines Laufrades. Die ersten S. tauchten 1869 auf. Sie lösten die klobigen Holzfelgen ab. Zusammen mit den Drahtspeichen ermöglichten sie die Produktion filigraner und leichterer Fahrräder.

Stahllenker; Fahrradlenker aus Stahlrohr.

Stahlrahmen; Fahrradrahmen aus Stahlrohr. Stahl ist das gebräuchlichste Material zur Herstellung von Fahrradrahmen.

Stahlrohr; seit 1887 die Gebrüder *Mannesmann* ein Verfahren zur Herstellung nahtloser Rohre aus Stahl entwickelten, kommen S. als Konstruktionsmaterial für Fahrradrahmen zur Verwendung. S.-Rahmen lösten die massiven Eisen- und Holzrahmen ab. Die Fahrradrahmen wurden leichter und filigraner. Heute werden S. für die unterschiedlichsten Anwendungsbereiche in verschiedenen Qualitäten und Ausführungen hergestellt.

Stahlroß; scherzhafte Bezeichnung für ein Fahrrad.

Stahltretlager; ungenaue Bezeichnung für a) einen Kurbelsatz aus Stahl, oder b) ein komplettes Tretlager, bestehend aus Kurbelsatz und Innenlager aus Stahl.

Stahlvorbau; Lenkerhalterung aus Stahl. Es gibt verschiedenen Modelle mit unterschiedlicher Schaft- und Auslagelänge in mehreren Qualitäten.

Stam, Cornelius; Radrennfahrer, Niederlande. Steher-Weltmeister der Amateure 1970. Dreimal Steher-Weltmeister der Berufsfahrer, 1973, 1974 und 1977, zweiter 1972, 1975 und 1976, Vize-Weltmeister 1972, 1975, 1976.

Ständer; Stütze, die das Umfallen eines abgestellten Fahrrades verhindert. Es gibt S., die direkt am Fahrrad montiert (*Seitenstütze*), Solche in die Fahrräder zum Abstellen hineingestellt werden (*Fahrradständer*) und andere, in die man Fahrräder zur Montage einspannt (*Montageständer*).

Standlicht; Lichtanlage, die elektronisch gesteuert, das Licht auch bei Stillstand des Dynamos, z. B. bei Ampelstops, weiterbrennen läßt. Sie bezieht dabei die Energie von einem Accu, der während der Fahrt vom Dynamo aufgeladen wird. Einfachere Ausführungen funktionieren nur mit einer Batterie, die nach einer voreingestellten Zeit abschaltet. Von dieser Art des S. ist abzuraten, da durch den Batterieverbrauch hohe Betriebskosten entstehen, die Umwelt stärker belastet und durch das automatische Abschalten eine zusätzliche Gefahrenquelle geschaffen wird.

Standpumpe; Luftpumpe, die beim Pumpen mit ihrem Fuß auf die Erde gestellt wird.

Star-Rad; 1880, USA. Konstruiert von P. A. Maigen und William S. Kelly. Das S. besaß ein großes Hinterrad und ein kleines lenkbares Vorderrad. Der Antrieb erfolgte über Trethebel auf das Hinterrad. Damit hatte man die gleichen Übersetzungsverhältnisse wie bei einem Hochrad, aber eine wesentlich höhere Fahrsicherheit durch das kleine Vorderrad, das Überschläge verhinderte.

Starley, James; Großbritannien. Ließ sich 1870 zusammen mit William Hillman unter der Nummer 2236 Haarnadel-Drahtspeichen, Hairpinwires, patentieren. 1874 bekam er ein Patent auf Tangentialspeichen. Er gilt als der Begründer der englischen Fahrradindustrie.

Starley, John Kemp; baute 1884 den *Rover*. Ein Fahrrad, das man als Vorläufer unserer modernen Räder betrachten kann.

starrer Gang; bei einem s. wirkt der Antrieb über die Kette auf ein fest montiertes Ritzel auf der Hinterradnabe. Ein Freilauf ist nicht möglich und es muß immer mitgetreten werden. Bahnrennräder werden nach diesem Prinzip angetrieben.

Startlinie; quer über die Fahrbahn auf ihr angebrachte Markierung, hinter der die Teilnehmer eines Rennens Aufstellung nehmen. Mit der Überquerung der S. nach erfolgtem Start beginnt das Rennen.

Startordnung; die Versammlung und Aufstellung der Fahrer vor einem Start an der Startlinie und die Startfreigabe durch das Startsignal.

Startphase; Zeitabschnitt eines Rennens, in dem die Fahrer nach der Freigabe des Starts aus dem Stand von der Startlinie aus das Rennen aufnehmen und ihre Geschwindigkeit beschleunigen. Die S. gehört immer zu den kritischsten Phasen eines Rennens, da viele Teilnehmer, die häufig sehr nervös sind, auf engstem Raum losfahren und es dadurch zu Unfällen kommen kann.

Startposition; Platz, an dem sich ein Rennfahrer zur Zeit des Startschusses befindet. Bei einigen Rennen, vor allem wenn viele Teilnehmer am Start sind, ist es wichtig, gleich ganz vorn an der Startlinie losfahren zu können, um das hohe Tempo von Anfang an mitzugehen. Wer in solcher Situation zu weit hinten steht, hat es meistens sehr schwer, sich bis nach vorn durchzukämpfen und in das Geschehen an der Spitze des Rennens einzugreifen. Bei einigen Bahndisziplinen werden die S. auch ausgelost. Die Fahrer müssen dann von den entsprechenden Positionen das Rennen aufnehmen.

Startreihenfolge; bei den Steherrennen wird die Position der Rennfahrer, an der sie das Rennen aufnehmen, ausgelost. Die Aufstellung am Start erfolgt hintereinander in der entsprechenden Reihenfolge.

Staubdichtung; speziell gegen das Eindringen von Staub, hauptsächlich bei Innen- und Nabenlagern, aber auch bei denen von Freilaufzahnkränzen, angebrachte Dichtung.

Stauchung; Beschädigung, bei der durch einen Aufprall das Material in einem bestimmten Bereich zusammengepreßt ist. Bei Aufprallunfällen kommt es häufig zu einer S. der Rahmenrohre. Sie ist meistens hinter den Muffen des Steuerkopfes zu erkennen und als Welle zu fühlen, wenn man mit dem Finger darüberstreicht. Bei solchen Schäden muß unbedingt der Rahmen ausgewechselt werden, weil sonst eine erhöhte Unfallgefahr durch Rahmenbruch besteht.

Steckachse; Achse, die auf einen Träger oder durch eine andere Achse gesteckt wird (z. B. Achse des Schnellspanners, die durch die Hohlachse einer Nabe gesteckt wird).

Steckblech; kurzes Schutzblech aus Kunststoff, das nur in den Rahmen hineingeklemmt wird und leicht an- und abzumontieren ist. S. werden gern zur schnellen Montage an Rennrädern und Mountain Bikes verwendet, die sonst ohne Schutzbleche gefahren werden.

Steckkontakt; Verbindung für die Lichtleitung. Dabei wird das Kabel vom Dynamo bis zum Schutzblech geführt und dort mit einem Stecker in einen Kontakt gesteckt, der die Verbindung zu einem in das Schutzblech eingelassenen Stromleiter herstellt.

Steckrad; Fahrrad, dessen Rahmen zusammengesteckt ist. Es kann zum besseren Transport leicht auseinandergenommen werden. S. sind eine Variante der Klappräder.

Steckschlüssel; Werkzeug. Schraubenschlüssel, der mit seiner Passung auf den Kopf einer Schraube oder auf eine Mutter gesteckt wird.

Steckschutzblech; *Steckblech.*

Stecksschloß; *Speichenschloß.*

Steenbergen, Rik van; Radrennfahrer, Niederlande. Eigentlich Henry. Dreimaliger Straßen-Weltmeister der Berufsfahrer 1949, 1956 und 1959. Sieger vieler großer klassischer Radrennen.

Steerhorn, (engl.); Lenkergriff, der zusätzlich an den Lenker montiert werden kann, um weitere Griffpositionen zu erhalten. S. werden vor allem bei den Lenkern von Mountain Bikes zusätzlich montiert.

Steg; Verbindung zwischen zwei Rohren zur Versteifung und zur Montage von Anbauteilen.

Stegplatte; die Hinterbaustreben eines Sport- oder Tourenrades werden häufig mit Stegplatten verbunden, an die dann später der Fahrradständer und der Gepäckträger montiert wird.

stehender Start; Beginn eines Rennens, bei dem die Teilnehmer aus dem Stand losfahren.

Steher; Radrennfahrer, der Steherrennen bestreitet. Der Begriff ist abgeleitet von der Bezeichnung ›Stayer‹, für Pferde mit gutem Stehvermögen, die eine hohe Geschwindigkeit eine längere Strecke durchhalten können.

Steherbahn; Radrennbahn, die speziell auf die hohen Geschwindigkeiten bei Steher-Rennen ausgelegt ist. Die Fahrbahn ist meistens auf einer bestimmten Breite in einem flachen Winkel angelegt und geht dann mit einem Knick abrupt in einen steileren über.

Steherlinie; blaue Linie, die als Markierung in einem Abstand von mindestens 2,5 m bis zu einem Drittel der Bahnbreite, über dem Anfahrstreifen rund um die Bahn verläuft. Wird ein Steher mit seinem Schrittmacher von einem anderen angegriffen, dann muß er nach unten bis zur S. fahren.

Stehermaschine; auch Schrittmachermaschine. Motorrad mit einem Motor von 550–1200 ccm Hubraum mit einem oder zwei stehenden Zylindern. Am Hinterbau ist ein Gestell mit einer Rolle montiert. Die Positionen von Lenker und Sattel sowie deren Aussehen sind vorgeschrieben. S. werden bei *Steherrennen* von einem *Schrittmacher* gefahren. Dahinter fährt ein Rennfahrer, der *Steher* im Windschatten. Schrittmacher und Steher bilden ein Gespann.

Steherrennen; Bahnrennen hinter schweren Motoren. Schrittmacher und Steher bilden dabei ein Gespann, wobei der Radrennfahrer im Windschatten hinter dem Schrittmacher fährt. S. werden je nach der Zahl der Teilnehmer mit Vorläufen gefahren, deren Plazierte dann in einem Endlauf gegeneinander antreten. Sieger ist, wer im Endlauf als erster nach der abgelaufenen Zeit oder nach zurücklegen der vorgegebenen Distanz die Ziellinie überquert.

Stehversuch; bei Sprintrennen auf der Bahn kommt es ab und zu zu S. bei denen ein Fahrer, in dem er stehen bleibt ohne die Füße auf den Boden zu setzen, versucht, den anderen zur Übernahme der Führung zu bewegen, ihn psychologisch zu beeinflussen und die aussichtsreichere Position einzunehmen. Ein S. kann manchmal über einen Zeitraum von über einer Stunde gehen, solange, bis einer der Beteiligten freiwillig die Führung übernimmt. Dabei muß viel Kraft aufgewendet werden, um die Balance zu halten. Wenn bei einem S. ein Fahrer mehr als 20 cm rückwärts fährt, dann wird der Lauf abgebrochen und der Sprinter, welchem das Mißgeschick passiert ist, muß die Führung übernehmen.

Steiger, Peter; Radrennfahrer, Schweiz. Steher-Weltmeister der Berufsfahrer 1992.

Steigfähigkeit; die S. ist abhängig von der Übersetzung des Rades und von der Leistungsfähigkeit des Fahrers. Bei den Mountain Bikes, mit denen ja auch extreme Steigungen bewältigt werden, spielt auch noch die Rahmengeometrie eine Rolle, weil davon die Lage des Schwerpunktes abhängig ist. Bei einem sehr schräg gestellten Sitzrohr liegt der Schwerpunkt weiter hinten als bei einem steilen. Das Vorderrad hebt dann schneller vom Untergrund ab und verliert den Kontakt zum Boden. Schlimmstenfalls überschlägt man sich nach hinten.

Steigungsmesser; Gerät zur Anzeige des Steigungswinkels bei Bergfahrten.

Steilkurve; Kurve, die an ihrer Außenseite überhöht ist. S. können mit hoher Geschwindigkeit durchfahren werden. Die Kurven von Radrennbahnen sind S.

Steines, Alphonse; Mitarbeiter Henry *Desgranges.* erster Quartiermacher der *Tour de France.* Er war der Mann, der die Idee hatte, die Tour über die Pyrenäen zu führen (1910).

Stellkonus; Teil eines Lagers. Ein S. hat ein Gewinde, mit dem er auf einer Achse durch Drehen verstellt werden kann. Auf diese Weise können Lager strammer oder lockerer eingestellt werden.

Stellschraube; Schraube zum Einstellen eines Anschlages. *Anschlagschraube.*

Stenquist, Harry; Radrennfahrer, Schweden. Olympiasieger im Straßenrennen 1920.

Stern-Fahrradwerke; Berlin. Bauten um 1900 ein *Eisenbahnfahrrad* zur Streckenkontrolle.

Steuerkopf; Teil des Rahmens. Der S. besteht aus dem Steuerrohr und zwei Muffen durch die Ober- und Unterrohr mit ihm verbunden sind. Durch das Steuerrohr wird der Gabelschaft geführt. Oben und unten im S. werden die Lagerschalen des Steuersatzes eingepreßt.

Steuerkopfmuffen; Muffen, die das Steuerrohr mit dem Ober- (obere S.) und Unterrohr (untere S.) verbinden.

Steuerkopfschild; Schild mit der Fahrradmarke, das vorn am Steuerrohr festgeschraubt oder genietet ist. Früher wurden diese Schilder sehr aufwendig aus emailliertem Metall hergestellt, heute findet man fast ausschließlich Abziehbilder. S. sind bei Fahrradfreunden ein begehrtes Sammlerobjekt.

Steuerkopfwinkel; Winkelmaß, um das der Steuerkopf eines Fahrrades von der Senkrechten der Mitte der oberen Muffe nach vorn geneigt ist. Der S. hat Einfluß auf das Lenkverhalten eines Fahrrades. Ein großer Winkel ermöglicht es, besonders langsam zu fahren, ein kleiner ist bei höheren Geschwindigkeiten günstiger.

Historische Steuerkopfschilder verschiedener Marken

Steuerrohr; Teil des Rahmens. Das Rahmenrohr, durch das der Gabelschaft gesteckt wird. Es wird durch die Steuerkopfmuffen mit dem Ober- und Unterrohr verbunden. An beiden Enden des S. werden die Lagerschalen des Steuersatzes eingepreßt.

Steuerrohrachse; auch Lenkkopfachse. Gedachte Mittelachse des Steuerrohres, die in ihrer Verlängerung den Abstand zur Achse des Vorderrades, den Nachlauf ergibt.

Steuersatz; oberes und unteres Lenkungslager des Fahrrades bilden zusammen den S. Das untere besteht aus der unteren Lagerschale, den Kugeln und dem Gabelkonus, das obere aus der oberen Lagerschale, den Kugeln, dem Gewindekonus, einer Nasenscheibe und der Abschlußmutter. Es gibt S. bei denen lose Kugeln eingelegt sind, und solche, bei denen Kugelringe verwendet werden. Andere Ausführungen besitzen meist konische Rollenlager. Es gibt S., die komplett aus Stahl gefertigt sind und höherwertige, bei denen die Hauptteile aus Aluminium bestehen. Die Kugellaufflächen sind in jedem Fall aus Stahl. Eine moderne Variante des geschraubten S. ist der geklemmte, der *Headset* (engl.) genannt wird.

Steuersatzgewinde; es werden verschiedenen Gewindegrößen und -teilungen verwendet. Das am meisten anzutreffende Maß hat einen Schalensitz von 30,2 mm und einen Gabelkonus von 26,4 mm, dabei wird das Gewinde mit 25,4 x 24 angegeben. Die erste Zahl gibt den Durchmesser in engl. Zoll an, die zweite die Anzahl der Gewindegänge pro Zoll. Häufig anzutreffen ist auch das sog. französische Maß 25 x 1. Hier steht die erste Zahl für die Anzahl der Gewindegänge pro Zoll und die zweite für den Durchmesser, der ebenfalls in Zoll (1 Zoll = 25,4 mm) angegeben wird.

Steuersatzschlüssel; Spezialwerkzeug. Zwei lange, flache Maulschlüssel zum Kontern der Kopfmutter mit dem Gewindekonus. Die am häufigsten anzutreffende Schlüsselweite ist 32 mm. Es gibt jedoch einige andere Größen, die je nach den verschiedenen Steuersätzen und ihren Maßen zur Anwendung kommen.

Steuersatzwerkzeug; Spezialwerkzeug. Dazu gehören: Ein Fräser für den Sitz des Gabelkonus, ein weiterer zum Planfräsen des Steuerkopfes, das Montagewerkzeug zum Einpressen der Lagerschalen in den Steuerkopf, ein Montagerohr zum Aufschlagen des Gabelkonus und zwei Steuersatzschlüssel zum Kontern der oberen Lagerschale mit der Kopfmutter. Zur Demontage benötigt man außerdem ein Werkzeug, um den Gabelkonus von seinem Sitz und ein anderes, um die Lagerschalen aus dem Steuerkopf zu schlagen.

Stevens, Thomas; Großbritannien. Er unternahm von 1884–1886 die erste Weltumradlung per Hochrad.

Stierhorn; kurzes Rohr, das zusätzlich an einen Mountain Bike Lenker montiert wird, um eine weitere Griffposition zu erhalten.

Stiftschlüssel; Spezialwerkzeug. Langer Stahlhebel, an dessen Kopf entweder in bestimmten Abständen voneinander starr oder beweglich zwei Stifte geschraubt sind, die in die entsprechenden Löcher von Lagerschalen greifen. Damit können die Schalen bewegt und eingestellt werden.

Stirnräderantrieb; dabei wirken die Kurbeln direkt auf ineinandergreifende Stirnräder, durch die die Kraft auf das Hinterrad übertragen wird. Der S. hat sich nicht durchgesetzt, er gehört zu den Kuriositäten der Fahrradentwicklung.

Stocks, John William; Radrennfahrer, Großbritannien. Steher-Weltmeister der Berufsfahrer 1897 in Glasgow, Schottland.

Stöpel, Kurt; *12. 03. 1908. Radrennfahrer, Deutschland. Zweiter der Tour de France 1932 hinter *Leducq*. Er war damit bis heute der erfolgreichste Deutsche Teilnehmer an der Tour. Deutscher Straßenmeister 1934.

Stollen; a) Teil des Reifens. Grobe Gummiblöcke auf der Lauffläche von Mountain Bike- oder Crossreifen. b) Teil des Crossschuhes. Gummi- oder Kunststoffblock auf der Sohle eines Schuhes. S. geben einen besseren Halt auf rutschigen Untergründen.

Stollenprofil; grobe Form der Oberfläche eines Reifens, die durch Gumminoppen gebildet wird.

Stoltze, Georg; Radrennfahrer, Deutschland. Steher-Weltmeister der Amateure 1960, Dritter 1961.

Stoßbremse; Erfindung des Amerikaners Hanlon ca. 1869. An einer nicht zentral befestigten Lenkstange war in der Mitte ein Exenter angebracht. Durch Drehen des Lenkers um seine Längsachse wurde ein Stab, an dessen Ende der Bremsklotz saß, durch den Gabelschaft nach unten und damit der Bremsklotz auf den Reifen gedrückt.

Stoßdämpfung; war schon in der Anfangszeit des Radfahrens ein technisches Problem, um dessen Lösung sich viele Konstrukteure bemühten. In einer Zeit, in der es noch keine Luftreifen gab und die Straßendecken noch aus Kopfsteinpflaster bestanden, war der Fahrkomfort entsprechend niedrig. Man versuchte es zunächst mit sog. *Schwingrahmen*. Sie wurden überflüssig, als ab 1879 die Luftreifen eingeführt wurden. Heute befaßt man sich aufgrund der Anforderungen des Mountain Bike Fahrens wieder mit dem Problem der S., es werden Rahmen mit Stoßdämpfern und Dämpfungselementen in den unterschiedlichsten Anordnungen angeboten.

Strahler; Teil der Fahrradbeleuchtung. *Katzenauge* oder *Scheinwerfer.*

Straßenreifen; Fahrradreifen für die Benutzung auf Straßen. Abweichend davon gibt es auch *Gelände-* und *Bahnreifen.*

Straßenrennen; Einer-Wettbewerb auf öffentlichen Straßen mit Massenstart. Sieger und Plazierte werden durch die Reihenfolge des Zieleinlaufs ermittelt. Es gibt S. als Fernfahrt mit Start und Ziel an gleichen oder getrennten Orten und auf Rundkursen, die mindestens eine Länge von 5 km haben müssen und mehrmals durchfahren werden.

Straßenrennmaschine; Wettbewerbsrennrad für den Einsatz bei Straßenrennen. Im Gegensatz zu einem Bahnrennrad ist sie mit Bremsen und Gangschaltung ausgestattet.

Straßenrennsport; Wettfahrten, die auf öffentlichen bzw. zum Teil öffentlichen Straßen ausgetragen werden. *Straßenrennen.*

Straßenverkehrs-Zulassungsordnung; Abk.: StVZO. Enthält die Bestimmungen, nach denen Fahrzeuge im öffentlichen Verkehr zugelassen werden.

Straßenvierer; Mannschaft aus vier Rennfahrern, die an einem *Vierer-Mannschaftsrennen* auf der Straße teilnehmen.

Straßenweltmeisterschaft; jährlich wiederholter Wettbewerb zur Ermittlung des Besten in der Disziplin des Straßenrennens. Die ersten S. fanden am 04. 08. 1921 in Kopenhagen für Amateure statt. Sie wurden als Einzelzeitfahren über 190 km ausgetragen. Der Sieger, Gunnar Sköld (S), benötigte 6 Std. 18 Min. und 17 Sek. Für Berufsfahrer veranstaltete man erstmals am 21. 07. 1927 auf dem Nürburgring in Deutschland eine S. Sieger wurde Alfredo Binda (I) über eine Distanz von 182 km in der Zeit von 6 Std. 37 Min. 29 Sek.

Straßenwettbewerb; Radrennen auf der Straße. *Straßen-, Rundstreckenrennen, Kriterium, Rundfahrt.*

Streamline Aerocycle, (engl.); nannte man 1934 das von der Firma Schwinn (USA) vorgestellte Phantom-Fahrrad, aus dem später die *Cruiser* entwickelt wurden.

Strebe; dünnes Rohr oder Stab, der als Verbindung zwischen Rohren (*Hinterbaustrebe*) oder Trägern, oder zur Befestigung und Stabilisierung von Anbauteilen, wie z. B. Schutzblechen (*Schutzblechstreben*) und Gepäckträgern (*Gepäckträgerstrebe*) verwendet wird.

Streckenplan; gedruckte Aufzählung der Orte, die die Rennstrecke berührt.

Streckenprofil; Verlauf der Höhenlinie einer Strecke. Das S. wird häufig in den Programmheften der Radrennen abgedruckt. Nach dem S. richtet sich die Übersetzung, die die Fahrer auf dem Rennrad montieren.

Strecker, Ernst; Magdeburg, Deutschland. Konstruierte 1890 einen Hometrainer, bei dem man ein normales Fahrrad an seiner Hinterradachse in einem Gestell und das Vorderrad in einer Führung befestigte. Der Fahrer konnte normal treten, wobei das Hinterrad auf Rollen lief. Diese Form des H. ist heute wieder populär.

Strief, Peter; Erfinder, USA. Baute 1886 zusammen mit Frederick Langmark ein Einrad, das auf der Mechanikermesse in San Francico (USA) ausgestellt wurde. Es bestand aus einem überdimensionierten Ring, in dessen Innern eine Art Dreirad montiert war, auf dem der Fahrer saß und durch Fußhebel das Gefährt antrieb.

Strittmatter, Gerhard; *27. 06. 1961. Radrennfahrer, Deutschland. Weltmeister in der Mannschafts-Verfolgung 1983, Vize-Weltmeister 1982.

Stromlinienverkleidung; Eine S. dient dazu, die Aerodynamik zu verbessern und dadurch die Geschwindigkeit zu erhöhen, bzw. die aufzuwendende Kraft zu reduzieren. Schon 1914 experimentierte der Berliner Arthur Stellbrink mit einem verkleideten Fahrrad. Der Leipziger Ingenieur *Rinkowsky* machte 1960 Entwürfe für S. von Sesselrädern.

Stundenweltrekord; Rekordfahrt auf einer Radrennbahn über eine Stunde. Dabei kommt es darauf an, die größtmögliche Strecke zurückzulegen. Der S. wird auch ›Stunde der Wahrheit‹ genannt. Er ist eines der größten Abenteuer des Radsports. Seine Geschichte begann 1893, als Henry Desgrange (F), der spätere Initiator der Tour de France, 35,325 km zurücklegte. Seitdem unternehmen immer wieder mutige Spitzensportler den Versuch, den Rekord höher zu schrauben. Der letzte, der mit einem normalen Rennrad den Rekord verbesserte, war 1972 Eddy Merckx, der 49,431 km auf einer Höhenbahn in Mexico City fuhr. Danach hielt die Technik Einzug und Francesco Moser stellte 1988 in der Stuttgarter Schleyer-Halle mit einem Rad, dessen Hinterrad überdimensioniert war, mit 50,645 km einen, wie man

Sturzring

glaubte, Jahrhundert-Rekord auf. Aber 1993 trat der Schotte Graham Obree an und schockte die Radsportwelt mit seinem selbstgebastelten Fahrrad und der Unbekümmertheit, mit der er 51,596 km zurücklegte. Chris Boardman (GB) fuhr nur eine Woche später 52,270 km. Francesco Moser versuchte es auch noch einmal und verbesserte seine eigene Marke von 1984 mit 51,840 km um 330 m und verfehlte den S. um 430 m und das in einem Alter von 42 Jahren. Wenig später wagte es Obree erneut und holte sich den Rekord mit 52,713 km zurück. Dann kam Miguel Indurain (E) und fuhr 53,040 km. Er konnte sich nicht lange darüber freuen, denn der Schweizer Toni Rominger verdarb ihm den Spaß mit zunächst 53,832 km und dann noch einmal mit 55,219 km gründlich. Man darf sicher gespannt sein, wie es in der Zukunft mit dem S. weitergeht, denn es gibt immer wieder mutige Radrennfahrer, die versuchen, die letzte Bestmarke zu unterbieten.

Sturdy, G. J.; Providence, Road Island/ USA. Erfand schon vor 1870 das Fahrrad-Karussel.

Sturgess, Colin; Radrennfahrer, Großbritannien. Verfolgungs-Weltmeister der Berufsfahrer 1989.

Sturmey, Henry; Großbritannien. Er erhielt 1902 zusammen mit James Archer ein Patent auf eine Dreigangnabe, die ab 1903 produziert wurde. Die Fa. Sturmey Archer entwickelte sich schnell zum größten Getriebe-Nabenproduzenten der Welt.

Sturzring; auch Sturzkappe. Kopfschutz aus gepolsterten Lederstreifen, die miteinander vernäht sind.

Stütze; Kz. für *Sattelstütze.*

Stützrad; Hilfsrad. Wird rechts und links an Zweirädern als Stütze angebracht. Häufig als Lernhilfe an Kinderrädern verwendet oder zur Stabilisierungshilfe an Behindertenrädern.

StVZO, (Akz.); *Straßenverkehrs-Zulassungsordnung.*

Summersgill, Tommy; Radrennfahrer, Großbritannien. Sprint-Weltmeister der Amateure 1899 in Montreal (CAN).

Sûr; erstes Fahrrad mit doppeltem Kettenantrieb. Der Franzose Rousseau baute dieses Hochrad 1877 in Marseille (F).

Suriray, Jules Pierre; Frankreich. Entwickelte 1869 Kugellager für Michaux-Räder.

Suspension Fork, (engl.); *Federgabel.*

Suter, Heinrich; *10. 07. 1899, † 06. 11. 1978. Radrennfahrer, Schweiz. Zweimal Sieger des Grand Prix Wolber, der vor Einführung der Straßen-Weltmeisterschaft der Berufsfahrer 1927 als inoffizielle Weltmeisterschaft galt. Bruder von Paul.

Suter, Paul; *19. 03. 1892, † 04. 04. 1966. Radrennfahrer, Schweiz. Steher-Weltmeister der Berufsfahrer 1923 in Zürich, Schweiz. Vize-Weltmeister 1921 und 1922. Bruder von Heinrich.

Swea-Rad; 1893 in Schweden von H. P. Palmcrantz gebaut. Es hatte einen Winkelhebel-Antrieb, der eine Kette oder einen Lederriemen hin und her bewegte und über einen Freilaufzahnkranz bzw. Riemenscheiben das Hinterrad antrieb.

Swift-Rahmen; geschweifter Trapezrahmen des *Rover*-Fahrrades 1887. Heute findet man ähnliche bei einigen Cityrad-Studien.

Switch-Blade-Gabel; Gabel, deren Holme gerade vom Gabelkopf zum Ausfallende verlaufen. Die Gabelscheiden sind in den Gabelkopf geschraubt und einzeln auswechselbar.

Synchronbremse; auch Parapulbremse, 1960. Bremse, deren Mechanik beide Bremsklötze zwangsläufig immer gleichmäßig bewegt.

Synthesekautschuk; künstlich hergestellter Kautschuk. Ein Verfahren zur Herstellung von S. entwickelten in Deutschland die Buna-Werke. Danach nannte man S. auch Buna. 1938 wurden die ersten Fahrradreifen aus S. hergestellt. Heute verwendet man Mischungen aus Kunst- und Naturkautschuk.

Szurkowski, Ryszard; *12. 01. 1946. Radrennfahrer, Polen. Straßen-Weltmeister der Amateure 1973 in Barcelona (E), Vize-Weltmeister 1974 und im Mannschafts-Zeitfahren 1973 und 1975. Silbermedaillengewinner im Mannschaftsrennen der Olympischen Spiele 1972 und 1976. Viermal Sieger der Friedensfahrt, 1970, 1971, 1973 und 1975.

T

Tachometer; Geschwindigkeitsmesser. Ursprünglich mechanisch, heute elektronisch angetrieben. *Fahrradcomputer.*

Tachowelle; Teil des mechanischen Geschwindigkeitsmessers. Drehbare Welle, Verbindung zwischen Geber am Laufrad und Tachometer, über die durch eine Übersetzung die Geschwindigkeit übertragen wird.

Tageskilometerzähler; a) Kleines mechanisches Zählwerk, das durch einen in die Speichen geschraubten kleinen Bolzen angetrieben wird. Es kann von Hand auf Null gestellt werden und zählt mit jeder Umdrehung des Rades den zurückgelegten Weg, der in Schritten von hundert Metern angezeigt wird. b) Zusatzfunktion eines mechanischen oder elektronischen Tachometers. In einem besonderen Feld kann die Anzeige auf Null gestellt werden und zählt dann die Strecke eines bestimmten Abschnitts, bis die Anzeige wieder auf Null gedreht wird.

Taktik; Kunst der Führung einer Mannschaft im Rennen. Dabei kommt es vor allem darauf an, die Stärken der eigenen Fahrer geschickt einzusetzen und die Schwächen der anderen ebenso

So sahen mechanische Tachometer aus

geschickt auszunutzen, um sich einen Vorteil zu verschaffen.

Talkum; Puder aus Magnesiumsilikat, mit dem Gummi eingerieben wird, um es geschmeidiger zu machen. T. wird bei der Montage von Fahrradreifen als Gleitmittel verwendet.

Tandem; Fahrrad für zwei Personen, die hintereinander sitzen. Die Lenkung kann durch den vorderen, bei seltenen Modellen aber auch durch den hinteren Fahrer erfolgen.

Tandemrennen; Bahndisziplin. Radrennen bei dem zwei Teilnehmer ein Fahrrad gemeinsam benutzen. T. werden nur als *Fliegerrennen*, über eine Rundenzahl, die der Distanz von 1,5 km am nächsten kommt, ausgetragen. An einem Lauf dürfen je nach Länge der Bahn maximal vier Tandems teilnehmen.

Tangentialspeiche; *Speiche* die direkt, ohne sich mit anderen zu kreuzen, von der Nabe zur Felge verläuft. Sie ist in der Nabe in einem Loch eingehängt und wird durch einen Gewindenippel, der in die Bohrungen der Felge gesteckt wird gespannt. T. sind nur auf Zug beansprucht, deshalb benötigen sie nur einen sehr kleinen Durchmesser.

Tauchen; Radfahrerjargon: Regelverstoß. Bei einem Radrennen eine Runde aussetzen und dann wieder mitfahren, als wenn nichts geschehen wäre.

Tawara, N.; Radrennfahrer, Japan. Sprint-Weltmeister der Berufsfahrer 1987.

Taylor, Marshall Walter, *08. 09. 1878, † 20. 06. 1932. Sprint-Weltmeister der Berufsfahrer 1899. Erster Farbiger, dem es gelang Weltmeister zu werden.

Teflon; Kunststoff aus Tetrafluoräthylän, der zur Herstellung von Dichtungen und Gleitscheiben benutzt wird. Für die Schmierung von Lagern wird T.-Spray verwendet. Bowdenzüge laufen häufig in T.-Schläuchen, die in die Bowdenzughüllen zur Verringerung der Reibung hineingeschoben werden.

Teleskopholm; gefederte Gabelscheide oder gefederte Hinterbauschwinge. Ein besonderes Merkmal sind dabei Rohre unterschiedlicher Durchmesser, bei denen sich das Dünnere beim Einfedern in das Dickere hineinschiebt und beim Ausfedern wieder in die Ausgangsposition zurückgleitet.

Tellerbremse; 1898/99 von Ernst *Sachs*, Schweinfurt (D), konstruierte Bremse, die auf der Hinterradachse befestigt wurde. Sie wurde auch ›Münchnerbrems‹ genannt.

Tempobolzer; Radrennfahrerjargon: Ein Radrennfahrer, der über längere Zeit hohes Tempo fahren kann.

Teppich; Radrennfahrerjargon: Der umlaufende blaue Anfahrstreifen einer Radrennbahn. Er wird auch *Côte d'Azur* genannt.

Terry; kurzer Sattel mit Zugfedern unter der Satteldecke und zwei Druckfedern am hinteren Ende unter der Sattelbrücke.

Test; Prüfung. Es gibt Materialtests zur Prüfung der Haltbarkeit und Sicherheit und Eignungstests für Radrennfahrer zur Überprüfung ihres Leistungsstandes.

Testfahrer; Radfahrer, dessen Aufgabe darin besteht, Fahrradkomponenten auf ihre Brauch- und Haltbarkeit in der Praxis zu testen.

Thaler, Klaus Peter; *14. 05. 1949. Radrennfahrer, Deutschland. Zweimal Querfeldein-Weltmeister der Amateure, 1973 und 1976, Vize-Weltmeister 1974 und 1975. Zweimal Weltmeister der Berufsfahrer, 1985 und 1987, Vize-Weltmeister 1980. Insgesamt zwölf Mal Deutscher Meister im Crossrennen. Etappensieger der Tour de France 1977 und 1978, wo er auch zwei Tage das ›Gelbe Trikot‹ des Spitzenreiters trug.

Thermo-Kleidung; aus speziellen Fasern gefertigte Trainingshose und -jacke, die winddicht und atmungsaktiv sind und das Auskühlen des Körpers verhindern.

Thévenet, Bernard; *10. 01. 1948. Radrennfahrer, Frankreich. Zweimaliger Sieger der Tour de France 1975 und 1977, Zweiter 1973, Vierter 1971.

Thompson-Lager; auch Schlagschalenlager. Bei diesem Tretlager werden die Lagerschalen des Innenlagers rechts und links in das Tretlagergehäuse hineingepreßt (beim BSA-Lager werden sie geschraubt).

Thoms, Lothar; *18. 05. 1956. Radrennfahrer, Deutschland. Dreimaliger Weltmeister im 1000-m-Zeitfahren, 1977–1979, Olympiasieger 1980.

Thomson, Robert William; *1822, 1873. Ingenieur, Großbritannien. Erhielt am 10. 12. 1845 als erster ein Patent auf luftgefüllte Reifen. Kurioserweise geriet seine Erfindung schon nach kurzer Zeit so gründlich in Vergessenheit, daß sie 1888 durch *Dunlop* ein zweites Mal erfunden werden mußte.

Thurau, Dietrich; *09. 11. 1954. Radrennfahrer, Deutschland. Zweimal Vize-Weltmeister im Straßenrennen der Berufsfahrer 1977 hinter Francesco Moser und 1979 hinter Jan Raas (NL). Fünfter der Tour de France 1977. Er gewann fünf Etappen und trug 15 Tage lang das Gelbe Trikot des Spitzenreiters. Sieger der Deutschland-Rundfahrt 1979. Weltmeister in der Vierer-Mannschaftsverfolgung 1974 in Montreal (CAN).

Thys, Philippe; *08. 10. 1890, † 17. 01. 1971. Radrennfahrer, Belgien. Ihm gelang es als Erstem, die Tour de France dreimal zu gewinnen: 1913, 1914 und 1920.

Tiefbettfelge; Drahtreifenfelge, bei der der Felgenboden nach unten gezogen ist und eine Vertiefung bildet.

tiefer Lenker; im Rennfahrerjargon die untere Griffposition bei einem Rennlenker. Bei hohem Tempo sitzen die Rennfahrer tief hinuntergebeugt auf dem Rad und fassen den Lenker an den unteren Griffstücken; sie fahren dann im ›tiefen Lenker‹.

Tifosi; italienischer Radsportfan.

Tigersprung; explosionsartiges nach vorne Schieben des Rades bei hohem Tempo durch plötzliches Strecken der Arme bei gleichzeitigem Zurückrutschen des Körpers auf dem Sattel. Eine im Endspurt angewandte Technik, um im letzten Augenblick die zum Sieg notwendigen Zentimeter Vorsprung zu erzielen.

Timberlake-Ratchet-Bremse; Bremse für Hochräder, die nach ihrem Konstrukteur Timberlake benannt wurde, 1878. Durch Drehen der Lenkstange wurde über eine Zahnstange eine Gummirolle auf das Vorderrad gepreßt, die durch die dadurch entstehende Reibung die Verzögerung bewirkte.

Timoner, Guillermo; *24. 03. 1926. Radrennfahrer, Spanien. Sechsmaliger Steher-Weltmeister der Berufsfahrer, 1955, 1959, 1960, 1962, 1964 und 1965, Vize-Weltmeister 1956 und 1958. Seine erste Profilizenz bekam er 1948 mit 22 Jahren. Er verabschiedete sich vom aktiven Sport 1968 im Alter von 42 Jahren. 15 Jahre später, 1983, löste er noch einmal eine Profi-Lizenz und wurde vom spanischen Verband zur Weltmeisterschaft gemeldet, ein einmaliger Vorgang in der Geschichte des Radsports. 1985 trat er endgültig vom Radsport zurück. Er gehört zu den erfolgreichsten Radrennfahrern aller Zeiten.

Titan; chemisches Element. Zeichen Ti. Gut schmied- und walzbares, sehr korrosionsbeständiges Metall von silberweißer Färbung. Es wird zur Legierung von Stahl und Hartmetallen verwendet. Leichtbau-Fahrradteile werden häufig aus T. oder T. legiertem Stahl hergestellt.

Titanrahmen; Fahrradrahmen, dessen Rohre aus einer Titanlegierung bestehen. T. sind sehr stabil, korrosionsbeständig und teuer.

Titan-Sattel; Sattel, dessen Sattelgestell aus einer Titan-Legierung besteht. T. sind erheblich leichter, als z. B. Stahl-Sättel, allerdings auch teurer.

Tkac, Anton; Radrennfahrer, Tschechoslowakei. Sprint-Weltmeister der Amateure 1974 in Montreal (CAN).

Tomac, John; *03. 11. 1967. Radrennfahrer, USA. Mountain Bike Weltmeister im Cross Country und Vize-Weltmeister im Downhill 1991.

Tonnennippel; Teil eines Bowdenzuges. Am Ende des Bowdenzuges angelötetes oder festgequetschtes Metallteil in Form einer Tonne, mit der der Zug in die dafür vorgesehene Aufnahme eingehängt wird.

Top Pull Umwerfer; Teil der Kettenschaltung. *Umwerfer*, bei dem der Bowdenzug von oben herangeführt wird. Andere Umwerfer werden üblicherweise von unten angesteuert (Down-Pull).

Torpedo-Nabe; erste Hinterradnabe mit integriertem Freilauf und Rücktrittbremse. 1903 von Ernst Sachs, Schweinfurt, vorgestellt. Es handelte sich um das Mod. 05. Es folgten: 1907 das stabilere Mod. 07 für Transporträder, bis 1920. Ab 1910–1959 eine verbesserte Ausführung des Mod. 05, die Doppel-Torpedo-Nabe (Zweigang) Mod. 09. Es wurden 750000 Stück ausgeliefert. Ab 1910 wurde bis ca. 1918 auch die Universal-Torpedo-Nabe mit 4 Gängen und Rücktrittbremse gebaut. Die Dreigang-Torpedo-Nabe Mod. 25 kam 1925 auf den Markt. Bis 1940 wurden ca. 180000 Stück produziert. 1935–1941 wurde die Universal Dreigang-Leerlaufnabe mit Trommelbremse gefertigt. Das 3-Gang-Mod. 53 hatte eine Rücktrittbremse. Bis 1956 wurde es 322000mal gebaut. Das Mod. 55 (1955) gab es mit und ohne Rücktritt. Bis zur Einstellung der Produktion 1961 wurden insgesamt 1,25 Mill. Stück verkauft. Diese Nabe wurde vom Mod. 515 abgelöst. Produziert von 1961–1975 (6 Mill.). Ebenfalls ab 1961–1984 wurde der Typ Mod. 415 gebaut (1,4 Mill.). Die Duomatic kam 1964 in zwei Versionen: Mod. 102 mit Rücktritt, Mod. 101 ohne (3,2 Mill.). Ab 1973 gab es dann die Duomatic R 2110. Von 1974–1984 wurde die Automatic mit Rücktritt gebaut. Bei den Naben H 3111, H 3113 (ab 1975), H 3102 (ab 1982) handelte es sich wieder um Dreigang-Naben. Das Mod. 3120 (1983), 3-Gang, hatte wieder eine Trommelbremse. Ab 1987 gab es dann die Torpedo-Fünfgangnabe, sie heißt heute Pentasport. Auch die Torpedo-Super7 (7-Gang-N.) (ab 1993) wurde in Super 7 umgetauft.

Torsionskräfte; Kräfte, die einen Körper schraubenförmig verdrehen. Fahrradrahmen unterliegen in verstärktem Maß T., da durch die rhythmischen Bewegungen während der Fahrt gegenläufige Kräfte auftreten und den Rahmen verwinden.

Totes Rennen; Rennen mit unendschiedenem Ausgang. Durch den Einsatz von Zielkameras ist solch ein Ergebnis eines Wettbewerbes sehr selten geworden.

Toulouse-Caraman; erstes längeres Straßenrennen der Welt. Es wurde 1869 ausgetragen. Der Sieger Lyotard legte die 34 km in 3 Std. 9 Min. zurück.

Tour de France Féminin; Frankreichrundfahrt für Frauen. Die T. wurde als Etappenrennen 1984 zum ersten Mal durchgeführt und führte über eine Gesamtstrecke von 1059 km. Siegerin war Marianne Marten, USA.

Tour de France; größtes Etappenrennen der Welt. Von Henri Desgrange ins Leben gerufen, wird die erste T. am 01. Juli 1903 vor der Herberge ›Réveille Matin‹ in Villeneuve St. George bei Paris gestartet. 60 Rennfahrer nehmen das Rennen auf. Der Sieger heißt Maurice Garin. Aber die T. hat die Herzen der Franzosen nicht im Sturm erobert. Im nächsten Jahr kommt es zu einem Skandal, weil den ersten vier nachgewiesen wird, daß sie einen Teil der Strecke mit der Eisenbahn zurückgelegt haben. Die erste Etappe der dritten T. wird zu einem Desaster: Unbekannte hatten Nägel auf die Straße gestreut und die Reifen der Rennfahrer platzten reihenweise. Ganz Frankreich wird von einem Sturm der Entrüstung ge-

Tourensportrad

packt. Man verurteilt die Missetäter aufs schärfste. Damit ist der Durchbruch gelungen. Schon 1906–1909 macht die T. Abstecher nach Deutschland und wird zum grenzübergreifenden Ereignis. Ab 1910 wurden die Alpen und die Pyrenäen in den Streckenverlauf eingebaut. Seitdem findet die T. mit Unterbrechungen durch die Weltkriege, Jahr für Jahr im Sommer statt. Jedes Jahr werden Nachbarländer Frankreichs einbezogen. Zu den erfolgreichsten Fahrern der T. gehören mit jeweils fünf Siegen Eddy Merckx (B) und Jacques Anquetil (F).

Tour de Swiss; Schweiz-Rundfahrt. Größtes Etappenrennen der Schweiz. Es wurde zum ersten mal 1933 ausgetragen. Es siegte Max Bulla (A). Seitdem findet das Rennen jährlich statt. Der erfolgreichste Fahrer war Pasquale Fornara (I) mit 4 Siegen. Bartali (I) und Koblet (CH) siegten je zweimal. Der Deutsche Ludwig Geyer gewann 1934. Hans Junkermann siegte 1959 und 1962.

Tourengabel; Gabel eines Tourenrades. Sie zeichnet sich durch einen relativ großen *Nachlauf* aus. Die Enden der Gabelscheiden sind flach gepreßt und geschlitzt, sie ergeben so die Ausfallenden.

Tourenlenker; bequemer, leicht nach oben gebogener Lenker, so wie er auf Tourenrädern montiert wird. Meistens gehen die Griffe dabei nach hinten und oben, so daß eine aufrechte Sitzhaltung möglich ist.

Tourenpedal; einfaches Pedal mit Gummiblöcken als Fußauflage.

Tourenrad; robustes und bequemes Alltagsfahrrad mit Nabenschaltung und Rücktrittbremse. Das Damen-T. erkennt man an seinem charakteristischen *S-Rahmen*, bei dem der Durchstieg besonders tief heruntergezogen ist. Die Ausfallenden vorn sind in den flach gepreßten Spitzen der Gabelscheiden ausgebildet, die des Hinterbaus nach hinten offen. Als Tretlager finden Glockenlager Verwendung. Lenker und Sattel sind sehr bequem und für eine aufrechte Sitzhaltung ausgelegt.

Tourensportrad; gibt es im allgemeinen nur als Damenrad. Es unterscheidet sich von *Tourenrad* durch den Sport-Hinterbau mit geraden konischen Streben und den nach vorn geöffneten Ausfallenden, der mit dem *S-Rahmen* mit dem tiefen Durchstieg kombiniert ist.

Touristikschuh; Radschuh, der eine harte Sohle zur Druckverteilung beim Radfahren besitzt, dessen Form ihn aber auch als Laufschuh geeignet macht.

Tourné, Constant; *30. 12. 1955. Radrennfahrer, Belgien. Zweimal Weltmeister im Punktefahren der Berufsfahrer 1977 und 1980.

Training; systematische Vorbereitung auf einen Wettkampf.

Trainingsanzug; Sportkleidung. Besteht aus Trainingshose und Trainingsjacke. Wird über der Wettkampfkleidung angezogen. Der Hauptzweck ist das Warmhalten der Muskulatur. T. werden auch gern als Freizeitanzüge getragen.

Trainingsbuch; Heft, in das die täglichen Trainingseinheiten, die wichtigen Werte wie Gewicht, Ruhepuls und die Bedingungen unter denen das Training stattgefunden hat, notiert werden. Diese Aufzeichnungen dienen der Beurteilung des jeweiligen Trainingsstandes, der Kontrolle und des weiteren Leistungsfortschritts des Sportlers.

Trainingslager; bieten in der Vorbereitungsphase eine gute Möglichkeit, mit großer Intensität fern von störenden Einflüssen zu trainieren. Häufig werden dazu Orte mit einem angenehmen Klima und reizvoller Umgebung ausgesucht. Die Dauer eines T. beträgt durchschnittlich zwei Wochen.

Trainingslenker; flacher Sportlenker. Er wird häufig auf Leichtlaufrädern montiert.

Trainingsrad; Rennrad, das mit Licht und Schutzblechen versehen, nur zum Training eingesetzt wird. Es ermöglicht durch diese Ausstattung, daß auch in der Nacht und bei schlechtem Wetter trainiert werden kann.

Trainingsrolle; Gerät, auf das ein Fahrrad montiert werden kann, mit dem man im Stand fährt. Dabei steht das Hinterrad auf einer Rolle, die über einen Riemen eine weitere antreibt, auf der das Vorderrad steht.

SCO Vario Kombi Transportrad

Bei schlechtem Wetter kann man auf diese Weise einen Teil des Trainings im Zimmer absolvieren.

Traktorprofil; grobe Oberfläche eines Reifens. Bei den Mountain Bike Reifen findet man Profile mit groben, sehr griffigen Gummiblöcken auf der Lauffläche. T. sind vor allem bei morastigen Untergründen sehr griffig.

Transportdreirad; meistens mit zwei parallel angeordneten Vorderrädern, zwischen denen sich eine Ladefläche befindet und einem Hinterrad, vor dem der Fahrersitz angeordnet ist. Der Antrieb erfolgt in der herkömmlichen Weise über einen Pedalantrieb mit Kette auf das Hinterrad.

Transportrad; sehr stabil gebautes Fahrrad, bei dem die meisten Teile verstärkt sind und ein besonders großer Gepäckträger montiert ist.

Trapezrahmen; *Diamantrahmen.*

Trawniczek; Ingenieur, Deutschland. Konstruierte 1962 das *Paket-Faltrad.* Ein kleines Fahrrad, das sich auf die Größe eines Paketes zusammenfalten ließ.

Trefz, Johann Friedrich; Turnlehrer, Stuttgart. Erfand 1869 ein Tretkurbelfahrrad, bei dem das Hinterrad über Gestänge und Kurbeln angetrieben wurde. Es wurde Trefz-Rad, oder auch Calcorota genannt.

Treibriemenantrieb; Antrieb, bei dem die Kraft von den Kurbeln über einen Treibriemen auf das angetriebene Rad wirkt. Eine moderne Variante davon ist der Zahnriemenantrieb.

Trentin, Pierre; *15. 05. 1944. Radrennfahrer, Frankreich. Sprint-Weltmeister der Amateure 1964 in Paris (F). Tandem-Weltmeister und Weltmeister im Zeitfahren 1966. Sieger im Tandem und im Zeitfahren der Olympischen Spiele 1968.

Tretarm; Teil des Tretlagers. Die rechte und linke Tretkurbel.

Trethebelantrieb; dabei bringt eine Hebelkonstruktion die Fußkraft direkt auf das Hinterrad. 1879 brachte die
Firma Singer ihr Modell *Xtraordinary* mit T. auf den Markt. Danach wurde der T. von vielen Firmen in ihren Fahrrädern eingebaut. 1958 bot eine Stuttgarter Firma ein Tourenrad mit T. an.

Tretkurbel; Teil des Tretlagers. Rechter und linker Tretarm (*Kurbelsatz*), der mit dem einen Ende auf der Achse des Innenlagers befestigt wird und in dessen anderes die Pedale eingeschraubt ist. An der rechten T. sind die Kettenblätter befestigt. T. gibt es aus Stahl, Aluminium und auch aus Carbon.

Tretkurbelantrieb; erfunden von Philipp Moritz *Fischer* aus Oberndorf bei Schweinfurt, 1853. Tretkurbeln wurden direkt auf der Achse des Vorderrades montiert und übertrugen die Kraft direkt darauf. Die Erfindung geriet in Vergessenheit und erst 1861 erfand der Franzose Pierre *Michaux* den T. erneut. 1869 fügte ein anderer Franzose, André *Guilmet*, dem T. eine Kette hinzu, die die Kraft auf das Hinterrad übertrug. Damit war der noch heute verwendete T. geboren.

Tretlager; Antriebseinheit. Besteht aus *Innenlager* und *Kurbelsatz* mit einem oder mehreren *Kettenblättern.*

Tretlagerachse; Welle des *Innenlagers*. Rechts und links auf der T. werden die Tretkurbeln befestigt.

Tretlagergehäuse; Teil des Rahmens. In das T. werden rechts und links die Lagerschalen des Innenlagers montiert. In die Passungen des T. werden Unter- und Sitzrohr und die beiden Unterstreben des Hinterbaus hineingesteckt und verlötet.

Tretlagergewinde; Gewinde im Tretlagergehäuse und auf den Außenseiten der Lagerschalen. In das T. werden die Lagerschalen des Innenlagers eingeschraubt. Die am meisten verwendeten Gewindemaße sind: a) 36x24 (italienisches Gewinde mit 36 mm Durchmesser und 24 Gewindegängen pro Zoll) mit rechts/rechts Gewinde. b) 1,37x24 (BSC-Gewinde mit 1,37 Zoll Durchmesser und 24 Gängen pro Zoll) mit links/rechts Gewinde. c) 25x1 (französisches Gewinde mit 1 Zoll Durchmesser und 25 Gängen pro Zoll) mit rechts/rechts Gewinde.

Tretlagerhöhe; ist abhängig von der Größe der Laufräder und der Länge der verwendeten Kurbeln. Einen großen Einfluß hat auch der Verwendungszweck des Fahrrades. Bei Rennrädern für Querfeldeinrennen liegt das Tretlager ca. 1 cm höher, als bei Straßenrennrädern. Es muß sichergestellt sein, daß bei Kurvenfahrt das Pedal nicht auf der Fahrbahn aufsetzt.

Tretlagerkonus; Teil des Thomson-Innenlagers. Schraubkonus, der auf der linken Seite auf die Achse geschraubt wird. Dadurch wird die Lagerung beider Seiten einstellt. Der T. wird durch eine Kontermutter auf der Achse fixiert.

Tretlagerschale; rechte und linke T. Sie wird in das Tretlagergehäuse des Rahmens eingepreßt (beim Thomson-Lager) oder eingeschraubt. In der T. befindet sich die ›Äußere Lauffläche‹ für die Kugellager, mit denen die Achse beweglich gelagert wird.

Tretlagerschlüssel; Spezialwerkzeug. Es gibt drei T.: *Konterringschlüssel, Stiftschlüssel* und den Schlüssel für die rechte Lagerschale. Alle drei gehören zusammen mit dem *Kurbelabzieher* zum *Tretlagerwerkzeug.*

Tretlagerspiel; Bewegungsmöglichkeit, die eine Tretlagerachse in ihrem Lager hat, wenn sie nicht richtig eingestellt ist. Meistens genügt es, die linke Lagerschale nachzustellen, um das T. zu beseitigen. Das funktioniert allerdings nur, wenn damit nicht zu lange gewartet wird, da bei längerer Fahrt mit T. die Lager beschädigt werden.

Tretlagerwelle; Teil des Innenlagers. Auch Tretlagerachse. Sie wird durch die Lagerschalen gesteckt und durch Kugellager beweglich gelagert. Auf der T. werden rechts und links die Kurbeln befestigt. *Keillagerachse, Vierkantachse.*

Tretlagerwerkzeug; Spezialwerkzeug. Der komplette Werkzeugsatz besteht aus den Tretlagerschlüsseln (Konterring-, Stift- und Schlüssel für die rechte Lagerschale), dem Kurbelabzieher, einem Steck- oder Ringschlüssel zum Befestigen der Kurbelschrauben und dem Gewindeschneider zum Nachschneiden des Gewindes im Tretlagergehäuse.

Trial, (engl.); Disziplin des Mountain Bike Sports, in der auch Weltmeisterschaften ausgetragen werden. Dabei geht es darum, besonders schwierig zu befahrende Geländeabschnitte zu bewältigen, ohne abzusteigen. Dazu ist eine geradezu artistische Radbeherrschung notwendig.

Triathlon; Dreikampf, der aus Schwimmen, Radfahren und Laufen ohne Unterbrechung der Zeitnahme besteht. Sieger ist, wer die Distanzen aller drei Disziplinen in der kürzesten Zeit zurücklegt. 1974 fand der erste T. in San Diego/Kalifornien (USA) statt. Es wurden 1,5 km geschwommen, 40 km mit dem Rad gefahren und 10 km gelaufen. Der Sieger war Bill Philipps (USA). Den Durchbruch erzielte diese Sportart 1977, nachdem auf Hawaii der Soldat John Collins (USA) nach einer Wette mit 15 Mann seiner Einheit die Distanzen von 3,9 km Schwimmen, 180 km Radfahren und 42,195 km Laufen an einem Tag zurücklegte. Damit war auch der Ironman-Triathlon geboren, der jedes Jahr auf Hawaii ausgetragen wird.

Triathlonlenker; spezieller Lenker für eine besonders aerodynamische Sitzhaltung, der von dem US-amerikanischen Triathleten Dave Scott erfunden wurde. Die Unterarme stützen sich auf einem gepolsterten Teil ab, während die Hände zwei eng nebeneinander liegende nach vorn ragende Holme greifen. Dadurch bietet der Radfahrer eine schmalere Silhouette und weniger Windwiderstand. Zunächst wurden T. nur im Triathlon eingesetzt, aber schon 1989 verwendeten sie auch Radrennfahrer bei Zeitfahren.

Triathlonrad; spezielles Fahrrad für den Radfahrwettbewerb eines *Triathlons*. Als Charakteristika ist besonders der Lenker hervorzuheben, der dem Fahrer eine möglichst aerodynamische Sitzposition ermöglicht. Daneben gibt es noch andere, sehr spezielle und häufig wechselnde Eigenarten, wie z. B. die sog. ›American Position‹ usw.

Trikot; Teil der Sportkleidung. Meist buntes, eng anliegendes Hemd mit kurzen (*Kurzarmtrikot*) oder langen (*Langarmtrikot*) Ärmeln und Taschen zur Unterbringung von Verpflegung und/oder anderen Utensilien auf dem Rücken, früher auch mit Brusttaschen. Heute hat das T. neben seinen Hauptaufgaben vor allem der Mode zu genügen und wird gern von Sponsoren genutzt, um ihre Werbung zu zeigen.

Trimmrad; *Hometrainer.*

Triplet; dreisitziges Vierrad der Firma Rudge, England, 1888.

Tri-Spoke, (engl.); Laufrad, bei dem anstatt Speichen drei Stäbe entweder mit speziellen Felgen und Naben vernietet sind, oder das mit den drei Stäben aus einem Stück aus Aluminium, Magnesium oder Kunststoff (bei BMX-Rädern) hergestellt ist.

Trittfrequenz; die Anzahl der Kurbelumdrehungen pro Minute.

Trittfrequenzmesser; elektronisches Anzeigegerät zur optischen Darstellung der Kurbelumdrehungen, die pro Minute erreicht werden.

Trommel-Außenbandbremse; auf einer Nabe ist eine Trommel befestigt, um die ein Band gelegt ist. Durch eine Hebelmechanik wird das Band angezogen, durch die Reibung entsteht die Bremskraft. Seit 1882.

Trommelbremse; *Trommelbremsnabe.*

Trommelbremsnabe; Nabe, in die eine Bremstrommel integriert ist.

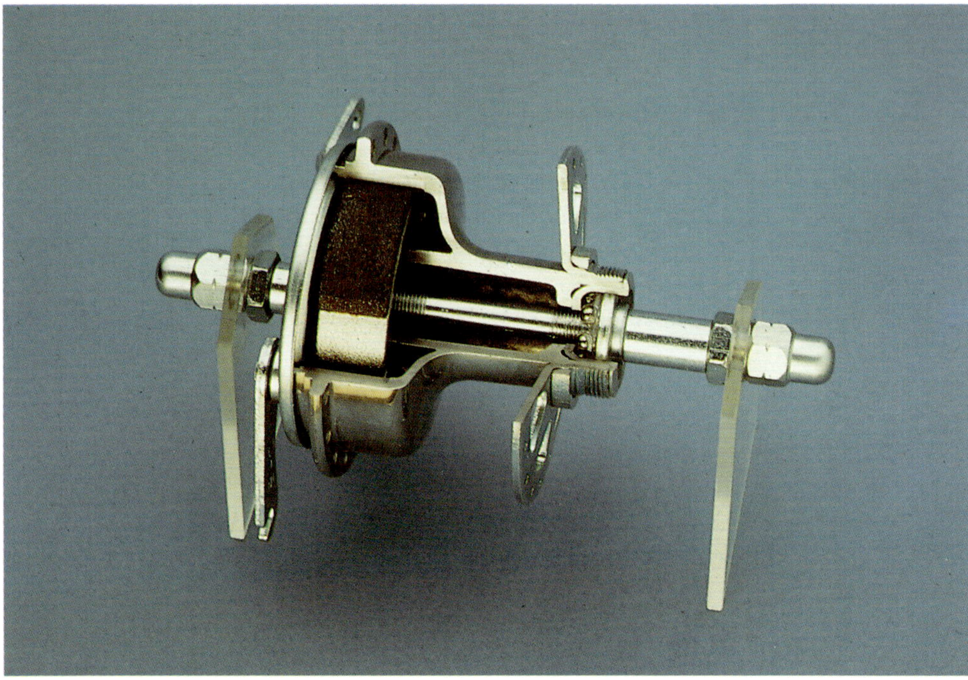

Trommelbremsnabe im Schnitt

Bremsbacken werden durch den Zug eines Bowdenzuges von innen an die Außenwand der Trommel gepreßt. T. gibt es sowohl als Hinterrad-T., als auch als Vorderad-T.

Trommelbremsschaltnabe; Hinterradnabe, in die eine Trommelbremse und ein Schaltgetriebe integriert sind.

Tropfenform; Rohrprofil für Rahmenrohre zur Optimierung der Aerodynamik.

Trousselier, Louis; *29. 06. 1881, † 24. 04. 1939. Radrennfahrer, Frankreich. Sieger der dritten Tour de France 1905 vor Aucouturier (F) und Dortignacq (F), Dritter 1906.

Truffault, Jules; erfand 1875 die *Hohlfelge*, indem er zwei Profil-Eisenbänder durch Hartlöten miteinander verband.

Tschopp, Arnold; Kunstradfahrer, Schweiz. Ihm gelang es, sechsmal Weltmeister zu werden, 1956, 1957, 1960–1963.

tubeless, (engl.); schlauchlos. Die engl. Bezeichnung für *Schlauchreifen.*

Tuning, (engl.); Optimierung von Teilen zur Leistungssteigerung. Bei Fahrradteilen wird meistens das Gewicht reduziert.

Turner, Paul; USA. Erfinder der stoßdämpfenden Gabel für Mountain Bikes.

Twigg, Rebecca; Radrennfahrerin, USA. Viermalige Weltmeisterin in der Einer-Verfolgung 1982, 1984, 1985 und 1987, Dreimal Zweite, 1986, 1983 und 1984.

U

U 10; Altersklasse der 8- und 9jährigen des weiblichen Nachwuchsbereichs, die der 9- und 10jährigen des männlichen Nachwuchsbereichs wird U 11, die der 10- und 11jährigen des weiblichen Nachwuchsbereichs U 12 und die der 11- und 12jährigen des männlichen Nachwuchsbereichs U 13 genannt.

U-Brake, (engl.); Mittelzugbremse, bei der die Trägerplatte entfällt. Statt dessen werden die Bremsschenkel direkt auf am Rahmen angelötete Sockel gesteckt. Die U. wurde eine Zeit lang bei Mountain Bikes als Hinterrad-Bremse verwendet, jetzt findet man sie kaum noch.

U-Profil; Felgenprofil. Die ersten Eisen- und Stahlfelgen hatten ein U- oder ein V-Profil. Der Reifen wurde in die nach oben offene Felge eingelegt.

Überhöhung; Maß, mit dem die Kurven einer Radrennbahn von innen nach außen überhöht sind, um bei den hohen Geschwindigkeiten der Fliehkraft entgegenzuwirken. Es kann bis zu 50 Grad betragen.

Überrundung; Überholen von Konkurrenten bei Rundstrecken- oder Bahnrennen mit Rundenvorsprung.

Übersäuerung; Vorgang in der Muskulatur. Wenn aufgrund der Anstrengung der Sauerstoffverbrauch höher ist, als die Sauerstoffaufnahme, bildet sich Laktat (Milchsäure), das die Muskelreaktion behindert, diesen Vorgang bezeichnet man mit Ü.

Überschuh; Teil der Bekleidung. Überzug aus wasserdichtem und isolierenden Material, der über die Rennschuhe gezogen wird, um den Einflüssen von Nässe und Kälte entgegenzuwirken.

Übersetzung; das Verhältnis von Drehzahlen und Drehmomenten von Wellen und Scheiben. Wird beim Fahrrad durch das Zusammenwirken von vorderem Kettenblatt, der Kette und hinterem Ritzel erreicht. 1871 erstmals in einem von James Starley (GB) produzierten Fahrrad angewendet, bei dem die Tretkurbel ein Ritzel antrieb, das seinerseits auf ein größeres wirkte. Bis dahin hatte man das Vorderrad immer direkt angetrieben.

Übersetzungsbeschränkung; in vielen Länder werden von den Radsportverbänden für Jugendliche Ü. vorgeschrieben, damit keine Langzeitschädigungen durch körperliche Überlastung entstehen. Im Bereich des ›Bundes Deutscher Radfahrer‹ gelten folgende Ü.: Für die Altersklassen U10–13 = 5,66 m; Schüler/-rinnen = 6,3 m; Jugend, weibl. Jugend = 6,99 m; Junioren/-rinnen = 7,63 m; Amateure/Frauen/Senioren = keine Ü. Die Angaben bedeuten, daß bei einer Kurbelumdrehung maximal der entsprechende Weg zurückgelegt wird.

Übersetzungsformel; es wird gerechnet: Umfang des Laufrades mal Zähnezahl des vorderen Kettenrades, geteilt durch Zähnezahl des hinteren Kettenrades: (U x Zv) / Zh.

Übersetzungstabelle; Blatt, auf dem die Übersetzungsverhältnisse von vorderem und hinterem Kettenblatt bei einer Standard-Radgröße tabellarisch aufgeführt sind.

Übersetzungsverhältnis; das Verhältnis der Zähnezahl des vorderen zu der des hinteren Kettenrades.

UCI, (Abk.); Union Cycliste Internationale (frz.). Internationaler Radsportverband. Weltdachverband der nationalen Radsportverbände.

UEC, (Abk.); Union Européenne Cycliste (frz.). Europäischer Radsportverband. Mitglied der *UCI*. Er wurde 1990 gegründet. Die Verbände von 29 Staaten sind Mitglied.

Ulrich, Jan; Radrennfahrer, *1975 in Rostock/Deutschland. Straßen-Weltmeister der Amateure 1993 in Oslo (N).

Umaras, Gintautas; *20. 05. 1963. Radrennfahrer, Sowjetunion. Verfolgungs-Weltmeister Amateure 1987, Zweiter 1985. Olympiasieger in der Vierer-Mannschaftsverfolgung 1988.

Umlenkrolle; eine an einem angelöteten Teil angeschraubte, oder an einer Schelle befestigte Rolle, über die Bowdenzüge in ihrer Richtung umgeleitet werden.

Umlenkschelle; Schelle, über die Bowdenzüge in ihrer Richtung umgelenkt werden.

Umwerfer; Teil der Kettenschaltung. Auch vorderer U. oder *Kettenwerfer*. Der U. wird am Sitzrohr befestigt und schaltet die Kette von einem Kettenblatt des Tretlagers zum anderen.

Unicrown Gabel; Gabel ohne Gabelkopf. Dabei werden die beiden Gabelscheiden aus einem einzigen Rohr hergestellt und U-förmig gebogen. Auf dem Scheitelpunkt der Biegung wird der Gabelschaft angeschweißt. Der Vorteil liegt darin, daß man keinen Gabelkopf benötigt, damit Produktionskosten spart und eine schlanke Silhouette der Gabel erhält.

Union Cycliste International, (frz.); Abk. UCI. Weltdachverband der nationalen Radsportverbände.

Unterrohr; eines der Hauptrahmenrohre. Das U. verbindet das Steuerrohr mit dem Tretlagergehäuse.

Unterstrebe; Teil des Rahmens. Rohr, das vom Tretlagergehäuse zum hinteren Ausfallende verläuft. Die rechte U. nennt man *Kettenstrebe.*

Up Hill, (engl.): Bergauf. Bezeichnung für Rennen, die den Berg hinauf führen.

V

Valère; Frankreich. Erfinder eines Fahrrades mit Hand- und Fußantrieb. Es wurde auf dem Pariser-Fahrradsalon 1896 ausgestellt.

Van Anden, William; USA. Erhielt am 23. 03. 1869 ein Patent (US-Patent Nr. 88238) auf eine Freilaufnabe. Sie wurde in die damals angetriebenen Vorderräder von Michauxlinen eingebaut.

Van Cauter, Emile; Radrennfahrer, Belgien. Straßen-Weltmeister der Amateure 1954 in Solingen (D).

Van Damme, Albert; Radrennfahrer, Belgien. Querfeldein-Weltmeister der Berufsfahrer 1974.

Van den Broeck, Nicole; Radrennfahrerin, Belgien. Straßen-Weltmeisterin 1973 in Barcelona (E).

Van der Meulen, Leen; Radrennfahrer, Niederlande. Steher-Weltmeister der Amateure 1961 in Zürich (CH).

Vanderstuyft, Leon; *1890, † 1964. Radrennfahrer, Belgien. Steher-Weltmeister der Berufsfahrer 1922 in Paris, Frankreich. Stundenweltrekordhalter auf der Straße, mit 122,771 km. Der Rekord wurde am 30. 09. 1928 auf dem Montlhery-Autorennkurs (F) mit stehendem Start hinter einem Motorrad aufgestellt.

Van Heusden, Piet; Radrennfahrer, Niederlande. Verfolgungs-Weltmeister der Amateure 1952.

Van Houvelingen, Arie; Radrennfahrer, Niederlande. Steher-Weltmeister der Amateure 1959, Dritter 1958.

Van Impe, Lucien; *20. 10. 1946. Radrennfahrer, Belgien. Sieger der Tour de France 1976, Zweiter 1981 und dreimal Dritter: 1971, 1975 und 1977. Er startete insgesamt fünfzehn Mal bei der Tour. Sechsmal war er Gewinner des Bergpreises. Damit hält er zusammen mit Federico *Bahamontes* den Rekord und ist einer der Bergkönige der Tour.

Van Lancker, Robert; *11. 12. 1946. Radrennfahrer, Belgien. Zweimal Sprint-Weltmeister der Berufsfahrer, 1972 und 1973. Sechsmal Belgischer Meister im Sprint: 1970–1974 und 1976.

Van Looy, Rik; *20. 12. 1933. Radrennfahrer, Belgien. Er war der einzige, dem es bisher gelang, alle großen klassischen Rennen mindestens einmal zu gewinnen. Wegen seines noch erfolgreicheren Konkurrenten Rik *Van Steenbergen*, nannte man ihn auch Rik II.

Van Moorsel, Leontien; Radrennfahrerin, Niederlande. Verfolgungs-Weltmeisterin und Weltmeisterin im Vierer-Mannschaftszeitfahren 1990.

Leontien Van Moorsel

Straßen-Weltmeisterin 1991 und 1993. Dreimal Holländische Straßenmeisterin, 1989, 1990 und 1992. Siegerin der Friedensfahrt 1990, der EG-Rundfahrt und der Tour de France Féminin 1992.

Van Springel, Herman; *14. 08. 1943. Radrennfahrer, Belgien. Siebenmaliger Sieger des Rennens *Bordeaux-Paris*. 1981 stellte er über die 584,5 km lange Strecke mit 47,186 km/h einen bis heute ungebrochenen Rekord auf. Er siegte in vielen großen klassischen Rennen und gehört zu den ganz Großen des Radsports.

Van Steenbergen, Rik; *09. 09. 1924. Radrennfahrer, Belgien. Einer der besten Radrennfahrer der Welt. Dreimal Straßen-Weltmeister der Berufsfahrer 1949, 1956 und 1957. Neben vielen Siegen in bedeutenden klassischen Rennen gewann er auch 40

Sechstagerennen und gehört damit zu den Sechstagekaisern.

Van Vliet, Arie; *18. 03. 1916. Radrennfahrer, Niederlande. Sieger im Zeitfahren und Zweiter im Sprint der Olympischen Spiele 1936 in Berlin. Sprint-Weltmeister der Amateure 1936 und dreimal Sprint-Weltmeister der Berufsfahrer, 1938, 1948 und 1953. Dreizehnmal Niederländischer Meister im Sprint in den Jahren 1937–1942, 1945–1948, 1950, 1951 und 1956.

Vaughan, Philip; Eisengießer, England. Er erhielt am 12. 08. 1794 das erste englische Patent auf Kugellager. Es bezog sich auf Wagenachsen.

Vector; vollverkleidetes Hochleistungsliegerad mit einem Hinter- und zwei parallel angeordneten Vorderrädern. Der V. ist aus den modernsten Werkstoffen gebaut und diente zu Hochgeschwindigkeitsversuchen. Es wurden über 1000 m 81,36 km/h Durchschnittsgeschwindigkeit erreicht und auf einer normalen Landstraße 102 km/h Höchstgeschwindigkeit.

Veggerby, Jens; Radrennfahrer, Dänemark. Steher-Weltmeister der Berufsfahrer 1993 in Hamar (N).

Vélo, (Abk.); Kz. für Veloziped, *Fahrrad.*

Vélocar, (frz.); Liegerad des französischen Konstrukteurs Mochet, mit dem 1933 Francis Faure (F) mit 45,055 km/h einen Stundenweltrekord aufstellte.

Veloce-Club de Paris; Radsportverein in Paris, der am 31. Mai 1868 das erste Bahnrennen in der Geschichte des Radsports veranstaltete. Es fand im Park de St.-Claude statt, führte über 1200 m und wurde von dem Engländer James Moore in der Zeit von 3 Min. 50 Sek. gewonnen.

Velociman, (engl.); Großbritannien, 1883. Dreirad der Firma Singer & Co. Es besaß einen Hebelantrieb für Arme und Beine. Die Lenkung erfolgte durch Druck des Rückens auf eine Platte über ein Gestänge zum Hinterrad.

Vélodrom, (frz.); *Radrennbahn.*

Vélodusche; Gerät, das Körperpflege und Fitneßtraining in sich vereinigte. Auf einem ›Fahrrad ohne Räder‹ konnte, während in die Pedale getreten wurde, geduscht werden. Es wurde 1897 von einem Engländer auf einer Messe in Paris vorgestellt.

Velosacoche; Klapprad, das 1966 als sogenanntes ›Autosteckrad‹ bekannt wurde. Es wurde in der damaligen Tschechoslowakei produziert und mit einigem Erfolg nach Westeuropa exportiert.

Vélo-Vitesse, (frz.); Geschwindigkeitsrad. Das erste Tandem wurde 1870 so genannt.

Véloziped, (frz.); *Fahrrad.*

Ventil; Teil der Bereifung. Vorrichtung, die es ermöglicht Luft in einen Reifen hineinzupumpen und zu komprimieren, ohne daß der Druck nachläßt. *Dunlop-V., Sclaverand-V., Blitz-V.*

Ventilgummi; Teil des Fahrradventils. Dünner Schlauch, der über das Ventil geschoben wird. Er verhindert, daß die Luft aus dem Reifen entweichen kann.

Ventilsicherung; Teil des Ventils. Überwurfmutter, die das Ventil fest in den Ventilsitz preßt. Damit wird verhindert, daß es durch den Reifendruck aus dem Ventilsitz gedrückt wird.

Venix, Martin; Radrennfahrer, Niederlande. Steher-Weltmeister der Berufsfahrer 1979 und 1982.

Verband der Fahrrad- und Motorrad-Industrie e. V.; Abk.: VFM. Nationaler Wirtschaftsverband der deutschen und europäischen Zweiradindustrie. Er vertritt die Interessen der Hersteller und Importeure von Fahrrädern, motorisierten Zweirädern sowie Komponenten und Zubehör in allen juristischen, wirtschaftlichen und technischen Angelegenheiten.

Verbindungstechniken; bei den meisten Fahrradrahmen werden heute noch die Rohre mit Hartlot in den Muffen eingelötet. Muffenlose Rahmen werden hartgelötet, häufiger aber geschweißt. Bei Alu-Rahmen wird geschweißt, und wenn Muffen vorhanden sind, dann werden die Rohre hineingeklebt. Rahmen aus Karbon-Rohren, die mit Alu- oder Stahlmuffen verbunden sind, werden ebenfalls geklebt.

Verdeun, Maurice; Radrennfahrer, Frankreich. Sprint-Weltmeister der Amateure 1950 in Lüttich (B).

Verfolger; Radrennfahrer, der im *Einer-Verfolgungsrennen* startet.

Verfolgungsrennen; eine der Bahndisziplinen. a) Einer-Verfolgung. Radrennen über eine festgelegte Distanz für zwei oder mehrere Fahrer, die nach der Fahrzeit jedes Fahrers oder über Finalläufe entschieden werden. b) Mannschafts-Verfolgung. Rennen von zwei Mannschaften aus vier Fahrern, die zur gleichen Zeit auf den entgegengesetzten Geraden einer Bahn starten und versuchen über die Distanz von 4000 m die schnellste Zeit zu erzielen.

Verfolgungs-Weltmeisterschaft; im Rahmen der jährlich stattfindenden Bahn-Weltmeisterschaften durchgeführter Wettbewerb im Einer-Verfolgungsrennen. Der Sieger trägt den Titel *Verfolgungs-Weltmeister* und erhält ein *Weltmeistertrikot.*

Verlustrunde; bezeichnet den Rückstand des Feldes auf den Spitzenreiter eines Rennens, nachdem er davon gefahren und es ihm gelungen ist eine Runde Vorsprung herauszufahren.

Vermeire, Robert; *02. 11. 1944. Radrennfahrer, Belgien. Fünfmaliger Querfeldein-Weltmeister der Amateure, 1970, 1971, 1974, 1975 und 1977. Achtmal Belgischer Meister im Querfeldeinrennen von 1970–1973 und 1975–1978.

Verpflegungsbeutel; einfacher rechteckiger Leinenbeutel mit langem Umhängeband. Im V. werden den Radrennfahrern während der Verpflegungskontrollen die Nahrungsmittel gereicht.

Verpflegungskontrolle; vorher festgelegte Zone oder festgelegter Punkt, an dem während eines Radrennens Verpflegung an die Rennfahrer gereicht werden darf. Bei Radrennen mit einer Distanz von über 100 km werden üblicherweise V. durch den Veranstalter vorgesehen.

Verpflegungszone; Streckenabschnitt eines Radrennens von über 100 km Länge, in dem den Fahrern Verpflegung angereicht werden darf. Die V. muß den Fahrern vor dem Start genau bezeichnet werden, entweder durch km-Angabe oder durch Hinweis auf die durch Flaggen oder Schilder kenntlich gemachte Zone. Die letzte V. während eines Rennens muß 30 km vor dem Ziel beendet sein. Außerhalb der V. darf keine organisierte Verpflegungsaufnahme stattfinden.

Verri, Francesco; Radrennfahrer, Italien. Sprint-Weltmeister der Amateure 1906 in Genf (CH).

Verschueren, Adolphe; Radrennfahrer, Belgien. Dreimaliger Steher-Weltmeister der Berufsfahrer, 1952–1954. Neunmal Belgischer Stehermeister.

Verschueren, Theo; Radrennfahrer, Belgien. Zweimal Steher-Weltmeister der Berufsfahrer, 1971 und 1972, Vize-Weltmeister 1969 und 1974.

Vertragswerkstatt; Fachwerkstatt, die den Service für eine bestimmte Fahrradmarke ausführt. Der Hersteller des Fahrrades hat mit diesem Fachhandel einen entsprechenden Vertrag geschlossen.

Verwindungssteifigkeit; ein Fahrrad wird bei jedem Tritt in die Pedale einmal nach rechts, dann wieder nach links belastet. Dadurch verbiegt sich der Rahmen abwechselnd in die eine Richtung, federt wieder zurück, um dann in die andere Richtung auszuweichen. Den Widerstand eines Rahmens gegen dieses Verhalten nennt man V.

Vianelli, Pierfranco; Radrennfahrer, Italien. Olympiasieger im Straßenrennen 1968.

Vicentini, Flaviano; Radrennfahrer, Italien. Straßen-Weltmeister der Amateure 1963 in Ronsse (B).

Vicino, B.; Radrennfahrer, Italien. Steher-Weltmeister der Berufsfahrer 1983, 1985 und 1986.

Vierer; Ugs.: Vierer-Mannschaft.

Vierer-Mannschaftsrennen; a) Bahndisziplin: Vierer-Mannschaftsverfolgung für zwei oder mehr Mannschaften. Hierbei bilden vier Fahrer in einem einheitlichen Trikot eine Mannschaft. Die Distanz über die gefahren wird, ist einheitlich festgelegt: 4000 m für Amateure, 3000 m für Junioren. Die Rennen werden entweder nach der Fahrzeit der Mannschaften (die Zeit des dritten Fahrers auf der Ziellinie wird genommen), oder über Finalläufe entschieden. Der jeweilige Austragungsmodus muß vorher angekündigt werden. Bei einer

Straßen-Vierer in Aktion

Deutschen Meisterschaft werden auf Grund der vielen teilnehmenden Mannschaften zunächst nach der Fahrzeit die schnellsten Vier ermittelt. Anschließend fahren die dritt- und viertschnellste Mannschaft gegeneinander um den dritten Platz, danach die Schnellste gegen die Zweitschnellste um die Meisterschaft. b) Straßendisziplin: Vier Fahrer in einheitlichen Trikots fahren über eine festgelegte Distanz von max. 100 km bei den Amateuren und max. 50 km bei den Junioren, gegen die Uhr. Sieger ist die Mannschaft, welche die Strecke in der kürzesten Zeit zurücklegt.

Vier-Finger-Bremshebel; Bremsgriff, der mit den vier Fingern einer Hand, die dafür zur Verfügung stehen (der Daumen bleibt am Lenker), bedient wird. Die meisten Bremshebel sind V. Bei den Mountain Bikes werden auch Zwei- und Drei-Finger-Hebel verwendet.

Vierkantachse; Teil des Innenlagers. Tretlagerachse, bei der an beiden Enden ein Vierkant zur Aufnahme der Tretkurbeln angefräst ist.

Viertelfinale; Wettkampf der letzten Acht eines Turniers, um die Plätze 5 bis 8. Danach folgen das Halbfinale und anschließend das Finale. Sprintrennen auf der Bahn werden in Vorläufen, Hoffnungsläufen und Finalläufen entschieden.

Vierundzwanzig-Loch-Felge; Felge mit Bohrungen zur Aufnahme von 24 Speichen.

Vierzig-Loch-Felge; Felge mit Bohrungen zur Aufnahme von 40 Speichen. Sie wird wegen ihrer Stabilität hauptsächlich in den Laufrädern von Tandems verwendet.

Vigorelli-Bahn; Name der Mailänder Radrennbahn. Sie wurde 1934 als Holzbahn mit einer Länge von 397,46 m gebaut und gilt als eine der schnellsten Radrennbahnen der Welt. Auf ihr wurden viele Rekorde aufgestellt.

Vijver, Jeff van de; Radrennfahrer, Niederlande. Zweimal Sprint-Weltmeister der Amateure 1937 und 1938.

Vinnicombe, Martin; *05. 12. 1954. Radrennfahrer, Australien. Weltmeister im 1000-m-Zeitfahren 1987, dreimal Zweiter, 1986, 1989 und 1990, Silbermedaillengewinner bei den Olympischen Spielen 1988.

Vivien, Richard; *25. 03. 1963. Radrennfahrer, Frankreich. Weltmeister im Straßenrennen der Amateure 1987.

Vliet, Arie van; Radrennfahrer, Niederlande. Sprint-Weltmeister der Amateure 1936 in Zürich (CH).

Voigt, Otto; Erfinder, Lübeck/Deutschland. Er baute 1886 ein Eis-Schlittenrad. Zwischen zwei Kufen war ein mit Pickeln bewehrtes Eisenrad befestigt, das über eine Tretkurbel angetrieben wurde.

Volksradfahren; Breitensportveranstaltung für jedermann. Häufig werden mehrere Strecken angeboten, die die Teilnehmer, je nach ihrem Leistungsstand auswählen und absolvieren. Dabei kommt es nicht auf die Geschwindigkeit an. ›Dabeisein ist alles‹ heißt die Devise, unter der sich ganze Familien am Start einfinden und nach dem Radeln das gemütliche Beisammensein genießen.

Vollachse; Teil des Innenlagers. Eine Tretlagerachse aus vollem Material. Gegenteil: *Hohlachse.*

Vollgummireifen; 1865 kamen V. auf. Anfangs handelte es sich um Gummibandagen, die um die Felgen herum, oder in deren Profil hineingelegt wurden. Schon ein Jahr später gab es rutschsichere, profilierte V. Der Wunsch nach höherem Fahrkomfort führte über weich gefüllte zu V. mit Hohlräumen und schließlich zu den heutigen luftgefüllten Reifen.

Vonhof, Rainer; Radrennfahrer, Deutschland. Viermal Weltmeister in der Mannschafts-Verfolgung, 1970, 1973, 1974 und 1975, Vize-Weltmeister 1977.

Vopel, Heinz; *05. 04. 1908, † 22. 06. 1959. Radrennfahrer, Dortmund/Deutschland. Er war der Standardpartner von Gustav *Kilian*, mit dem er 1934 nach Amerika ging. Insgesamt fuhr er 74 Sechstagerennen, von denen er 32 gewann. 1940 siegte er in der US-amerikanischen Stehermeisterschaft.

Vorbau; Teil zur Lenkerbefestigung. Besteht aus dem Vorbauschaft mit der Befestigungsschraube und dem Klemmkonus und dem Vorbauarm, an dem vorn der Lenker in einer Muffe geklemmt wird. Der Vorbauschaft und der Arm können unterschiedliche Längen haben. Für jedes Fahrrad und für jeden Radfahrer findet sich das richtige Maß, um den Lenker in der richtigen Position am Fahrrad zu montieren. V. werden aus Stahl und Aluminium hergestellt.

Vorbauarm; Teil des Vorbaus. Rohr, an das vorne eine Schelle zur Befestigung des Lenkers angebracht ist. Die Länge des V. bestimmt die Entfernung des Lenkers vom Sattel und hat damit Einfluß auf die Sitzposition des Fahrers.

Vorbaubruch; führt meistens zum Sturz. Häufig sind schwere Verletzungen die Folge. Zum Glück kommt ein V. äußerst selten vor.

Vorbauklemmstück; auch Klemmkonus. Ein konisches rundes, oder zylindrisch abgeschrägtes Metallstück mit einer Bohrung, in die ein Gewinde geschnitten ist, in das die Klemmschraube greift, durch die das V. den Vorbauschaft spreizt und im Gabelschaft festklemmt.

Vorbaulänge; die Länge des Vorbauarmes bestimmt die Lenkerposition in der Entfernung zum Sattel. Es gibt V. von 2–14 cm und in Sonderausführungen auch noch darüber hinaus.

Vorbauschaft; Teil des Vorbaus. Rohr, mit dem der Vorbau in den Gabelschaft gesteckt wird. Im V. steckt die Klemmschraube mit dem Klemmkonus, durch die der Vorbau im Gabelschaft befestigt wird.

Vorbauwinkel; Winkel zwischen Vorbauarm und Vorbauschaft. Es gibt verschiedene Winkelstellungen. Bei Bahnrennrädern, die für den Sprint benutzt werden, zeigt der Vorbauarm extrem nach unten, bei den meisten anderen Fahrrädern steht er meist annähernd waagerecht und für Mountain Bikes und Trekking Räder gibt es Ausführungen, die steil nach oben zeigen.

Vorbereitungsrunde; bei Bahnrennen gibt es bei Rennen mit fliegendem Start eine V., in der der Rennfahrer sein Tempo langsam steigert, bis er bei der Überquerung der Startlinie die Höchstgeschwindigkeit erreicht hat.

Vorderachse; Teil der Vorderradnabe. Vorderradachse.

Vorderrad; Teil des Fahrrades. Vorderes *Laufrad.* Es besteht aus der Vorderradnabe, den Speichen, der Felge und der Bereifung.

Vorderradachse; Teil der Vorderradnabe. Achse, um die sich die Vorderradnabe dreht. Mit der V. ist das Vorderrad in der Gabel befestigt.

Vorderradantrieb; Antrieb, der auf das Vorderrad des Fahrrades wirkt. Schon 1853 von Philipp Moritz *Fischer* aus Oberndorf bei Schweinfurt (D) erfunden. Er baute Tretkurbeln an das Vorderrad einer Draisine. Allerdings geriet seine Erfindung in Vergessenheit. Pierre Lallement (F) soll 1860 einen V. an einer Draisine montiert haben. 1861 ließ der Pariser Hutfabrikant Brunel von dem Wagenbauer Pierre Michaux auf Initiative dessen Sohnes Ernest Tretkurbeln am Vorderrad seiner alten Draisine anbringen. In Deutschland war es 1862 der Münchner Karl Kech, der Tretkurbeln an das Vorderrad des ›Baaderschen Laufrades‹ (heute im Deutschen Museum, München) montieren ließ.

Vorderradbremse; Bremse, die auf das Vorderrad wirkt und es dadurch verzögert. Die Verzögerungswerte einer V. sind erheblich höher als die einer Hinterradbremse. Deshalb sollte man beim Einsatz der V. unbedingt daran denken, dosiert zu bremsen und ein Blockieren des Vorderrades zu vermeiden, damit es nicht zu einem Sturz über den Lenker kommt.

Vorderradfederung; schon 1869 wurden V. auf einer Velo-Ausstellung in Paris V. gezeigt. Die Idee den Fahrkomfort auf diese Art zu verbessern, ist also schon sehr alt. Bei den heutigen Mountain Bikes werden Federgabeln und gedämpfte Vorbauten angeboten.

Vorderradgepäckträger; Gestell zum Transport von Gepäck auf dem Fahrrad. Der V. wird über dem Vorderrad mit Streben befestigt. Die Ladefläche ist meistens kleiner, als die eines Hinterradgepäckträgers. V. werden gern an Reiserädern montiert, um die Ladefähigkeit zu erhöhen und das Gewicht der Zuladung gleichmäßig zu verteilen.

Vorderrad-Kettenantrieb; dabei ist eine Tretkurbel mit Kettenrad in der Verlängerung der Gabel eines Fahrrades angebracht. Über eine Kette wird damit ein Ritzel auf der Vorderradnabe angetrieben. Zuerst bei Hochrädern angewandt, bei denen damit eine Übersetzung geschaffen wurde. Die Vorderräder von Hochrädern konnten kleiner gebaut werden, ohne daß es einen Geschwindigkeitsverlust gab. Damit wurden die Räder erheblich sicherer.

Vordertaschen; spezielle Packtaschen, die an vorderen Gepäckträgern befestigt werden. Sie sind meistens etwas kleiner als die, die man am hinteren Gepäckträger befestigt.

Vorgabe; bei Radrennen, bei denen Rennfahrer, die unterschiedlichen Leistungsklassen angehören, zusammen gewertet werden, starten die Fahrer der unteren Klassen mit einem Vorsprung. Er beträgt bei Rennen bis zu 100 km 2 Min., bis 150 km 3 Min. und über 200 km 7 Min. Die in dieser Zeit zurückgelegte Strecke ist die V.

Vorgaberennen; eine der Bahndisziplinen. Der Wettfahrausschuß entscheidet nach der Leistungsfähigkeit der gemeldeten Fahrer über deren Startreihenfolge. Der Stärkste startet vom Mal (der Startlinie), die anderen bekommen Vorgaben von 10 m (es sind auch andere Abstände möglich). Sieger ist, wer als erster die vorher festgelegte Rundendistanz zurückgelegt hat.

Vorlauf; Rennen, die bei bei großen Starterfeldern durchgeführt werden, deren Plazierte anschließend in Finalläufen gegeneinander um den Sieg fahren.

V-Profil; Felgenprofil. Die ersten Eisen- und Stahlfelgen hatten ein V. oder ein U-Profil. In die nach oben offene Felge wurde der Reifen eingelegt.

Vulkanisierlösung; Klebemittel, um Gummiflicken auf dem Schlauch der Fahrradbereifung zu befestigen. Eine Tube V. gehört in jedes *Flickzeug.*

W

Wachtendonck; Capitain der Niederländischen Armee. Erfinder eines Militärfaltrades, 1911.

Walch, Johann; Erfinder, München/Deutschland. Stellte 1889 in Leipzig ein Fahrrad mit Tretkurbel-Wechselgetriebe aus.

Walker, G.; Großbritannien. Konstruierte 1877 als erster eine Hinterradnabe mit eingebautem Zweiganggetriebe.

Walkowiak, Roger; Radrennfahrer, Frankreich. Sieger der Tour de France 1956 vor Bauvin (F) und Adriaenssens (B).

Walschaerts, Jean; Radrennfahrer, Belgien. Verfolgungs-Weltmeister der Amateure 1963.

Walthour, Robert; Radrennfahrer, USA. Zweimal Steher-Weltmeister der Berufsfahrer, 1904 und 1905.

Walzendynamo; *Rollendynamo.*

Walzennippel; *Tonnennippel.*

Walzer, Andreas; *1970. Radrennfahrer, Deutschland. Olympiasieger in der Mannschaftsverfolgung 1991, Weltmeister 1992. Weltmeister im Straßenvierer 1993.

Wälzlager; Kugel- und Rollenlager, bei denen die gehärteten Wälzkörper (Kugeln oder Rollen) in einem Führungskäfig zwischen gehärtetem Innen- und Außenring laufen. W. haben eine geringe Reibung. Beim Fahrrad findet man W. in den Laufrädern als Nabenlager, im Innenlager als Achslager des Tretlagers und im Steuersatz.

Wandhaken; einfacher Haken aus Stahldraht, der mit seinem Gewinde in die Wand geschraubt wird. Das Fahrrad wird daran meistens mit dem Vorderrad aufgehängt und kann auf diese Weise sehr gut platzsparend gelagert werden.

Wandhalter; Vorrichtung, die an eine Wand geschraubt wird. Fahrräder werden daran aufgehängt oder, wenn es sich um eine Schiene handelt, hineingestellt. So können mehrere Fahrräder platzsparend und sicher vor Beschädigung aufbewahrt werden.

Wanze; Rennfahrerjargon, abfällig: Leistungsschwacher Radrennfahrer.

Warmfahren; Radfahren vor einem Wettbewerb, um den Kreislauf anzuregen und die Muskulatur zu durchbluten und zu erwärmen.

Warner, Charles; stellte 1976/77 an der Universität Brigham-Young (USA), Untersuchungen über die Wirksamkeit elliptischer Kettenblätter bei Fahrradantrieben an. Er fand heraus, daß der

Sauerstoffverbrauch eines Radfahrers mit ovalem Kettenblatt durchschnittlich zwischen 8–12% geringer ist, als mit rundem. Eine niedrigere Pulsfrequenz ist die Folge, woraus eine Leistungssteigerung abgeleitet werden kann. *bio-pace.*

Waschleder; Innenleder von Radhosen werden häufig aus Waschleder hergestellt. Damit das Leder nicht spröde wird, sollte die Hose nicht zu heiß gewaschen werden. Es ist empfehlenwert, das Leder vor der Fahrt mit einer *Sitzcreme* einzureiben, damit es nicht zu Druckstellen und Wundscheuern des Hinterteils kommt.

Wasserfahrrad; die Idee, sich auf dem Wasser wie mit einem Fahrrad fortbewegen zu können, verwirklichte 1869 ein Franzose. Der Bootsbauer und Mechaniker *Delarue* montierte über zwei nebeneinander angeordneten leichten Booten einen Fahrersitz und ein durch Pedale angetriebenes Schaufelrad. Nach Delarue gab es noch zahlreiche andere Versuche das Problem zu lösen. Daraus entstanden die heute bekannten Tretboote. Neben dieser Lösung gab es aber auch noch andere, die echte Amphibien-Räder darstellten. Bekannt geworden sind die Konstruktionen des belgischen Ingenieurs *Cooman*. Er erfand 1883 ein Dreirad mit riesigen hohlen Treibrädern und einem kleineren Rad hinten zur Lenkung.

Wasserträger; Mitglied einer Rennmannschaft. Helfer des Mannschaftskapitäns. Auch *Domestik*. W. verrichten während eines Rennens schwere Arbeit. Ihre Aufgabe ist es, den Mannschaftskapitän in jeder Weise zu unterstützen, z. B. ihn mit Getränken zu versorgen, daher der Name. Sie erfüllen während eines Rennens auch taktische Aufgaben, wenn sie z. B. den Kontakt zu einer Ausreißergruppe aufrechterhalten oder die Verfolgungsarbeit für ihren Mannschaftskapitän übernehmen.

Webb, Graham; Radrennfahrer, Großbritannien. Straßen-Weltmeister der Amateure 1967 in Heerlen (NL).

Weber, Richard; Leipzig, Deutschland. Erhielt am 12. 04. 1886 ein Patent auf eine elektrische Fahrradbeleuchtung. Sie bestand aus einem Dynamo mit Reibrolle und einem kleinen Scheinwerfer mit Hohlspiegel und Glühbirne. Allerdings war bei den damaligen Straßenverhältnissen der Kohlefaden der Lampe schnell durchgebrannt und der Dynamo war zu schwach. Deshalb setzte sich diese Lichtanlage nicht durch. Sie war einfach zu früh erfunden worden.

Wechselkranz; einzelnes Ritzel, das gegen ein anderes eines Zahnkranzes ausgetauscht werden kann.

Wedell, Baron von; Deutschland. Erfinder des Kaiser-Rades, 1888, bei dem beide Räder jeweils über einen eigenen Kettenantrieb über Kurbeln bewegt wurden. Das Hinterrad in herkömmlicher Weise mit den Füßen, das Vorderrad mit den Händen. Es hatte einen Kreuzrahmen.

Wedernikow, Andrej; Radrennfahrer, Sowjetunion. Straßen-Weltmeister der Amateure 1981.

Wegfahrsperre; Sicherheitseinrichtung. Schloß, das entweder die Lenkung oder das Tretlager (*Guard-Tretlager*) blockiert. Das Fahrrad kann mit aktiver W. nicht benutzt werden.

Weise; Radrennfahrer, Deutschland. Inhaber des Stundenweltrekords 1913 mit 42,306 km. Er verbesserte die Marke seines Vorgängers Egg (CH) von 1912 um 184 m.

Weißes Trikot; Trikot des Bestplazierten Jungprofis der Tour de France. Mittlerweile wird dieses T. auch bei anderen Etappenrennen verliehen.

Weitstrahler; Fahrradscheinwerfer, der durch den Einsatz einer Halogenlampe besonders weit leuchtet.

Welch, Charles Kingston; Erfinder, Großbritannien. Erfand 1890 den Drahtseilreifen, den Vorgänger unseres heutigen Drahtreifens. Die Rechte dieses Patentes wurden von *Dunlop* gekauft und sicherten dessen Vormachtstellung für Fahrradbereifungen im Markt.

Welle; a) techn.: *Achse.* b) Rennfahrerjargon: Einen Schlenker mit dem Rad machen. Vor allem im Sprint kann man dieses Verhalten häufig beobachten. Der vorn liegende Fahrer verläßt dabei für einen kurzen Moment seine Fahrspur nach rechts oder links und biegt dann wieder auf die gerade Linie ein, um einen Gegner am Vorbeifahren zu hindern. Dieses Verhalten stellt einen Regelverstoß dar und wird mit Disqualifikation oder dem Zurücksetzen auf einen hinteren Platz bestraft.

Wellenantrieb; Antrieb, bei dem die Kraft durch eine Kardanwelle übertragen wird. Auch *Kardan-Antrieb.*

Wellenspeiche; Fahrradspeiche, die nicht aus einem geraden Stahldraht, sondern aus einem wellenförmig gebogenen besteht. Sie soll das Rad elastischer machen.

Weltcup; Rennserie, deren Ergebnisse am Ende einer Saison zusammnegezählt werden. Der Rennfahrer, der die meisten Punkte erreicht hat, ist Weltcup-Sieger.

Weltmeisterschaft; Abk.: WM. Wettbewerb zur Ermittlung des Besten der Welt in einer Sportdisziplin. Der Sieger trägt für ein Jahr den Titel Weltmeister und erhält das Weltmeistertrikot. Es werden Bahn-Rad-WM und Straßen-WM ausgetragen. Die ersten Bahn-WM für Amateure fanden 1893 in Chicago (USA) statt, die für Berufsfahrer erstmals 1895 in Köln (D). Zunächst wurde nur in den Disziplinen Sprint und Steherrennen gestartet. Im Laufe der Zeit kamen die anderen Wettbewerbe hinzu. Die erste Bahn-WM für Damen wurde erst 1958 in Paris (F) durchgeführt. 1921 wurde in Kopenhagen (DK) die erste WM im Straßenrennen der Amateure veranstaltet. Die WM der Berufsfahrer wurden erstmals 1927 auf dem Nürburgring (D) ausgetragen. Es siegte Alfredo *Binda* (I) vor Girardengo (I) und Piemontesei (I). Die Damen starten seit 1958 zur Straßen-WM. Die erste Siegerin hieß Elsy *Jacobs*(L).

Weltmeistertrikot; *Trikot*, das als Ehrengabe einem Radsportler, der in einer Disziplin eine Weltmeisterschaft errungen hat, verliehen wird. Es ist weiß und hat fünf Brustringe in den Farben blau, rot, schwarz, gelb und grün. Ein Weltmeister darf es solange in Wettbewerben seiner Disziplin tragen, bis es einen Nachfolger gibt.

Weltrekord; offiziell anerkannte Höchstleistung in einer meßbaren Disziplin, die unter den gleichen Bedingungen wiederholbar sein muß. Früher gab es alle möglichen W., bei denen zwischen Profis und Amateuren, Sommer- und Winter- und Höhenbahnen usw. unterschieden wurde. Seit 1993 sind die Bedingungen zur Durchführung von W. erheblich gestrafft, so daß viele Unterscheidungen weggefallen sind und z. B. nicht mehr zwischen Profis und Amateuren unterschieden wird.

Wendepunkt; bei Zeitfahren auf der Straße werden häufig genau abgemessene Strecken ausgesucht, bei denen es vorkommt, daß man nach der Hälfte der Distanz an einem markierten Punkt einfach auf der Straße umdreht, um den Rest zum Ziel zurückzulegen; dieser Punkt ist der W. oder auch einfach nur die Wende.

Werbeaufschrift; Schriftzug oder Markenzeichen eines *Sponsors*, der auf der Sportkleidung angebracht ist.

Werbevorschrift; für die Anbringung von Werbung auf der Sportkleidung gibt es vom ›Bund Deutscher Radfahrer‹ und der *UCI*-Vorschriften, die eingehalten werden müssen, will man nicht von der Teilnahme an Rennen ausgeschlossen werden. Sie sind Teil der *Wettfahrbestimmungen* und regeln, in welcher Größe und wieviel Werbung angebracht werden darf und von wem sie zu welchem Anlaß getragen werden darf. In Deutschland ist z. B. das Anbringen von Werbung für Zigaretten genauso, wie solche, die gegen die guten Sitten verstößt, verboten.

Historische Werkzeugtasche aus Leder

Werkzeugbox; kleiner Behälter, der am Fahrrad angebracht wird, um das Bordwerkzeug aufzunehmen.

Werkzeugtasche; Tasche aus Stoff, Leder oder Kunststoff zur Aufbewahrung von Werkzeugen. Kleine W.

werden auch am Fahrrad, meistens hinten unter dem Sattel mitgeführt.

Wertung; Sprint um Punkte während eines *Kriteriums* oder zum Ergebnis einer Sonderwertung, wie z. B. der Bergwertung einer Rundfahrt.

Wertungskarte; auch RtF-Wertungskarte. Formblatt, auf dem die Teilnahme an einer Radtouristikfahrt mit Angabe der zurückgelegten Kilometer bestätigt wird.

Wertungsmodus; Art und Weise, wie ein Sieger und die Plazierten ermittelt werden. Z. B. im einfachen Endspurt bei Straßenrennen oder nach der Punktzahl bei Kriterien usw.

Wertungssprint; Spurts zur Erringung von Punkten bei Kriterien oder zu fortlaufenden Wertungen während eines Etappenrennens, z. B. Bergwertung usw.

Wertungstrikot; Trikot eines Führenden in einer Sonderwertung während eines Etappenrennens. Das bekannteste W. ist das *Grüne Trikot* für den Führenden in der Punktwertung der Tour de France.

Westfalenhalle; Mehrzweckhalle in Dortmund (D). Sie wurde 1925 eröffnet, im Krieg zerstört und danach wieder aufgebaut. Es finden dort internationale Kongresse, Messen und vor allem große Sportveranstaltungen statt, wie das Dortmunder Sechstagerennen, für das eine 200 m Holzbahn aufgebaut wird.

Westwood-Felge; aus Bandstahl gerollte Felge, deren Rand parallel zur Felgenschulter abgewinkelt und mit ihr im elektrischen Rollnaht-Schweißverfahren verbunden wird. Das Felgenprofil hat einen halbkreisförmigen Felgenboden und gerundete Felgenränder. Da es keine senkrechten Felgenflanken gibt, können nur Rücktritt-, Trommel- und Stoßbremsen montiert werden.

Wettkampfart; Disziplin einer Sportart. Im Straßenrennsport gibt es folgende: a) Einer-Wettbewerbe: *Straßenrennen, Rundstreckenrennen, Kriterien, Zeitfahren, Bergzeitfahren, Etappenrennen* und *Querfeldeinrennen.* b) Mannschaftswettbewerbe: *Mannschaftszeitfahren* und *Mannschaftsrennen* in offener Fahrweise. c) *Open*-Wettbewerbe. Im Bahnrennsport unterscheidet man: a) Einer-Wettbewerbe: *Sprint* (Fliegerrennen), *Einer-Verfolgung, Zeitfahren, Punktefahren, Ausscheidungsfahren, Tandemrennen, Vorgaberennen, Steherrennen, Dernyrennen* und *Omnium.* b) Mannschaftswettbewerbe: *Vierer-Mannschaftsverfolgung* und *Zweier-Mannschaftsrennen.*

Wettkampfausschuß; Abk.: WA. Sportorgan des ›Bundes Deutscher Radfahrer‹ zur Regelung von wettkampfmäßigen Aufgaben. Der W. hat die Funktion von Schiedsrichtern und Spielleitern bei Wettkämpfen zu erfüllen.

Wettkampfbestimmungen; Abk.: WB. Niedergeschriebene Regeln, nach denen sportliche Wettbewerbe ausgetragen werden. Teil der *Sport-*

ordnung des ›Bundes Deutscher Radfahrer‹. Es gibt W. für Straßenrennsport, Bahnrennsport, Mountain Bike Rennen, BMX und Trial. Die W. können beim Bund Deutscher Radfahrer, Otto-Fleck-Schneise 4, D-60528 Frankfurt/Main gegen eine geringe Gebühr bezogen werden.

White, John; baute 1869 in Philadelphia (USA) ein Doppelrad, das *Dicycle*. Die Besonderheit bestand darin, daß zwei Räder nebeneinander angeordnet waren und der Fahrer zwischen ihnen saß. Der Antrieb erfolgte über ein kompliziertes Winkelhebelsystem, das mit Armen und Beinen bewegt wurde.

Wiegetritt; Fahrtechnik für Bergfahrten. Dabei fährt der Radfahrer im Stehen und verlagert sein Körpergewicht im Rhythmus des Tretens abwechselnd von rechts nach links, wobei er mit den Armen im entgegengesetzten Rhythmus am Lenker zieht. Diese Art der Bergfahrt ergibt einen kraftvollen Körpereinsatz. Sie ist vor allem bei besonders steilen Streckenabschnitten zu beobachten.

Wildledersattel; Sattel mit einer Satteldecke aus Wildleder, nicht zu verwechseln mit Velourleder. Die rauhe Oberfläche des Leders läßt kaum Rutschbewegungen auf dem Sattel zu und beschädigt oft gerade am Anfang der Benutzung die Hose. Meistens glättet sich die Oberfläche nach einiger Zeit des Gebrauchs.

Wiley, George; Radrennfahrer, USA. Steher-Weltmeister der Berufsfahrer 1912 in Newark (USA).

Wills, Francis Eugene; Erfinder, USA. Konstruierte 1885 zusammen mit Reynolds das sog. *Ringvelo*.

Windkanal; Anlage zur Untersuchung aerodynamischer Eigenschaften von Körpern und Fahrzeugen. Dabei wird mit einem Gebläse ein Luftstrom erzeugt, der von Leitblechen gleichgerichtet und auf die zu untersuchenden Körper gerichtet wird. Durch Zusatz von Farbstoffen kann man eventuell auftretende Wirbelbildung sichtbar machen.

Windkante; die dem Wind abgewandte Seite der Straße. Bei Radrennen wird meistens auf der W. gefahren. Dabei reihen sich die Fahrer hintereinander ein und haben nur geringen Windschatten durch den Vordermann. Je weiter man hinten im Feld fährt, desto weniger Möglichkeiten gibt es, sich im Windschatten zu verstecken und um so mehr Kraft muß man aufwenden, um das Tempo mitzuhalten. Oft fallen die Fahrerfelder auseinander und nur den stärksten Rennfahren gelingt es, sich an der Spitze zu behaupten.

Windlatz; Teil der Bekleidung. Winddichtes Gewebe- oder Folienstück, das unter dem Trikot die Auskühlung des Körpers durch den Fahrtwind verhindert. Den gleichen Effekt kann man auch mit einem Zeitungsblatt, das unter das Trikot geschoben wird, erzielen.

Windschatten; die dem Wind abgewandte Seite eines Körpers oder eines Radfahrers. Den besten W. findet man indem man rechts und links

Verstecken im Windschatten

oder direkt hinter einem Radfahrer, immer auf der dem Wind abgewandten Seite fährt. Auf diese Weise spart man bis zu 30 % Energie. Bei den Radrennen kann man gut beobachten, wie die Teilnehmer den W. ausnutzen.

Windschutzscheibe; bei Fahrrädern findet man manchmal Klarsichtscheiben als Schutz vor einem hinter dem Lenker montierten Kindersitz. Für sehr kleine Kinder ist dieser Schutz vor allem bei starkem Wind und bei Kälte zu empfehlen.

Windstaffel; Fahrformation, bei der die Fahrer sich versetzt im Windschatten schräg hintereinander einreihen. Sie wechseln sich dabei in der Führung ab und übernehmen abwechselnd die Position an der Spitze. Dadurch kann eine Gruppe ein hohes Tempo über einen langen Zeitraum fahren.

Winkelhebelantrieb; schwedische Erfindung von 1893. Winkelhebel übertrugen die Kraft über Ketten bzw. Lederriemen auf das Hinterrad des *Svea-Rades.*

Winterbahn; *Radrennbahn* in einer geschlossenen Halle. Eine Besonderheit vieler W. sind die sehr steilen (überhöhten) Kurven und die relativ kurzen Geraden. Sechstagerennen werden auf W. ausgetragen. Wie der Name schon sagt, finden die Rennen dort hauptsächlich im Winter statt.

Winterbahnrennen; Radrennen auf Bahnen in geschlossenen Hallen. Auch Hallen- oder Winterbahnrennen. Es werden mit *Bahnrennrädern* die klassischen Rennen der *Bahndisziplinen* bestritten. Die wohl bekanntesten W. sind die *Sechstagerennen.*

Winterreifen; auch *Crossreifen*. Querfeldeinrennen werden nur von Oktober bis März ausgetragen, deshalb kann man die speziellen Reifen der Crossräder auch als W. bezeichnen.

WM, (Abk.); *Weltmeisterschaft.*

Wolf, Carsten; *26. 08. 1964. Radrennfahrer, Deutschland. Verfolgungs-Weltmeister der Amateure 1982. Vierer-Weltmeister 1989.

Wolfshol, Rolf; *27. 12. 1938. Radrennfahrer, Deutschland. Dreimaliger Querfeldein-Weltmeister der Berufsfahrer 1960, 1961 und 1963. Fünfmal Vize-Weltmeister und viermal Dritter. Vierzehnmal Deutscher Querfeldeinmeister. Er nahm neun Mal an der Tour de France teil, wobei er sieben Mal das Ziel erreichte und insgesamt zwei Etappen gewann. 1968 trug er zwei Tage das Gelbe Trikot des Spitzenreiters und belegte den 6. Platz der Gesamtwertung. Sieger der Spanien Rundfahrt 1965. Vierter der Straßen-Weltmeisterschaften der Berufsfahrer 1962. Besonderes Pech hatte er 1963, wo er beim Rennen Paris-Roubaix nach zwei Reifenschäden und einer falsche Information durch seinen Betreuer nach einer Solofahrt von 70 km nur 600 m vor dem Ziel eingeholt wurde und Platz 11 belegte.

Wulstfelge; aus Bandstahl gerollte Felge, in deren umlaufende Kanten der Wulst des W.-Reifens eingehakt wird.

Wulstreifen; Auch Clincher- oder Hakenreifen. Erfunden 1890 durch William Erskine *Bartlett* (GB). An seiner Flanke befindet sich eine umlaufende Verstärkung, der Wulst, mit dem er auf der Felge gehalten wird.

X

Xtraordinary, (engl.); Hochrad von James *Starley* (GB), um 1875. Das X. hatte ein extrem großes Vorderrad mit Tangentialspeichen.

Z

Zahlenschloß; Fahrradschloß, das statt mit einem Schlüssel mit einer Zahlenkombination zu öffnen ist.

Zähnezahl; die Z. der vorderen Kettenblätter und die der hinteren Ritzel ergeben das *Übersetzungsverhältnis*. Grundsätzlich gilt: Je größer die Zähnezahl vorn und je kleiner hinten, desto größer die Entfaltung und umgekehrt. Je größer die Entfaltung, desto mehr Kraft muß beim Treten aufgebracht werden.

Zanin, Mario; Radrennfahrer, Italien. Olympiasieger im Straßenrennen 1964.

Zahnkette; 1829 durch André Galle (F), erfunden. Man nannte sie auch ›*Gallesche Kette*‹, es war eine *Blockkette*. Heute werden *Rollenketten* verwendet.

Zahnkranz; Einfach- oder Mehrfach-*Ritzel*, das auf der Hinterradnabe befestigt wird.

Zahnkranzabzieher; Spezialwerkzeug zur Demontage des Zahnkranzes von der Nabe.

Zahnkranz-Distanzscheibe; Scheibe, die zwischen den Ritzeln eines Zahnkranzes für deren richtigen Abstand zueinander sorgt, damit die Schaltwege stimmen und die Kettenschaltung richtig funktioniert.

Zahnkranzkassette; mehrere zusammenmontierte *Ritzel*, die als Einheit auf die *Kassettennabe* eines Hinterrades gesteckt und mit dem kleinsten Ritzel oder einem Sicherungsring festgeschraubt werden. Z. vereinfachen den Wechsel von Übersetzun-

Hinterrad mit Achtfach-Zahnkranzkassette

Verschiedene Zahnkranzabzieher

gen, da sie in verschiedenen Abstufungen komplett angeboten werden.

Zahnkranzkörper; Teil des Zahnkranzes. Im Z. befinden sich die Lager und Sperrklinken, die den Freilauf ermöglichen. Auf den Z. werden die *Ritzel* gesteckt bzw. geschraubt. Er wird mit seinem Gewinde auf der Hinterradnabe befestigt.

Zahnprofil; Form eines einzelnen Zahnes am *Kettenblatt* oder *Ritzel*. Dem Z. kommt eine große Bedeutung hinsichtlich der Qualität des Schaltvorganges zu. Die Geschwindigkeit des Gangwechsels und das dabei auftretende Geräusch sind stark vom Eingriff des Zahnes in die Kette abhängig und können erheblich durch das Z. optimiert werden.

Zahnrad; Scheibe mit am Rand eingefrästen Zähnen, in die die Antriebskette eingreift. Das vorderes Z. wird *Kettenblatt* genannt, das hintere ist das *Ritzel*.

Zahnradantrieb; 1821 wurde eine Draisine von dem Engländer Lewis Compertz mit einem Handhebel, der in ein Zahnrad auf der Vorderradnabe eingriff, ausgestattet. 1871 bot James Starley sein Hochrad Ariel mit einem Übersetzungsgetriebe an der Vorderradnabe an. Dabei wirkten über Tretkurbeln angetriebene Zahnräder ineinander. 1882 wurde der erste Kardanantrieb gebaut, damit wurde der Z. auch als Hinterradantrieb genutzt.

Zahnriemen; Alternative zur Kette, die bei City-Rädern mit Nabenschaltung Anwendung finden könnte. Versuche damit haben allerdings gezeigt, daß der Wirkungsgrad hinter dem des Kettenantriebs zurückbleibt.

Zahnstangenantrieb; erfunden 1889 durch Hermann Arnz (D). Rechts und links vor der Gabel eines Einrades waren Zahnstangen montiert. Der Fahrer stand darauf und trat abwechselnd die Stangen herunter. Diese griffen in ein Zahnrad auf der Nabe. Eine Feder brachte die Zahnstange wieder in ihre Ausgangsposition. Z. in Verbindung mit einem Winkelhebel hatten auch die Kindertretroller der fünfziger Jahre.

Zechlin, Max R.; Thorn, Deutschland. Erfinder eines mehrsitzigen dreirädrigen Militärfahrzeuges mit Kurbel- und Kettenantrieb, 1897. In einer ›Super-Version‹ sollten bis zu 11 Personen damit radeln.

Zehnlochschlüssel; Werkzeug. Ein mit verschieden großen Sechskant-Durchbrüchen versehenes Flacheisen zum Festschrauben und Lösen von Sechskant-Muttern. Die Z. gehören nicht zu den Qualitätswerkzeugen und sind häufig nicht zu gebrauchen, da Löcher im Zentrum aus Platzgründen meistens gar nicht eingesetzt werden können und das Material zu weich ist.

Zeitfahren; Rennen gegen die Uhr. Dabei ist eine bestimmte Strecke in möglichst kurzer Zeit zurückzulegen. Sieger ist, wer die kürzeste Zeit benötigt. Es gibt Z. auf der Bahn und auf der Straße, als Einzel- und auch als Mannschaftszeitfahren.

Zeitfahrrad; spezielles Rennrad für *Zeitfahren*. Ein Z. zeichnet sich durch geringes Gewicht und günstige Aerodynamik aus.

Zeitfahrrahmen; spezieller, sehr leichter und oft aerodynamisch optimierter Rahmen eines *Zeitfahrrades.*

Zeitgutschrift; für Etappensieger und Plazierte der einzelnen Etappen von Rundfahrten sieht das Reglement häufig einen Zeitbonus vor, der von der eigentlichen Fahrzeit abgezogen wird und somit das Gesamtergebnis verbessert.

Zeitstrafe; bei bestimmten Regelverstößen können die Kampfrichter Z. verhängen. Die entsprechende Zeit wird nach dem Zieleinlauf zur tatsächlich gefahrenen hinzugerechnet und beeinflußt so das Ergebnis.

Zementbahn; *Radrennbahn*, die massiv gebaut ist und deren Fahrbahnbelag aus Zement besteht.

Zementbahnreifen; spezieller *Schlauchreifen*, der sehr leicht, aber dennoch stabil genug für den relativ rauhen Fahrbahnbelag einer Zementbahn ist.

Zentraleinrad; erfunden 1869 von Richard C. Hemming, New Haven (USA). Ein überdimensionales Einrad, in dem der Fahrer in der Mitte der Felge auf einem System von Hilfsrollen, über die durch eine Handkurbel mit Seilzugmechanismus das Rad angetrieben wurde, saß.

Zentrierbolzen; Teil der Bremse. Bolzen, durch dessen Verdrehen die Bremsklötze der Bremse rechts und links den gleichen Abstand zur Felgenflanke bekommen.

Zentrierständer

zentrieren; Vorgang des mittig Einstellens der Felge eines Laufrades. Dabei werden die Speichen abwechselnd angezogen, bis das Rad ohne Schlag rund läuft.

Zentrierlehre; Spezialwerkzeug zum Überprüfen der Mittig-Stellung der Nabe in einem zentrierten Laufrad.

Zentrierschlüssel; Spezialwerkzeug zum Anziehen bzw. Lösen der Speichennippel. *Nippelspanner.*

Zentrierständer; Hilfsvorrichtung zum Zentrieren eines Laufrades. Besteht aus einem festen Stand mit

Zieleinlauf

zwei Armen, zwischen denen das Laufrad an der Achse gespannt wird. Mit Hilfe von verstellbaren Meßfühlern wird die Unwucht ermittelt.

Zielankunft; das Eintreffen der Rennfahrer am Ziel. Dabei gibt es *Alleinankünfte*, häufiger aber *Spurtankünfte*.

Zielband; quer über die Straße und hoch über dem Zielstrich gespanntes Band mit der Aufschrift ›Ziel‹. Es muß 300 m vor dem Ziel deutlich zu erkennen sein.

Zieleinlauf; Vorgang des Eintreffens einzelner Teilnehmer oder ganzer Gruppen am Ziel, vom ersten bis zum letzten Sportler, die den Wettbewerb beenden.

Zielfoto; Fotografie, die den Moment des Überfahrens des Zielstrichs festhält. Mit Hilfe des Z. läßt sich auch eine knappe Spurtentscheidung deutlich ermitteln.

Zielfotoanlage; technische Voraussetzung zur Erstellung von Zielfotos. Kamera, Lichtschranke als Auslöser, Blitzgerät usw.

Ziellinie; quer über die Straße gezogene, gut sichtbare Linie, die das Ende der Rennstrecke anzeigt. Die Reihenfolge des Eintreffens der Teilnehmer eines Wettbewerbs an der Z. bestimmt das Ergebnis eines Rennens. Die Z. gilt als erreicht, wenn sich die Vorderkante des Rades senkrecht über ihr befindet.

Zielrichter; Mitglieder des Wettfahrausschusses, die die Reihenfolge des Eintreffens der Rennfahrer und deren ordnungsgemäßes Verhalten während des Endspurts registrieren und überwachen.

Zimmermann, Arthur August; *11. 07. 1869, † 22. 10. 1936. Radrennfahrer, USA. Zweifacher Weltmeister der ersten Bahn-Weltmeisterschaften 1893 in Chicago über eine Meile und über 10 km.

Zink; chemisches Element. Kurzzeichen Zn. Bläulich-weißes, stark glänzendes Metall. Es wird als Korrosionsschutz für Eisen verwendet, das damit überzogen wird (verzinken).

Zinkspeiche; Stahlspeiche, die zum Korrosionsschutz mit einem Zinküberzug versehen ist.

Zoetemelk, Joop; *03. 12. 1946 Radrennfahrer, Niederlande. Olympiasieger im Mannschafts-Zeitfahren 1968. Straßen-Weltmeister der Berufsfahrer 1985 mit der bisher höchsten Durchschnittsgeschwindigkeit, die je bei einer Weltmeisterschaft erzielt wurde (41,501 km/h über die Distanz von 265,5 km). Sieger der Tour de France 1980 vor Kuiper (NL) und Martin (F). Sechsmal belegte er den zweiten Platz. An 23 Tagen trug er das Gelbe Trikot des Spitzenreiters. Er errang 11 Etappensiege. Insgesamt bestritt er die Tour 16mal und ist damit der Rennfahrer mit den meisten Starts überhaupt. Er siegte in vielen bedeutenden klassischen Radrennen und ist einer der erfolgreichsten Radsportler aller Zeiten.

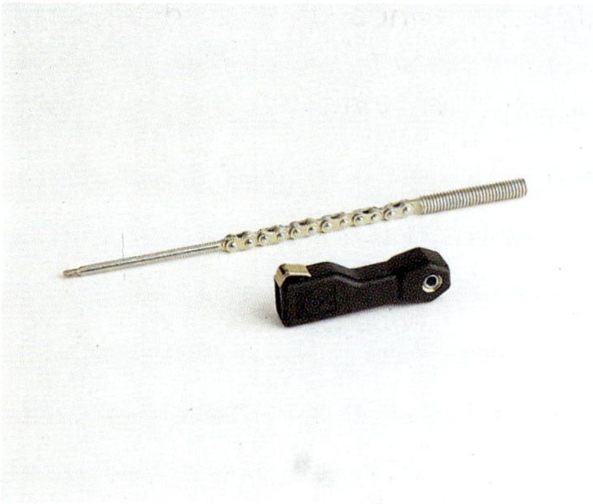

Zugkettchen mit Klemmvorrichtung

Zoll; engl. Maßeinheit. 25,4 mm = 1 Zoll. Schreibweise: 1″. Man findet es bei der Angabe von Übersetzungen und Reifenmaßen.

Zugendkappe; Schutzkappe aus Aluminium oder Kunststoff, die über das Ende eines Bowdenzuges gesteckt und dort befestigt wird. Sie verhindert das Aufdrehen des Zuges und dadurch mögliche Verletzungen.

Zugfeder; Spiralfeder, die auf Zug belastet wird. Sie ist bei Sätteln und auch bei Kettenschaltungen zu finden.

Zugfestigkeit; Widerstand, den ein fester Körper gegen seine Belastung auf Zugkräfte ausübt, z. B. die Stabilität einer Schraube gegen die Zugkraft, die eine fest angezogene Mutter auf sie ausübt.

Zugkettchen; Teil der *Torpedo*-Nabenschaltung. Das Z. befindet sich an der Zugstange, die in die Achse gesteckt und im Innern der Nabe durch ein Gewinde im Schubklotz befestigt wird. Am anderen Ende des Z. wird der Schaltzug durch eine Gewindehülse oder eine Klemmvorrichtung befestigt.

Zugseil; aus mehreren zusammengedrehten Stahldrähten bestehendes Seil. *Bowdenzug.*

Zugspeiche; die Speichen eines Laufrades werden beim Abrollen des Rades unterschiedlich belastet, einmal auf Druck, dann auf Zug. Befindet sich die Speiche in einer Position oberhalb der Nabe, dann ist sie Zugkräften ausgesetzt und wird Z. genannt, unterhalb der Nabe ist sie Druckkräften ausgesetzt und wird Druckspeiche genannt.

Zugstange; Teil der Nabenschaltung. Die Z. wird in die Achse hineingesteckt und mit einem Gewinde in einem Schubklotz befestigt. Am anderen Ende der Z. ist das Zugkettchen angenietet, das durch eine Gewindehülse oder eine Klemmvorrichtung mit dem Schaltseil verbunden ist.

Zusatzgriffstücke; Lenkeraufsätze, die an einem Lenker montiert werden können, um weitere Griffpositionen zu erhalten. Sie sind häufig bei Mountain Bikes zu finden. Bei den Rennlenkern werden speziell zu Zeitfahren Aufsätze montiert, die die Aerodynamik erhöhen.

Zwei-Finger-Bremshebel; Teil der Bremse. Bremshebel, dessen Griff nur so lang ist, daß nicht mehr als zwei Finger zu seiner Bedienung Platz finden. Z. werden bei BMX-Rädern und Mountain Bikes verwendet.

Zwei-Gang-Rücktrittnabe; Getriebenabe mit zwei Übersetzungen und einer eingebauten Bremse. A. P. Morrow (USA) ließ sie sich 1900 patentieren.

Zweibeinständer; *Fahrradständer,* der unten hinter dem Tretlagergehäuse befestigt und nach unten ausgeschwenkt wird. Das Fahrrad steht auf den beiden Schenkeln des Ständers, wobei ein Laufrad Bodenkontakt hat, während sich das andere in der Luft befindet. Dieser Ständer ist besonders standsicher, auch wenn das Fahrrad beladen ist.

Zweiblockpedal; von zwei Seiten zu betretendes Pedal mit zwei Gummiblöcken zur Fußauflage. Ab ca. 1870. Zunächst mit Gleitlagern, ab 1890 meist mit Kugellagern. Heute sind Touren- und Sporträder noch damit ausgestattet.

Zweier-Mannschaftsrennen; a) auch Américaine. Bahnwettbewerb, bei dem zwei Fahrer, die sich ablösen dürfen, eine Mannschaft bilden und gegen andere Mannschaften über eine bestimmte Distanz oder Zeit um den Sieg fahren. b) Straßenwettbewerb: *Zweier-Mannschafts-Zeitfahren.*

Zweier-Mannschafts-Zeitfahren; Rennen gegen die Uhr, bei dem zwei Fahrer eine Mannschaft bilden und sich in der Führung abwechseln. Die bekanntesten Rennen dieser Art sind der ›Grand Prix der Nationen‹ und das ›Baracci-Zeitfahren‹.

Zweifel, Albert; *07. 06. 1947. Radrennfahrer, Schweiz. Fünfmaliger Querfeldein-Weltmeister der Berufsfahrer 1976–1979 und 1986. Dreimal Zweiter (1975, 1982, 1983) und zweimal Dritter (1981, 1984). Neunmal Schweizer Meister in dieser Disziplin (1976, 1977 und 1979–1985).

Zweigangnabe; Getriebenabe mit zwei eingebauten Übersetzungen.

Zweiradmechaniker; Facharbeiter. Ausbildungsberuf des Metallgewerbes, zu dessen Kenntnis alle Fertigkeiten, die zur Montage und Reparatur von Fahrrädern und Motorrädern notwendig sind gehören.

Zweiunddreißig-Loch-Felge; Felge mit Bohrungen zur Aufnahme von 32 Speichen.

Zwischenlauf; bei Sprintturnieren auf der Bahn wird das Ergebnis über Vor-, Zwischen- und Endläufe ermittelt. In den Z. treffen die Sieger der Vorläufe aufeinander. Die Gewinner daraus qualifizieren sich für die Finalläufe.

Zwischenring; Distanzring, der auf Schrauben gesteckt wird, um einen bestimmten Abstand herzustellen. Z. werden auch zur genauen Definition der Abstände der Ritzel des hinteren Zahnkranzes verwendet.

Europameisterschaft '95, Mike Kluge in Aktion

51
MINOLTA

Rund ums Rad

Michel Marmin
Passion Radsport
Radsportleidenschaft pur.
130 Seiten, 138 Farb-Abb.,geb.
DM/sFr 49,–/öS 382,–
Bestell-Nr. 50184

Ekkehard Kroll
Radsport-Lexikon
260 Seiten, 120 Abbildungen, davon 40 in Farbe, gebunden
DM/sFr 49,–/öS 382,–
Bestell-Nr. 50188

Serena Beeley
Fahrräder
Geschichte eines Welterfolgs.
144 Seiten, 210 Abbildungen, davon 130 in Farbe, gebunden
DM/sFr 39,–/öS 304,–
Bestell-Nr. 50192

Rey / Schmitz
Mountain-Bike
Technik und Fahrtechnik.
140 Seiten, 176 Abbildungen, davon 18 in Farbe, gebunden
DM/sFr 32,–/öS 250,–
Bestell-Nr. 50135

Ballantine / Grant
Fahrrad total
Alle wichtigen Themen und Bereiche rund ums Fahrrad.
192 Seiten, 700 Farb-Abb., geb.
DM/sFr 59,–/öS 460,–
Bestell-Nr. 50163

Bernd Gässler
Perfekt Radfahren
Insiderwissen und Praxistips.
216 Seiten, 117 Abbildungen, davon 60 in Farbe, brosch.
DM/sFr 49,–/öS 382,–
Bestell-Nr. 50203

Klaus Breustedt
Radreparatur leicht gemacht
Dieser Band aus der Reihe »Jetzt helfe ich mir selbst« erklärt – unterstützt durch zahlreiche informative und textbezogene Abbildungen – die Fahrrad-Technik, beschreibt alle Wartungsarbeiten und Reparaturabläufe und rät, wann es sinnvoll ist, eine Radwerkstatt aufzusuchen.
232 Seiten, 229 Abb., broschiert
DM/sFr 49,80/öS 389,–
Bestell-Nr. 50222

pietsch

DER VERLAG FÜR
FAHRRAD-BÜCHER

Postfach 10 37 43 · 70032 Stuttgart
Telefon (07 11) 2 10 80-65
Telefax (07 11) 2 36 04 15

Stand September 1995 – Änderungen in Preis und Lieferfähigkeit vorbehalten